D1157300

2
10/aa

DANS LA CUISINE DU FRÈRE

# VICTOR-ANTOINE

Infographie : Chantal Landry
Révision : Ginette Patenaude
Correction : Ginette Patenaude et Monique Richard

Catalogage avant publication de Bibliothèque et Archives
nationales du Québec et Bibliothèque et Archives Canada

D'Avila-Latourrette, Victor-Antoine

Les meilleures recettes du monastère

Traduction de : Memorable moments in a monastery kitchen.

1. Cuisine végétarienne.   2. Vie religieuse et monastique.
3. Vie spirituelle – Citations, maximes, etc.   I. Titre.

TX837.D27214 2007          641.5'636          C2007-940464-2

Pour en savoir davantage sur nos publications,
visitez notre site : www.edhomme.com
Autres sites à visiter : www.edjour.com
www.edtypo.com • www.edvlb.com
www.edhexagone.com • www.edutilis.com

03-07

Dépôt légal : 2007
Bibliothèque et Archives nationales du Québec

ISBN 978-2-7619-2344-6

DISTRIBUTEURS EXCLUSIFS :

• Pour le Canada et les États-Unis :
**MESSAGERIES ADP** *
2315, rue de la Province
Longueuil, Québec J4G 1G4
Tél. : (450) 640-1237
Télécopieur : (450) 674-6237
*une division du Groupe Sogides inc.,
   filiale du Groupe Livre Quebecor Média inc.

• Pour la France et les autres pays :
**INTERFORUM editis**
Immeuble Paryseine, 3, Allée de la Seine
94854 Ivry CEDEX
Tél. : 33 (0) 4 49 59 11 56/91
Télécopieur : 33 (0) 1 49 59 11 96
**Service commandes France Métropolitaine**
Tél. : 33 (0) 2 38 32 71 00
Télécopieur : 33 (0) 2 38 32 71 28
Internet : www.interforum.fr
**Service commandes Export – DOM-TOM**
Télécopieur : 33 (0) 2 38 32 78 86
Internet : www.interforum.fr
Courriel : cdes-export@interforum.fr

• Pour la Suisse :
**INTERFORUM editis SUISSE**
Case postale 69 – CH 1701 Fribourg – Suisse
Tél. : 41 (0) 26 460 80 60
Télécopieur : 41 (0) 26 460 80 68
Internet : www.interforumsuisse.ch
Courriel : office@interforumsuisse.ch
**Distributeur : OLF S.A.**
ZI. 3, Corminboeuf
Case postale 1061 – CH 1701 Fribourg – Suisse
Commandes :   Tél. : 41 (0) 26 467 53 33
               Télécopieur : 41 (0) 26 467 54 66
               Internet : www.olf.ch
               Courriel : information@olf.ch

• Pour la Belgique et le Luxembourg :
**INTERFORUM editis BENELUX S.A.**
Boulevard de l'Europe 117, B-1301 Wavre – Belgique
Tél. : 32 (0) 10 42 03 20
Télécopieur : 32 (0) 10 41 20 24
Internet : www.interforum.be
Courriel : info@interforum.be

Gouvernement du Québec – Programme de crédit d'impôt pour
l'édition de livres – Gestion SODEC – www.sodec.gouv.qc.ca

L'Éditeur bénéficie du soutien de la Société de développement des
entreprises culturelles du Québec pour son programme d'édition.

Nous reconnaissons l'aide financière du gouvernement du Canada
par l'entremise du Programme d'aide au développement de l'industrie de l'édition (PADIÉ) pour nos activités d'édition.

FRÈRE VICTOR-ANTOINE D'AVILA-LATOURRETTE

# DANS LA CUISINE DU FRÈRE
# VICTOR-ANTOINE

## RÉFLEXIONS ET RECETTES INSPIRÉES PAR LES SAISONS

Traduit de l'américan
par Carl Angers

LES ÉDITIONS DE
L'HOMME

# Introduction

*Un repas, aussi simple soit-il, est un moment de rencontre.*

Elise Boulding

Depuis l'écriture de plusieurs de mes livres de cuisine à saveur monastique ces dernières années, tels que *La cuisine du monastère* et *Les bonnes soupes du monastère*, je reçois de temps en temps des demandes et suggestions de divers lecteurs me demandant d'élaborer sur certains thèmes de ces livres et raconter les expériences réelles vécues dans notre petite cuisine de monastère. Ces demandes ont donné naissance à l'idée de mettre par écrit quelques-uns des moments, événements, inspirations et anecdotes du quotidien qui égayent notre cuisine de tous les jours et nourrissent le processus créateur qui s'y épanouit. Puisque la tâche d'écrire dans un style purement abstrait m'est plutôt pénible, je tente de décrire de façon simple et directe les expériences concrètes qui surviennent fréquemment dans notre cuisine de monastère. Je vais même jusqu'à trancher dans le vif du sujet en proposant les recettes que l'on y prépare et que l'on y sert.

Le contenu de ce livre suit de près le calendrier séculier et monastique, au fil des nombreuses célébrations de l'année – Noël, le Nouvel An, Pâques, la Pentecôte, l'Action de grâce, etc. – des et moments qui exigent davantage de sobriété et de retenue, comme la période du Carême et de l'Avent. Tous les textes courts ont été composés le jour indiqué, et les repas proposés sont ceux que l'on a préparés ces mêmes jours. Tout cela a commencé au jour de l'An de 2004, et le resté s'est ensuivi jusqu'à la fin de l'année. Il était impossible de tenir un registre quotidien, ce qui de toute façon aurait produit un livre trop long; j'ai donc restreint le choix à six ou sept jours précis de chaque mois, en l'occurrence des jours avec un certain attrait, qui m'inspiraient suffisamment pour vouloir écrire et raconter l'expérience culinaire de la journée. Il y a eu des pauses par moments et j'ai dû attendre 2005 pour revivre et compléter les expériences de certains mois, de façon à pouvoir raconter une expérience vécue *à chaud* plutôt que simplement après coup.

Le livre met l'accent sur le quotidien tel qu'il se déroule concrètement dans le contexte de notre travail à la cuisine, à la ferme et au jardin d'où nous tirons notre subsistance. Nous devons également rappeler que ces moments quotidiens sont profondément ancrés dans les rythmes saisonniers de dame Nature et du calendrier liturgique. Ces deux aspects façonnent profondément, au jour le jour, les événements de tout monastère (en particulier du nôtre, parce qu'il est situé près de la frontière entre la Nouvelle-Angleterre et l'État de New York, où chacune des quatre saisons se déploie dans toute sa splendeur). Chaque texte de ce livre commence par quelques citations édifiantes, suivies de la température et des événements particuliers de la journée. Le texte poursuit en racontant le travail effectué à la cuisine et au jardin selon la saison, décrit la fête ou l'événement du jour et conclut par la préparation du repas du jour. Quelques-unes des recettes du repas sont données à la fin de chaque texte, permettant ainsi au lecteur de reconstituer à l'aide des mêmes plats une expérience authentique pour le corps et pour l'âme.

La vie dans une cuisine de monastère revêt un attrait particulier. Elle est marquée avant tout par le déroulement quotidien de célébrations monastiques qui façonnent et inspirent la préparation en commun des repas. Les cycles de la nature et les saisons liturgiques de l'Église, comme je l'ai indiqué plus haut, ainsi que les rituels de la vie à la campagne exercent une profonde influence sur les repas. En plus de tous ces éléments, les valeurs traditionnelles de la vie monastique contribuent à favoriser et à créer une cuisine particulière, une cuisine connue pour sa remarquable simplicité et son bon goût. Les nombreux convives qui partagent notre table à l'occasion témoignent de cet état de fait.

Les histoires et les anecdotes de chaque mois racontées dans ce livre donnent au lecteur un aperçu du milieu intime et du fonctionnement interne d'une cuisine de monastère, qui n'est pas sans rappeler par bien des points celle d'une maison familiale. Chaque chapitre décrit les manières de préparer les aliments, en y ajoutant la dimension spirituelle qui donne au repas servi dans un monastère son caractère sacré. Aux yeux du moine cuisinier, la nourriture est sacrée parce que Dieu l'a créée, et Jésus est même allé jusqu'à offrir son corps par la communion. Il n'est pas étonnant de voir les moines anciens décrire leur attitude révérencieuse à l'égard de la nourriture par l'expression « le sacrement de la table ».

Mon souhait est que les lecteurs de ce livre soient inspirés par ces histoires culinaires et ces souvenirs d'un passé récent et d'un caractère ingénu; puissent-ils découvrir en eux-mêmes une certaine affinité pour la conception monastique de la cuisine décrite ici, caractérisée par la simplicité, le bon goût et la frugalité. Et puissent-ils s'imprégner des innombrables façons de louanger Dieu quotidiennement par la pratique de la spiritualité alimentaire dans l'humble sanctuaire de la cuisine.

Bon appétit à tous !

*Tâchons de rendre le moment présent magnifique.*
Saint François de Sales

# Janvier

# Le Nouvel An

> Janvier, le premier mois de l'année, comme son dieu éponyme, revient sur le passé et scrute l'avenir avec de l'espoir et de bonnes résolutions.
>
> Anonyme

Janvier est le mois de naissance de l'année. Une fois de plus, nous complétons un autre cycle complet de vie en disant adieu à l'année passée ; tout à coup, nous devons faire face à l'arrivée du Nouvel An. Que nous apportera-t-il ? Nous demandons-nous. Quelles surprises nous réserve-t-il ? Et comme un écrivain l'a si bien dit : « le Nouvel An dépassera-t-il avec bonheur toute mesure dans le domaine du réconfort pour le cœur ? » Sur le plan du temps, nous entamons quelque chose de nouveau et cela nous fait réfléchir inévitablement à son imprévisibilité, ses surprises possibles, son avenir incertain, son but ultime et son issue éventuelle.

Alors que je médite tranquillement ces pensées, je me rappelle qu'aujourd'hui, le premier jour du Nouvel An, après l'octave de Noël, est également la fête de la Mère de Dieu. Je me dis : peu importe ce que l'année nous réserve, c'est un bon signe que nous commencions le décompte sous la protection infaillible de la Mère de Dieu. Marie nous rappelle que tout le temps appartient à Dieu ; nous ne devons pas nous en accaparer comme d'une possession mais l'utiliser sagement durant notre vie terrestre, tout comme elle-même et le Christ l'ont fait durant leur séjour sur cette terre. Au début de la nouvelle année, il est bon de se demander comment nous occupons nos journées, quels sont nos buts ultimes, etc. Le jour de l'An n'est pas uniquement une occasion de célébrer mais aussi de réfléchir sérieusement au sens de nos vies, en cherchant des résolutions pour améliorer nos jours à venir et les enrichir des bienfaits du Saint-Esprit.

Depuis une semaine maintenant, depuis le jour de Noël, notre cuisine de monastère bourdonne d'activité en prévision des repas festifs à servir. La célébration de l'Incarnation du Seigneur se retrouve également dans notre planification des repas et, bien que nous tentions d'en conserver la simplicité, il y a place à souligner le caractère festif de l'occasion. Aujourd'hui, malgré le fait que nous soyons le jour de l'An et malgré la solennité de la Mère de Dieu, j'ai décidé de déroger aux repas festifs de ces derniers jours. J'ai délibérément choisi de fêter l'occasion avec une nourriture rustique, consistante et réconfortante pour l'âme, juste ce qu'il nous faut pour faire face aux froides températures extérieures. J'ai toujours trouvé que les « repas rustiques » ont un charme et un raffinement qui leur sont propres. Ils ne sont sans doute pas élaborés mais ils sont appétissants et agrémentent les rencontres amicales par la convivialité qui y règne. Ils sont si simples et si terre à terre. Mes « recettes rustiques » n'ont rien de spectaculaire, mais elles sont souvent délicieuses et nous réchauffent aisément le cœur. Le repas d'aujourd'hui sera une soupe chaude consistante que l'on peut préparer la veille, suivie d'une fondue au fromage, d'une salade verte mixte et d'un flan tout simple pour dessert. La nature communautaire de la fondue rend ce plat attrayant et irrésistible, ce qui convient bien au jour de l'An. En outre, c'est un plat facile, économique et amusant à partager avec des amis. En somme, ce repas rustique des Fêtes, le reflet de notre mode de vie simple, n'a rien à envier aux célébrations plus somptueuses d'ailleurs. La soupe et le dessert, bien que n'étant pas élaborés, requièrent un peu plus de temps et leur préparation peut être devancée d'une journée. De fait, la soupe a habituellement meilleur goût le lendemain. La fondue et la salade exigent moins de temps et peuvent par conséquent être préparées le jour même en peu de temps.

*Dans notre quête spirituelle, nous voyageons dans la nuit vers le jour. Nous ne marchons pas dans le soleil éclatant de la certitude totale mais dans les ténèbres de l'ignorance, de l'erreur, du flou et de l'incertitude. Nous progressons dans notre quête en faisant croître notre foi.*

CHRISTOPHER BRYANT

# Soupe de pâtes et de fagiolis

480 g (1 lb) de haricots ronds blancs secs
2 litres (8 tasses) d'eau froide
3 poireaux, la partie supérieure parée et coupés en tranches fines
2 pommes de terre, pelées et coupées en dés
1 grosse carotte, pelée et coupée en dés
1 branche de céleri, en tranches fines
1 c. à soupe de romarin frais ou séché
1 c. à soupe de thym frais ou séché
500 ml (2 tasses) de vin blanc sec italien
Sel de mer et poivre du moulin, au goût
75 g (1 tasse) de petits macaronis ou autres pâtes tubulaires
5 c. à soupe d'huile d'olive extravierge

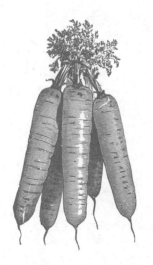

Mettre les haricots et l'eau dans une grande casserole et laisser tremper jusqu'au lendemain à couvert, au moins 10 à 12 h. Le lendemain, au moment de faire la soupe, ajouter tous les légumes, le romarin, le thym et le vin. Porter à ébullition puis réduire la chaleur à feu moyen. Couvrir et laisser mijoter doucement environ 2 h en ajoutant de l'eau au besoin.

À l'aide d'une louche, réserver 220 g (1 tasse) du mélange de haricots et de légumes. Réserver séparément 500 ml (2 tasses) de liquide de cuisson.

S'assurer qu'il y a suffisamment de liquide dans la soupe. Au moment de servir, ajouter les pâtes et laisser mijoter à feu doux jusqu'à tendreté des pâtes. Remuer souvent.

Mettre les 220 g (1 tasse) du mélange de haricots et les 500 ml (2 tasses) de liquide dans un mélangeur. Ajouter l'huile d'olive et mélanger à fond. Ajouter ce mélange à la soupe lorsque les pâtes sont cuites. Réchauffer un peu et servir chaude.

La fondue suit la soupe nourrissante de haricots et de pâtes et est accompagnée d'une salade verte. La fondue est un merveilleux repas à servir lors d'une occasion spéciale comme le jour de l'An, une fête où des amis peuvent se réunir de façon informelle autour d'un feu de foyer et partager un mets délicieux dans un cadre intime. Il n'y a rien de mieux qu'un repas partagé pour vivre le moment présent en bonne compagnie.

6-8 portions

# Fondue au fromage

2 gousses d'ail

625 ml (2 $^1/_2$ tasses) de vin blanc sec

480 g (2 tasses) de gruyère, râpé

480 g (2 tasses) d'emmental, de fromage suisse
ou autre fromage au choix

3 c. à soupe de cognac

1 c. à soupe d'amidon de maïs

Sel de mer et poivre du moulin, au goût

Une pincée de muscade

1 baguette croûtée et coupée en petites
bouchées (chauffées au four au besoin)

Écraser les gousses d'ail et les frotter sur les parois d'une cocotte moyenne en fonte (ou un poêlon à fondue). Verser le vin dans la cocotte, ajouter le fromage et remuer sans cesse à feu moyen jusqu'à ce que le fromage soit fondu.

Mélanger le cognac et l'amidon de maïs pour faire une pâte et l'ajouter au mélange de fromage. Continuer de remuer jusqu'à consistance crémeuse. Assaisonner la fondue avec le sel, le poivre et la muscade au goût. Bien remuer pendant plusieurs minutes. Placer le poêlon à fondue sur un poêle à bois ou sur un réchaud pour laisser les amis et la famille tremper leur pain dans le mélange à l'aide des fourchettes. Servir une salade mixte comme celle de la page 14 en accompagnement.

6-8 portions

# Salade mixte de base

1 pomme de chicorée frisée, parée
1 botte de cresson frais, paré et équeuté
2 endives, les feuilles séparées et coupées en
   deux sur la longueur
1 petit oignon rouge, en tranches fines

### Vinaigrette
5 c. à soupe d'huile d'olive extravierge
2 c. à soupe de vinaigre de vin rouge
Sel et poivre du moulin, au goût

Mettre les légumes dans un grand bol. Au moment de servir, arroser d'huile d'olive et mélanger pour enduire la salade. Ajouter le vinaigre, le sel et le poivre au goût. Mélanger de nouveau et servir.

6-8 portions

# Flan à l'ancienne

625 ml (2 ½ tasses) de lait
1 gousse de vanille, coupée en deux
   sur la longueur
110 g (½ tasse) de sucre (ou plus au besoin)
3 gros œufs
2 jaunes d'œufs
125 ml (½ tasse) de lait condensé sucré
4 c. à soupe de sucre
1 c. à soupe de cognac

Préchauffer le four à 180 °C (350 °F).

Chauffer le lait dans une casserole moyenne, à feu moyen. Ajouter les moitiés de gousse de vanille et remuer jusqu'à ce que le lait soit chaud. Retirer la casserole du feu, couvrir et réserver 30 min.

Dissoudre le sucre dans une poêle antiadhésive moyenne à feu moyen-doux, en remuant la poêle pour faire fondre le sucre également. Continuer de cuire et de remuer le sucre jusqu'à ce qu'il soit complètement fondu et de couleur brun foncé. Verser immédiatement le sucre dissous dans 8 petits ramequins (bols profonds de 175 ml ou 6 oz). Pencher les bols pour enduire le fond complètement. Laisser refroidir.

Battre les œufs, les jaunes d'œuf, le lait condensé, le sucre et le cognac à l'aide d'un batteur à main jusqu'à obtention d'un mélange onctueux. Retirer la gousse d'ail et incorporer le mélange aux œufs dans le lait en fouettant.

Verser soigneusement le mélange dans les ramequins et répartir également. Mettre les ramequins dans un grand plat pour le four avec de l'eau jusqu'à mi-hauteur des ramequins (bain-marie). Mettre le plat au four en couvrant les ramequins d'une feuille de papier d'aluminium. Cuire environ 30 à 40 min. Vérifier la cuisson à l'aide d'un couteau mince ou d'une aiguille avant de sortir les flans du four. Il doit ressortir propre.

Lorsque les flans sont cuits, retirer du four et laisser tiédir sur une grille. Réfrigérer 2 h, puis démouler en passant soigneusement un couteau mince tout autour du flan. Lorsque le flan est dégagé, renverser le ramequin avec un soin extrême sur l'assiette de service pour démouler et servir.

8 portions

# L'Épiphanie

*L'hiver sévère gèle tous les ruisseaux,*
*Lesquels, il n'y a pas si longtemps,*
*murmuraient joyeusement,*
*Et dépose une perruque enneigée*
*Sur la tête de chaque arbre dégarni.*

WILLIAM HONE

L'hiver a été exceptionnellement froid jusqu'à maintenant. «Quoi de neuf?» répondraient certains de mes voisins, sachant très bien que ces températures glaciales font partie intégrante de la vie dans le nord-est des États-Unis.

Les New-Yorkais et les habitants de la Nouvelle-Angleterre sont des gens robustes, plutôt rompus aux réalités d'un hiver rigoureux. Nous avons déjà eu droit à une enfilade de tempêtes de neige et nous ne sommes qu'au début de janvier! En parcourant des yeux le paysage environnant, j'aperçois une fine neige étincelante qui couvre nos arbres et nos prés.

L'air hivernal est parfaitement calme, et dans mon for intérieur, je sais que la neige, ce cadeau des cieux, restera avec nous pendant très longtemps. Nous, habitants du nord-est, avons tout simplement l'habitude d'être assiégés par la neige, les chemins et les sentiers qui nous relient au monde extérieur étant fermés pour le moment. Je regarde dehors de nouveau, au-delà du monastère, et toute la nature est silencieuse, blanche et propre. Je rends grâce à Dieu pour le feu ardent dans le poêle de notre cuisine. La chaleur qui s'y répand est d'un tel réconfort lors de journées comme celle-ci.

C'est le jour de l'Épiphanie aujourd'hui, le «douzième jour» après Noël. C'est une fête magnifique qui rappelle la manifestation de Dieu dans le monde. Le jour de Noël, la bonté de Dieu s'est manifestée à nos propres yeux sous la forme d'un bébé, dans l'humanité révélée du Christ, le Fils de Dieu et unique image du Père éternel. L'Incarnation du Fils de Dieu et son apparition terrestre parmi nous a changé le cours de l'histoire humaine et transformé l'humanité, pour laquelle il est venu en Sauveur.

Dans les pays latins de la Méditerranée, la fête d'aujourd'hui s'appelle la «Fête des Rois» d'après la lecture de l'Évangile d'aujourd'hui, qui relate l'histoire des trois mages venus de loin jusqu'à la grotte de Bethléem et guidés par une mystérieuse étoile pour rendre hommage au petit enfant, le Roi des Rois. Comme une des belles antiennes de la fête proclame: «Cette étoile brille comme une flamme et manifeste le

Dieu, Roi des Rois ; les Mages l'ont vue, et sont venus offrir leurs présents au grand Roi ».

De nombreuses coutumes, variant de pays en pays et de monastère en monastère, sont associées à cette belle fête. En France, une belle et ancienne coutume préservée jusqu'à aujourd'hui est la préparation du fameux « gâteau des Rois », qui est béni et servi comme dessert après le repas principal. En Provence, c'est habituellement le plus jeune de la famille qui prononce la bénédiction et coupe le gâteau. Un morceau de gâteau est réservé à l'Enfant Jésus et le reste est distribué parmi les convives à la table. La part réservée à l'Enfant Jésus est donnée plus tard à la première personne pauvre qui frappe à la porte en quête de nourriture. Une partie importante de ce rituel plein de charme consiste à trouver la petite féverole cachée dans le gâteau. La maîtresse de la maison, qui prépare habituellement le gâteau, y dissimule un petit haricot que quel-qu'un découvrira plus tard à la table. L'heureux élu qui trouve le haricot dans sa part de gâteau est sacré Roi pour une journée, « le Roi de la fève » comme on dit en France. Tous ceux présents lui portent un toast à sa santé, en proclamant : « Vive le Roi ! ». Le chef de la famille le fait asseoir ensuite à la tête de la table.

Il y a de nombreuses recettes de gâteau des Rois ; chaque région et patelin de la France a sa recette préférée. Celle donnée ici est celle avec laquelle je suis le plus familier et qui, selon moi, exige le moins de temps de préparation. Une amie de Belgique la préparait chaque année pour le jour de l'Épiphanie et elle m'a raconté un jour qu'elle tenait la recette d'une grand-tante du nord de la France. Au fil des ans, je l'ai adaptée quelque peu pour la simplifier et la rendre conforme aux normes de cuisson contemporaines. Par bien des aspects, la recette n'est pas si loin de notre propre « gâteau » des Pyrénées.

*J'ai faim et soif, ô Christ,*
*de t'apercevoir,*
*Tu es mon unique provision*
*pour le chemin inconnu,*
*Une longue faim gaspillée pour*
*celui qui erre de par le monde,*
*Que celui-ci soit rassasié en*
*t'apercevant.*

RADBOD D'UTRECHT
(ENV. 900)

# Gâteau des rois

1 sachet de levure sèche

1 c. à café (1 c. à thé) de sucre

55 g (1/4 tasse) de sucre

250 ml (1 tasse) de lait bouilli, puis tiédi

675 g (4 1/2 tasses) de farine tout usage

1/4 c. à café (1/4 c. à thé) de sel

3 c. à soupe de cognac

1 bâton de beurre non salé, coupé en petits
   morceaux

4 jaunes d'œuf

1 gourgane ou fève des marais séchée ou une
   pacane

### Garniture

2 bâtons de beurre doux

165 g (3/4 tasse) de sucre granulé

1 c. à soupe de cognac

1 c. à café (1 c. à thé) d'extrait de vanille

Graisser généreusement un moule à gâteau
de 30 cm x 40 cm (11 1/2 po x 16 po).

Vider le sachet de levure dans le lait tiède,
ajouter 1 c. à café (1 c. à thé) de sucre et bien
mélanger. Laisser reposer environ 5 min, jusqu'à
ce que le mélange commence à mousser.

Combiner dans un grand bol le sucre, le lait,
la farine, le sel, le cognac, le beurre, les jaunes
d'œufs et le mélange à levure. Mélanger tous les
ingrédients à la main ou à l'aide d'un batteur à
main jusqu'à ce que tout le liquide soit absorbé
par la farine. Retirer la pâte du bol et la mettre
sur une grande surface farinée.

Ajouter la gourgane à la pâte et commencer
à la pétrir. Pétrir la pâte environ 15 min jusqu'à
ce qu'elle soit lisse. Saupoudrer la pâte de farine
au besoin pour l'empêcher de coller à la surface
de travail.

Disposer soigneusement la pâte dans un bol
graissé et la retourner pour bien l'enduire de
beurre. Couvrir avec une serviette propre et
laisser lever 1 h, jusqu'au double du volume.

Une fois que la pâte a levé, la dégonfler en
donnant un coup de poing au centre et l'enduire
de nouveau de beurre, comme précédemment.
Couvrir la pâte avec la serviette et la laisser gonfler de nouveau jusqu'au double.

Transférer la pâte du bol à la surface de travail et l'aplatir avec les mains. Soulever la pâte
avec les mains et la placer soigneusement dans
le moule à gâteau graissé. Presser les extrémi-
tés avec les doigts. Couvrir avec la serviette et
laisser gonfler environ 1 h ou jusqu'au double.
Préchauffer le four à 190 °C (375 °F).

À l'aide des doigts, faire de petites entailles
sur toute la surface de la pâte. À l'aide d'une
spatule, répartir le mélange au beurre uniformément sur la pâte. Mettre le moule au milieu
du four et cuire environ 40 min, ou jusqu'à ce
que le mélange au beurre et au sucre soit doré.
Retirer du four et laisser refroidir sur une grille.
Au moment du dessert, mettre le gâteau au centre de la table. Il devrait donner environ 10 à
12 parts égales.

### Garniture

Dans un petit bol, bien mélanger tous les ingrédients.

La personne qui trouve la fève est déclarée
Roi ou Reine du jour. En France, on accompagne ce gâteau festif d'un vin de dessert sucré, un
muscadet par exemple, pour porter ensuite un
toast au Roi ou à la Reine.

# LA THÉOPHANIE DU SEIGNEUR

> *Les eaux t'ont vu, ô Dieu!*
> *Les eaux t'ont vu, elles ont tremblé;*
> *Les abîmes se sont émus.*
>
> PSAUME 77,17

Ce matin, je me suis levé plus tard qu'à l'habitude. J'ai ouvert la porte de la véranda pour laisser sortir notre chien et nos chats et j'ai constaté que la température extérieure était bien au-dessous de zéro. Malgré le soleil brillant et le ciel bleu pâle, le froid hivernal recouvrait tout d'un air sinistre. Pour couronner le tout, un vent glacial soufflait. Tranquillement, je me suis rappelé qu'après tout nous étions en janvier. Dame Nature ne ment jamais: nous pouvons l'entendre parler par des symboles et des signes mais son langage et son message sont toujours d'une clarté translucide et d'une concision achevée. Après avoir sorti les animaux, j'ai respiré profondément l'air hivernal une fois de plus avant de fermer la porte. J'ai alors reconnu cette qualité de l'air si caractéristique de la région de New York et de la Nouvelle-Angleterre. Durant les mois d'hiver, l'air glacial est saisissant, parfois sauvage, mais il est sec, pur et peut parfois soulager et tonifier. Le fait d'habiter à la campagne nous aide à développer une perception de ces changements quotidiens subtils de l'air. C'est un des secrets de dame Nature.

Aujourd'hui, c'est la Sainte Théophanie de Notre-Seigneur, la fête qui conclut le cycle de Noël jusqu'à l'année prochaine. La fête d'aujourd'hui commémore le baptême du Christ dans le Jourdain et la manifestation de la divine Trinité au moment du baptême. C'est un événement particulier, car au moment même où le Christ le demande humblement à Jean-Baptiste de le baptiser, l'Esprit descend sur lui et la voix du Père se fait entendre, exprimant sa joie de voir son unique Fils. Pour la première fois, les trois personnes de la Trinité divine sont révélées dans le Nouveau Testament. C'est véritablement un mystère ineffable, le genre de mystère qui englobe toute notre foi et exige notre profond assentiment. Dieu est si grand, si transcendant, si loin au-delà de nous, et pourtant, en se faisant chair parmi nous, il est en même temps si près de nous.

Puisque la température est si froide et que la fête d'aujourd'hui réclame une attention particulière, j'ai décidé hier que notre soupe du jour serait un peu différente, une soupe que l'on ne fait que rarement ici et qui ne passera donc pas inaperçue parmi ceux appelés à la partager avec nous. C'est une soupe très appréciée dans le monde méditerranéen, surtout des enfants, mais aussi des adultes. Essentiellement, elle est faite de marrons frais rôtis. Par une nuit froide, rien ne vaut le parfum des marrons frais rôtis que l'on transforme ensuite en une délicieuse soupe consistante qui imprègne longtemps la mémoire des gens qui la partagent. Pour une raison inconnue, la cuisine aux marrons n'est pas aussi appréciée en Amérique qu'en Europe. Peut-être s'agit-il d'une question de coutumes et de traditions ? Une autre raison pourrait être que les marronniers ne sont pas aussi courants aux États-Unis qu'en Europe. De fait, la plupart des marrons vendus dans les supermarchés américains sont importés d'Italie ou d'Espagne. La soupe aux marrons est un délice en tout temps, mais la fête glorieuse de la Théophanie de Notre-Seigneur, qui clôt nos célébrations de Noël, nous donne une occasion unique de savourer cette superbe soupe riche, un véritable délice pour le palais.

*La nature nous parle par symboles et par signes.*

JOHN G. WHITTIER

# Soupe aux marrons

480 g (1 lb) de marrons dans l'écale
3 poireaux (la partie blanche et vert tendre
    seulement), en tranches fines
6 c. à soupe de beurre (ou d'huile d'olive
    vierge)
250 ml (1 tasse) de vin blanc sec
1 courge poivrée, pelée, évidée et coupée en
    petits morceaux
1,25 litre (5 tasses) d'eau
125 ml (1/2 tasse) de lait entier
Sel et poivre du moulin, au goût

Préchauffer le four à 200 °C (400 °F).

À l'aide d'un couteau bien affûté, faire une entaille sur le côté plat de chaque marron. Disposer les marrons en une couche sur une plaque non graissée. Les rôtir environ 15 à 20 min, jusqu'à ce qu'ils dégagent leur arôme. (Un bonheur dans une cuisine !) Sortir la plaque du four et laisser tiédir. Écaler et réserver les noix.

Mettre les poireaux dans une casserole assez grande et ajouter 3 c. à soupe de beurre. Cuire à feu moyen-doux en remuant à l'occasion, jusqu'à ce que les poireaux commencent à suer. Ajouter le vin et laisser mijoter environ 3 min. Ajouter la courge, les marrons – en réservant 80 ml (1/3 tasse) pour la garniture – et l'eau. Porter rapidement à ébullition, puis réduire le feu à moyen-doux et laisser la soupe mijoter, à couvert, environ 20 à 25 min de plus. Incorporer le lait et bien mélanger. Laisser tiédir un peu.

Réduire la soupe en purée, un peu à la fois, jusqu'à obtention d'une purée lisse. Remettre la soupe dans la casserole et laisser mijoter à feu doux. Assaisonner avec du sel et du poivre au goût. Si la soupe est trop épaisse, la délayer un peu avec de l'eau ou du lait.

Pendant que la soupe mijote, faire fondre le beurre qui reste dans une poêle épaisse et faire sauter les marrons réservés pour la garniture. Ajouter une pincée de sel et de poivre au goût et remuer sans cesse jusqu'à ce que les marrons soient croustillants et dorés. Laisser reposer.

Garnir la soupe de brisures de marrons et servir dans des assiettes chaudes.

6-8 portions

# Saint Antoine, le patron des moines

*Taisez-vous à moins de pouvoir améliorer le silence.*

Proverbe de la Nouvelle-Angleterre

Pour ceux d'entre nous qui vivons dans une zone de climat froid, il y a plusieurs façons de faire face aux dures et sinistres réalités de l'hiver. Dans un monastère, par exemple, on peut s'appliquer à des lectures supplémentaires, à des prières supplémentaires et à des activités intérieures de création, dont l'écriture. On peut également passer plus de temps à la cuisine près du poêle chaud, pour faire mijoter une soupe nourrissante ou faire cuire du bon pain et des tartes pour la table. Habituellement, j'essaie de m'adonner à toutes ces activités tout en observant le silence monastique si apprécié, et à d'autres occasions en écoutant une suite pour violoncelle de Bach ou un quatuor de Beethoven, une musique inspirante qui, à mon avis, ne trouble pas le silence. Nos hivers dans le nord-est sont souvent rigoureux et je sais que bien des gens en sont affectés et se sentent déprimés, surtout les personnes âgées confinées dans leur foyer d'accueil. Même la distraction de la télévision n'apaise pas l'anxiété ressentie. Je suis reconnaissant envers le Seigneur, soit par mon caractère ou par une heureuse disposition, de ne pas être sensible – jusqu'à maintenant du moins – aux creux de la dépression. Si ce n'était pas le cas, la vie monastique de solitude et de silence deviendrait une expérience sinistre et mortelle. Ce n'est pas quelque chose qui me sourit et je prie humblement le Seigneur de m'épargner une telle expérience. Mais pour en revenir au sujet de nos hivers d'ici, dans le nord de l'État de New York, la température est souvent imprévisible. Les courtes journées d'hiver et les longues nuits sombres et froides, à mon sens, peuvent avoir une profonde influence sur notre humeur. Une des façons d'y remédier est de trouver une activité stimulante, quelque chose qui nous permet de contrer notre tendance à la mélancolie ou à la tristesse. La créativité est positive et essentielle pour faire face de façon constructive à nos sombres journées d'hiver. La créativité sous toutes les formes, la lecture, l'écriture, le jeu, la marche, le bricolage ou la cuisine, exalte l'esprit et rafraîchit l'âme. La créativité ouvre l'esprit et le cœur à de larges horizons inexplorés. La créativité peut également améliorer notre rapport à Dieu dans la prière et avec les gens qui nous entourent.

Aujourd'hui, le calendrier monastique rappelle le souvenir de saint Antoine, le patron des moines et mon saint patron. J'ai toujours aimé saint Antoine, et son exemple de vie monastique chrétienne ne cesse de m'inspirer dans mon pèlerinage. Il est véritablement l'humble serviteur du Christ, qu'il préféra à toute chose, un sage Père du désert dont la lumière intérieure continue de briller à ce jour. Depuis le désert égyptien inhospitalier du IIIe et IVe siècle, il enseigna aux moines comme nous de chercher uniquement Dieu, de centrer notre vie monastique entière sur Dieu. Il pratiqua cela quotidiennement par la prière continuelle, la méditation de la parole de Dieu, le travail manuel, la discipline, la charité envers ses voisins, le silence et la remémoration continuelle de Dieu. Par l'exemple de sa vie, il inculqua la sagesse à ses disciples et les encouragea à rester fidèles à leur vocation de moine jusqu'à la fin. Je suis très reconnaissant à saint Antoine pour bien des choses, en particulier pour sa présence forte quoique douce ici dans notre propre petit désert. Cela est très réconfortant.

Puisque saint Antoine était un moine très frugal, quoi de mieux pour l'honorer à la table ce soir qu'un repas frugal ? Je pense que cela lui ferait plaisir. Puisqu'il reste un peu de soupe de la veille, nous allons tout simplement la réchauffer aujourd'hui et la servir comme hier, suivie d'une salade verte accompagnée d'un morceau de fromage et de bon pain entier. Je crois fermement que durant les mois d'hiver plus qu'à tout autre moment de l'année, nous avons tous besoin de voir de la salade et d'en manger : c'est la promesse du printemps à venir. Je trouve que le fait de manger des salades fraîches tout au long de nos longs hivers finit par agir comme un baume sur notre esprit. Notre seule gâterie ce soir sera une simple compote de fruits maison chaude, un dessert qui a ce qu'il faut pour nous réchauffer de bien des façons. Les compotes chaudes semblent toujours bien tomber et sont si nourrissantes durant la saison froide.

*Ne les craignez donc point, mais croyez en Jésus-Christ et ne respirez jamais autre chose que le désir de le servir. Vivez comme si vous deviez mourir chaque jour.*

Saint Athanase, Vie de saint Antoine : ses derniers conseils

# Compote de fruits chaude de saint Antoine

1 gousse de vanille, coupée en deux sur la longueur

110 g (½ tasse) de sucre (ou plus au besoin au goût)

500 ml (2 tasses) d'eau

320 g (2 tasses) de petits abricots entiers séchés

480 g (1 lb) de poires fermes, pelées, épépinées et coupées en deux

2 c. à soupe de liqueur de poire

Crème fraîche ou crème épaisse en garniture (facultatif)

Couper la gousse de vanille sur la longueur avec un couteau et gratter les graines. Mettre la gousse dans une casserole assez grande, puis ajouter le sucre et l'eau. Remuer et porter à ébullition à feu moyen.

Ajouter les abricots, les poires et la liqueur. Couvrir et laisser mijoter doucement environ 15 min. Remuer à l'occasion. Lorsque les fruits sont cuits, éteindre le feu et couvrir de nouveau.

Goûter et ajouter du sucre au besoin. Garder la compote au chaud. Enlever la gousse de vanille avant de servir. Servir la compote chaude (la réchauffer au besoin). On peut aussi ajouter 1 c. à café (1 c. à thé) de crème fraîche sur le dessus en garniture.

6-8 portions

# La soupe verte

*Belle soupe, si riche, si verte,*
*Qui attend dans une soupière chaude !*
*Qui pour un tel mets ne ferait pas le*
*jaloux ?*
*Soupe du soir, belle soupe !*

Lewis Carroll

Il a neigé de nouveau sans interruption, une tempête de grand vent qui a paralysé la région pendant trois jours. La neige abondante, le vent cinglant et la température extérieure glaciale m'ont donné envie de manger une bonne soupe chaude réconfortante. Je me demande pourquoi nos pensées se tournent instinctivement vers la soupe lors de journées comme celles-ci. La simple vérité est que rien n'est aussi consolant et bienvenu par une froide soirée d'hiver qu'un bol de soupe chaude. Par une journée de froid intense comme aujourd'hui, je pense que nous pourrions renoncer à toutes sortes d'autres plaisirs à la table mais pas celui de déguster une soupe réconfortante qui réchauffe le cœur. Un feu ronronnant, un verre de vin rouge et un bol ou deux d'une délicieuse soupe chaude suffisent pour nourrir et rassasier chacun d'entre nous.

En tout temps mais surtout durant ces soirées d'hiver après les Fêtes, une bonne soupe parvient à nourrir non seulement nos corps mais aussi nos âmes. Lorsque j'alimente le poêle à bois dans la cuisine et que je me mets à la recherche de bûches, je commence à sentir ma faim et j'ai très envie d'une bonne soupe. Juste d'y penser me donne faim ! Je me demande quelle sorte de soupe servir à la table des moines ce soir et je réfléchis à différentes possibilités. Je veux préparer un plat simple, léger, rapide, avec plein de saveurs et de textures réconfortantes que nous pourrions savourer au souper juste après les vêpres. Comme à l'habitude, je regarde dans le réfrigérateur à la recherche de restes et d'idées. Les moines, ayant fait le vœu de mener une vie frugale, ne jettent jamais les restes et ne manquent pas de planifier le menu du jour en commençant par ceux-ci. Cet après-midi, j'ai surtout trouvé de la salade fraîche et surgelée et des poireaux dans notre cave. J'ai donc décidé sur-le-champ que la soupe du soir serait une soupe verte traditionnelle. Les soupes vertes sont toujours nourrissantes, car pleines de vitamines et de minéraux. En plus, elles sont toujours délicieuses !

Les poireaux que nous avons récoltés dans notre propre potager en novembre et conservés dans notre cave seront l'ingrédient principal de la soupe, avec de la scarole fraîche, de la bette à cardes surgelée et des pommes de terre – ces deux derniers ingrédients provenant également de notre potager. J'ajouterai des gousses d'ail émincées pour donner du goût et un arôme appétissant à la soupe. La beauté d'une bonne soupe et son côté pratique résident dans le fait que l'on peut en faire suffisamment pour deux ou trois repas. Dans un monastère, comme à la maison, on peut répéter le même menu pendant plusieurs jours pourvu que le mets soit apprécié.

# Soupe verte

10 c. à soupe d'huile d'olive

6 gousses d'ail, émincées (ou plus si désiré)

3 poireaux (y compris la partie vert tendre), en fines tranches

480 g (1 lb) de scarole, hachée grossièrement

480 g (1 lb) de bette à carde (la partie supérieure seulement), hachée grossièrement (des épinards ou du chou frisé, selon la préférence)

3 litres (12 tasses) d'eau

2 carrés de bouillon (végétariens ou autre)

4 pommes de terre moyennes, pelées et coupées en dés

Sel et poivre du moulin, au goût

Fromage parmesan râpé, en garniture

Verser l'huile dans une assez grande casserole, ajouter l'ail et les poireaux et faire sauter à feu moyen-doux environ 3 min en remuant souvent. Ajouter la scarole et la bette à carde. Continuer de remuer de 2 à 3 min de plus.

Ajouter l'eau, les carrés de bouillon et les pommes de terre. Couvrir et porter à ébullition rapide. Réduire à feu moyen et laisser cuire de 25 à 30 min. Ajouter le sel, le poivre et de l'eau au besoin. Réduire à feu à moyen-doux et laisser mijoter à couvert 10 min de plus. Remuer à l'occasion.

Lorsque la soupe est prête, éteindre le feu et laisser reposer à couvert environ 5 min avant de servir. Servir chaud et saupoudrer de parmesan dans chaque bol.

(Réchauffez les restes le lendemain, elle n'en sera que plus savoureuse !)

6-8 portions

# VARIATION SUR LE THÈME
# DE LA SOUPE VERTE

*Repérez le miraculeux dans l'ordinaire, dans le banal.*

HENRY DAVID
THOREAU

Récemment, on m'a demandé de donner une conférence et de faire une démonstration culinaire pour un groupe d'une église à Westchester, dans l'État de New York. Comme nous avions à planifier et à préparer un repas complet, le premier service était évidemment une soupe chaude, un mets approprié par une froide soirée de janvier. Pendant que je discutais de soupes avec le groupe, un des participants m'a demandé si au bout moment certaines soupes ne revenaient pas trop souvent au menu, surtout celles dont la préparation exige des ingrédients semblables comme les légumes-feuilles. Sur le coup, j'ai répondu que nous pouvons préparer des soupes souvent, parfois avec des ingrédients semblables, sans avoir à nous répéter. Il m'a alors demandé de lui expliquer comment je lui ai donné l'exemple de la soupe verte. Pour commencer, les légumes-feuilles sont très pratiques et peuvent être apprêtés de multiples façons. De plus, on a l'embarras du choix : l'oseille, la bette à carde, les épinards, le chou vert frisé, le chou, la scarole, le cresson, les feuilles de betterave, les feuilles de navet, le rapini, le persil, etc. Chaque fois, dépendant du légume choisi, la saveur et la texture de la soupe sont distinctes, terreuses, même un peu mystérieuses. Ajoutez à cela le mariage avec d'autres légumes, céréales ou haricots et vous obtiendrez une soupe entièrement différente. La préparation de soupes peut être étonnante parfois, voire confondante. Une fois que vous maîtrisez la formule d'une bonne soupe, vous pouvez la recréer maintes et maintes fois. Vous pouvez aussi déroger un peu de la recette et créer chaque fois une petite variation sur l'original. Vous obtenez presque instantanément, une autre soupe. Après des années passées à préparer et à créer de nouvelles soupes, j'ai conclu que le secret d'une bonne soupe est notre capacité, de fois de fois, à la réinventer.

Puisque je suis un ardent défenseur de la soupe verte en général et que je crois fermement en sa valeur nutritive, j'ai décidé de préparer une autre « soupe verte » ce soir. Il s'agit d'une variation sur celle que nous avons mangée ici il y a quelques jours. Pour cette soupe, j'utiliserai d'autres variétés de légumes-feuilles, en y ajoutant une courge poivrée, des tonnes de persil et des petits haricots blancs au lieu des pommes de terre. Je vais également remplacer les poireaux par des oignons. En outre, pour la rendre encore plus différente de la première, on pourrait la réduire en purée ; je laisse toutefois cette décision de dernière minute, aux soins du cuisinier du moment. J'affectionne les deux préparations ; souvent le fait de passer une soupe au mélangeur permet d'extraire davantage les saveurs poignantes et délicieuses des légumes-feuilles, ce qui n'est pas toujours facile à faire s'agissant d'une soupe. Si je peux me permettre un dernier commentaire pour plaider contre la réduction en purée de cette soupe, j'aime la texture et la saveur des haricots entiers en combinaison avec la subtilité des légumes-feuilles. Cette soupe est tellement bonne qu'on peut l'apprêter des deux façons. À la soupe !

*Avec leur connaissance des saveurs amalgamées, les Français combinent l'imagination et un flair pour l'assaisonnement, ce qui rend leurs soupes dignes d'être imitées.*

CLAIRE DE PRATZ, FRENCH HOME COOKING

# Soupe aux légumes-feuilles et aux haricots

8 c. à soupe d'huile d'olive

1 gros oignon vidalia, haché grossièrement

6 gousses d'ail, émincées

3 litres (12 tasses) d'eau

2 cubes de bouillon instantané, au choix

1 courge poivrée, pelée et coupée en petits morceaux

440 g (2 tasses) de petits haricots ronds blancs précuits ou 2 boîtes des mêmes haricots

675 g (1 ½ lb) d'épinards frais, lavés et hachés grossièrement

10 brins de persil italien, hachés

2 c. à café (2 c. à thé) de jus de citron, fraîchement pressé

Sel et poivre du moulin, au goût

Fromage parmesan râpé, en garniture

Verser l'huile d'olive dans une grande casserole. Ajouter les oignons et faire sauter 2 à 3 min tout au plus à feu moyen-doux en remuant sans cesse. Ajouter l'ail et remuer 1 min de plus. Ajouter l'eau, les cubes de bouillon, la courge et les haricots. Couvrir, porter à ébullition, puis réduire le feu à moyen-doux. Cuire 20 min de plus.

Ajouter les épinards, le persil et le jus de citron. Couvrir et poursuivre la cuisson à feu moyen-doux 20 min de plus. Ajouter le sel et le poivre et laisser mijoter à couvert environ 10 min. À l'aide d'une louche, servir la soupe dans des assiettes creuses ou des bols et saupoudrer de parmesan. Servir chaud.

6-8 portions

# Février

# LA CHANDELEUR

*Puis vint Février le froid,*
*Assis dans une vieille charrette,*
*Tiré par deux poissons,*
*Car il ne pouvait monter à cheval.*

EDMUND SPENCER

Une partie de la vie dans un monastère consiste à se mettre constamment au diapason des saisons, des mois, des semaines, des heures, de la pointe du jour et de la tombée de la nuit. Cette semaine, alors que les jours de janvier déclinaient, nous avons fait d'une part nos derniers saluts au mois jusqu'à l'an prochain, doucement, sans trop d'éclats. D'autre part, toutefois, nous avons commencé à anticiper le prochain cycle et sa promesse de jours plus clairs. Habituellement, au moment où le mois de janvier tire à sa fin, nous avons des signes ici et là de la saison à venir. Un des signes les plus précoces, évidemment, est l'allongement perceptible des jours. Lentement mais sûrement, l'obscurité hivernale commence à se retirer durant cette période, faisant place à davantage de lumière. Ici dans notre monastère rural, nos poules, après quelques mois de repos, recommencent à pondre, nous signalant que nous avons atteint le mitan de l'hiver et que nous avançons sûrement vers autre chose. Souvent – mais pas chaque année –, juste avant la Chandeleur, alors que janvier tire à sa fin, le premier œuf apparaît soudain dans un des nids qui se trouvent dans la grange où les poules passent l'hiver avec les moutons. Les premiers jours, je trouve un œuf à l'occasion ; mais, les jours passant, je découvre deux œufs ou plus tous les jours dans quelque recoin sombre de la grange. Ces petits signes, dans un petit monastère agricole comme le nôtre, sont révélateurs. Cela nous fait prendre conscience que la saison hivernale est à demi terminée, peu importe la quantité de neige encore sur le sol. Les petits indices saisonniers font signe que l'hiver s'achève et nous donnent envie de connaître ce qui est à venir.

Aujourd'hui, c'est la Chandeleur, la fête de la présentation du Seigneur au temple. La fête est toujours célébrée le quarantième jour après Noël et termine de façon appropriée le cycle de Noël. C'est une fête profondément touchante, car elle commémore la visite de Marie et de Joseph au temple pour présenter leur fils au Seigneur. Là, Siméon l'aîné et Anna la prophétesse attendent la venue de l'enfant avec impatience. Ils éclatent d'une joie indicible en l'apercevant enfin. En réfléchissant à l'événement, nous réalisons que Siméon et Anna avaient patienté toutes ces longues années en attente de ce jour précis ! Ils savaient qu'il était le Sauveur, le « Messie » promis à Israël. Ils ne peuvent contenir leur douce joie en rencontrant l'enfant sans défense et en l'accueillant pour la première fois dans leurs bras. Remplis de gratitude, ils rendent grâce au Seigneur et le louangent.

Les cierges occupent une place centrale dans les célébrations liturgiques de cette journée. Les cierges sont bénis au début de la liturgie, au moment où nous nous préparons à pénétrer en procession dans l'église. Ce geste liturgique me rappelle que les cierges jouent un rôle unique dans la vie dévotionnelle de ceux qui empruntent la voie monastique. Dans un monastère, il y a les cierges de la couronne de l'Avent, la chandelle de Noël symbolisant la présence du Christ parmi nous et le cierge pascal, allumé pendant toute la période de Pâques. Puis, il y a les chandelles de tous les jours, utilisées lors de la célébration de l'Eucharistie et des offices monastiques, les cierges et les lampions qui brûlent devant nos icônes et symbolisent nos prières et nos supplications, les bougies de la table où nous prenons nos repas et les chandelles qui accompagnent l'Eucharistie que l'on porte au moine malade ou mourant dans sa cellule. Les flammes silencieuses et pourtant vives de ces chandelles, selon le contexte, parlent profusément au cœur d'un moine. À leur manière, elles offrent réconfort et soulagement en temps de besoin, en même temps qu'elles expriment notre culte et notre adoration du Dieu éternel. Ces simples bougies de cire, fabriquées de main d'homme et empreintes d'un caractère et d'une grâce mystiques, symbolisent la présence de Celui qui est la Lumière du monde. Elles témoignent également et silencieusement de réalités intangibles du monde à venir.

Puisque c'est une fête spéciale aujourd'hui dans la vie du monastère, il y a davantage de préparatifs à la cuisine en prévision du repas festif du soir. « Telle est la fête, tel est le repas », se plaisait à répéter un vieux moine affecté aux cuisines pendant plus de 50 ans. Il y a deux principes à considérer dans la préparation du repas d'aujourd'hui : le temps froid et la modération du régime monastique, lequel prescrit le jeûne du 14 septembre jusqu'à Pâques, sauf les dimanches et les jours de fête. Il est toutefois étonnant à quel point on peut innover à l'intérieur de ces contraintes. Le menu principal sera composé d'une polenta épaisse cuite au four accompagnée d'un tian de courgettes, d'aubergines et d'oignons. Suivront une salade d'endives simple et un petit dessert. La polenta est aussi polyvalente que le riz ou les pâtes; elle se prépare rapidement et est également la bienvenue par une soirée froide de février. Un tian de légumes présente tous les bienfaits des aliments rôtis, permettant d'extraire toute la saveur et la douceur des légumes. Le tian est également rapide et simple à préparer. Il aurait été souhaitable de compléter le tian avec des tomates, comme on le fait si souvent en Provence, mais j'ai bien peur qu'il faille attendre jusqu'aux mois d'été pour le faire. Ce soir, alors que nous mangerons notre repas du soir, le grand cierge du Christ brillera sur nous tous depuis le centre de la table. C'est une chandelle qui nous accompagne lors de nos repas de fête et d'occasions spéciales. La lumière radieuse qui en émane ne cesse de prodiguer chaleur et bonne humeur. Le cierge nous rappelle également la présence du Christ parmi nous. Il est là avec nous à la table pour nous réconforter. Il y a d'innombrables façons d'apprêter la polenta. Ce soir, nous allons préparer une polenta épaisse avec de la courge, un légume facile à trouver à cette période de l'année, et des oignons sautés. Pour procéder rapidement, je fais d'abord cuire la courge séparément, je la réduis en purée et je l'ajoute à la polenta. La même chose vaut pour les oignons.

*Dieu créa le monde et veilla sur lui nuit et jour. Nous connaissons l'alternance de l'obscurité et de la lumière. Mais le Christ est la véritable Lumière. Il vint au monde pour nous donner la Lumière afin que nous croyions… et il ordonna que notre Lumière, en tant que chrétiens, brille pour les hommes.*

MÈRE THEKLA, *EXPRESSIONS OF FAITH*

# Polenta épaisse

1 courge musquée, pelée, épépinée et coupée en morceaux

1 courge poivrée, pelée, épépinée et coupée en morceaux

Huile d'olive

1 gros oignon, pelé et coupé en tranches

2 c. à soupe de sauge fraîche ou séchée, émincée (ou romarin)

1,5 litre (6 tasses) d'eau

Sel de mer, au goût

1 tasse de polenta à gros grains

Poivre du moulin, au goût

40 g (1/3 tasse) de parmigiano reggiano ou autre, râpé

Beurre au besoin

1 œuf

2 c. à soupe de lait

Faire bouillir les morceaux de courges dans de l'eau salée jusqu'à ce qu'elles soient cuites. Égoutter à fond, puis réduire en une purée homogène et onctueuse. Réserver.

Verser un peu d'huile d'olive dans une grande poêle et faire sauter les oignons environ 2 à 3 min à feu moyen-doux. Ajouter la sauge et bien remuer. Réserver.

Porter l'eau à ébullition dans une casserole assez grande ; ajouter 2 à 3 c. à soupe d'huile d'olive et du sel de mer au goût. Lorsque le liquide bout, y verser doucement la polenta en remuant sans cesse jusqu'à épaississement. Après 3 ou 4 min, quand la polenta est cuite, éteindre le feu et incorporer doucement les courges cuites, les oignons, le poivre et le fromage. Bien mélanger jusqu'à ce que le tout soit homogène.

Beurrer généreusement un plat de cuisson rectangulaire. Verser la polenta uniformément dans le plat jusqu'au rebord. Lisser à l'aide d'une spatule. Battre l'œuf et le lait et étendre sur la polenta à l'aide d'un pinceau culinaire. Cuire au four à 180 °C (350 °F) environ 30 à 40 min, jusqu'à ce que la polenta soit cuite. Servir chaud accompagné du tian de légumes. Une heureuse et sainte fête de la Chandeleur à tous !

6-8 portions

# Tian de légumes

4 courgettes moyennes, lavées et coupées en
   rondelles égales
5 violettes longues d'Orient (aubergines
   japonaises), lavées et coupées en rondelles
   égales
1 oignon moyen, haché
2 gousses d'ail, émincées
1 c. à café (1 c. à thé) de feuilles de thym ou
   d'origan séchées
6 c. à soupe d'huile d'olive extravierge
3 c. à soupe de vinaigre balsamique
Sel et poivre du moulin, au goût
Beurre au besoin

Mettre les légumes dans un bol profond avec les oignons, l'ail et le thym. Verser l'huile, le vinaigre, saler et poivrer. Remuer doucement pour bien enduire les légumes. Laisser macérer 1 à 2 h.

Beurrer généreusement un plat de cuisson rectangulaire et disposer les légumes en rangs l'un à côté de l'autre: un rang de courgettes, le rang suivant d'aubergines et ainsi de suite. Verser le jus de la marinade uniformément sur les légumes. Couvrir le plat avec du papier d'aluminium et cuire au four 25 à 30 min à 180 °C (350 °F). Servir chaud pour accompagner la polenta.

6-8 portions

# UNE CUISINE PAISIBLE

*Le silence, l'espace entre les notes,
c'est aussi de la musique, et c'est aussi
important que toutes les notes que vous
jouerez. Le silence est aussi fort, sinon plus
fort, que les notes que vous jouez.*

BEN HARPER

Je chéris les moments tranquilles dans notre cuisine de monastère. Le silence extérieur et intérieur est une nécessité dans la vie monastique, et cela s'applique également aux heures passées dans la cuisine. La nature propre de notre mode de vie exige un certain calme qui rend tout moment propice à la prière, à l'écoute, à la compassion, à la compréhension. Il n'est pas inhabituel, donc, que le silence envahisse une cuisine achalandée à d'autres moments. Le silence bonifie les heures précieuses qu'on y passe, de même qu'il bonifie le travail qui s'y fait ; en effet, le silence permet toujours de mieux se concentrer, un élément essentiel à la bonne cuisine.

Pour des moines comme nous, le silence est une forme de respect envers la présence de Dieu et des autres. Nous savons que le Seigneur est présent parmi nous en tout temps, mais il nous faut un certain calme et un certain silence pour nous le rappeler. Et pendant que nos mains travaillent activement, le silence nous dispose également à un rapport serein avec Dieu, en rehaussant la qualité de cette communication. Il arrive aussi que nous écoutions de la grande musique tout en travaillant en silence – pour éplucher des légumes, faire une soupe ou préparer un dessert. D'après moi, cette musique n'altère ni ne perturbe le silence monastique. Au contraire, la musique sérieuse, celle de Bach, Beethoven, Haydn, Mozart, Schumann ou Brahms, nous offre l'occasion de découvrir notre propre harmonie intérieure dans le contexte de la vie monastique silencieuse. Une telle musique, contenant les deux aspects de l'humain et du divin, ne cesse de nourrir l'esprit humain et nous mène à la fin à l'ineffable mystère de Dieu. Le silence et la musique vont immanquablement de pair ; ils rendent mon travail dans la cuisine mille fois plus agréable tout en agrémentant les longues journées d'hiver d'une expérience incontestablement profonde.

En raison de mes nombreuses occupations présentes et de mes tâches additionnelles au service du monastère, au nombre desquelles, je dois dire, il y a l'écriture de ce livre, j'ai sagement prévu de servir une soupe simple et sans complications qui me sauvera du temps et me permettra d'écrire. La soupe aux champignons, à l'orge, à la courge et à l'ail peut être préparée longtemps à l'avance et réchauffée à la dernière minute. C'est également une soupe qui est la bienvenue par une journée froide et venteuse comme aujourd'hui, avec la neige qui tombe et le vent qui souffle dans toutes les directions. N'est-ce pas réconfortant après tout de se faire servir une soupe chaude et nourrissante par une nuit glaciale ? Rien n'égale ce sentiment de réconfort ! La soupe elle-même est composée de champignons, d'orge et de légumes d'hiver avec beaucoup d'ail. Elle est facile à préparer ; et, comme le grand chef français Auguste Escoffier aimait rappeler à ses amis : « La soupe calme la violence de la faim. »

Avec reconnaissance, Jésus s'assit pour prendre part au bon repas de Marthe.
Il se réjouit également de l'acceptation par Marie de sa sagesse.

DOROTHY HOSIE (NÉE EN 1885)

# Soupe aux champignons, à l'orge, à la courge et à l'ail

50 g (¹/2 tasse) de champignons porcini séchés

8 c. à soupe d'huile d'olive

1 gros oignon vidalia (ou autre), haché

8 gousses d'ail, émincées

3 branches de céleri, en tranches fines

220 g (¹/2 lb) de champignons blancs, lavés et hachés grossièrement

2 carottes moyennes, coupées en dés

3 litres (12 tasses) d'eau (ou plus au besoin)

1 courge poivrée, pelée, épépinée et coupée en petits morceaux

90 g (¹/2 tasse) d'orge, rincée

1 feuille de laurier

2 c. à café (2 c. à thé) d'amidon de maïs ou de farine

125 ml (¹/2 tasse) de vin blanc sec

Sel de mer et poivre du moulin, au goût

Un bouquet de persil frais, haché finement

Faire tremper les champignons environ 1 h dans de l'eau. Égoutter, hacher grossièrement et réserver.

Verser l'huile dans une grande casserole à soupe et faire chauffer à feu moyen-doux. Ajouter les oignons, l'ail, le céleri, les champignons et les carottes. Faire revenir environ 7 à 8 min en remuant souvent jusqu'à ce que les légumes soient ramollis.

Ajouter l'eau et augmenter le feu à moyen-vif. Porter rapidement la soupe à ébullition, couvrir et cuire environ 15 min. Ajouter la courge, l'orge et la feuille de laurier. Réduire le feu à moyen, couvrir et continuer la cuisson 30 min de plus. Ajouter de l'eau au besoin.

Dissoudre l'amidon de maïs ou la farine dans 125 ml (¹/2 tasse) de vin blanc en remuant. Verser dans la soupe et ajouter le sel, le poivre et le persil. Remuer, couvrir et poursuivre la cuisson à feu moyen-doux 10 à 15 min de plus. Ajouter un peu d'eau au besoin et rectifier l'assaisonnement. Retirer la feuille de laurier juste avant de servir. Servir chaud.

6-8 portions

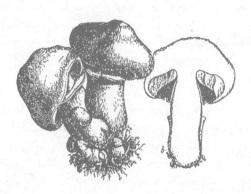

# Fête de sainte Scholastique

*La vie monastique pour nous les femmes n'est pas essentiellement une lutte mais une modalité de l'amour et de la foi… Car ce n'est qu'en présence d'un tel amour joyeux que nous pouvons laisser nos sens être conduits par l'esprit; il est donc possible que les femmes, qui aiment tant et si intensément, trouvent dans la vie monastique une plénitude qu'elles ont toujours cherchée et qui les absorbe maintenant entièrement.*

Mère Maria, Sceptrum Regale

En vieillissant et, espérons-le, en acquérant de la sagesse, nous nous apercevons que les années s'évanouissent en poussière. Par une froide journée d'hiver comme aujourd'hui, je réfléchis au mystère de la vie et à celui de notre propre mortalité. Hier, nous avons vécu une de ces journées d'hiver mémorables. Un blizzard a fait rage, avec des bourrasques déchaînées poussées par le vent du nord qui balaie la neige sur toute la campagne. Les routes étaient fermées, les bancs de neige écrasaient les clôtures des fermes et le toit du monastère était couvert d'une épaisseur de neige de plusieurs centimètres. Un autre nordet, me suis-je dit. Une tempête comme celle-ci n'est pas du tout inhabituelle après tout à ce temps-ci de l'année. Il n'en demeure pas moins que nous n'y sommes jamais tout à fait préparés. Nous qui habitons ces contrées continuons d'espérer que nous serons épargnés par de telles tempêtes. Dans mon for intérieur, toutefois, je me rends compte que cet espoir n'est pas fondé. En me frayant un chemin jusqu'à la grange pour nourrir les moutons, je me réjouis par certains côtés de voir le paysage environnant sous une épaisse couche de neige, si blanc et si calme. L'air ambiant âpre et froid me semble presque exaltant. Dans mon esprit, aucun doute ne subsiste sur le fait que nous sommes au plus creux de l'hiver. Quand enfin je rentre au monastère, je m'assieds devant le foyer rougeoyant pour me réchauffer et réfléchir… Dieu a façonné le monde de façon que ses créatures soient reliées les unes aux autres, le bien-être de chacun de nous représente le bien-être de tous; voilà l'idéal chrétien prêché et vécu par Jésus, et pour lequel il est mort. C'est une raison suffisante pour persévérer dans un monastère jusqu'à la mort, une raison suffisante pour continuer à écrire et à partager la bonne nouvelle de l'Évangile avec tous les gens de bonne volonté.

Le ciel me paraît glauque aujourd'hui, assombri par des nuages orageux. La neige qui tombe rapidement, à la suite de celle d'hier, est plutôt drue. Ce n'est pas totalement inhabituel aux environs de la fête de sainte Scholastique. J'ai souvenir de conditions météorologiques bien pires à l'occasion de cette fête. Malgré les conditions hivernales typiques, la fête d'aujourd'hui est une cause de réjouissance. En effet, sainte Scholastique est la jumelle de notre père saint Benoît et elle est considérée comme la mère de toutes les religieuses. Sainte Scholastique était très docile et sereine, vivant à l'ombre de son célèbre frère. On connaît peu de chose d'elle mais le peu que l'on sait nous donne un bref aperçu d'une femme totalement engagée dans la prière et animée d'une foi profonde. Elle était également une femme d'une grande sensibilité et d'un charme exquis. Elle amena ces qualités au cloître au moment d'épouser la vie monastique. Une fois devenue religieuse, Dieu seul devint le centre de sa vie et son unique raison de vivre. Elle était profondément religieuse, suivant en cela la tradition des premières femmes monastiques dans le désert. Non seulement tentaient-elles d'imiter les vertus et la ferveur de leurs compagnons moines, en vérité elles les surpassaient bien souvent.

La fête de sainte Scholastique est une fête familiale intime pour nous les moines. Et le menu d'aujourd'hui reflétera ce caractère familial. Je pense souvent qu'il est malheureux de voir que tant de familles ont perdu l'habitude de manger ensemble. De nos jours, les parents s'affairent à gagner leur vie, rentrant souvent tard pour préparer un repas honnête pour leurs enfants. Parfois, les enfants mangent seuls ou avec un seul de leurs parents. On m'a raconté que certains enfants ne mangent avec leurs parents que pendant les congés ou les fêtes comme l'Action de grâce, Noël, les anniversaires, etc. L'époque où on affirmait que « la famille qui mange ensemble… reste ensemble » semble révolue. Récemment, j'ai lu un rapport affirmant que seulement environ 50 % des familles américaines mangent ensemble. Il y a aussi d'autres distractions comme les conversations téléphoniques et la télévision qui ne favorisent guère l'unité familiale à la table. Souvent – je pense surtout aux adolescents ici –, une émission de télévision ou une conversation au téléphone avec un ami sont plus importantes que partager un repas avec les membres de sa famille. Un parent me confia récemment : « Nous sommes allés trop loin dans cette direction. Nous sommes trop laxistes avec nos enfants de nos jours et nous ne mettons pas suffisamment l'accent sur le fait d'être ensemble. » En réfléchissant à cette réalité, je suis conscient que la vie dans un monastère a tendance à se situer à l'opposé de celle-ci. Contrairement aux tendances dominantes de l'époque, le code monastique et notre tradition ancestrale exhortent les moines, non seulement à prier ensemble, mais à travailler et à manger ensemble également, ce dont je suis profondément reconnaissant. Le « sacrement de la table », tout comme le sacrement de l'Eucharistie, est censé être partagé par tous les moines. En un sens, les deux sacrements deviennent le symbole visible de l'unité de la famille monastique.

Pour enjoliver notre fête de famille intime d'aujourd'hui, j'ai décidé de préparer en entrée une soupe à la courge musquée rôtie. Il nous reste encore une bonne quantité de courges de la récolte. Par ailleurs, les soupes sont une bonne façon de commencer le repas et de passer en douceur au plat de résistance. Servies dans des assiettes ou des bols chauds, elles offrent réconfort et consolation lors de journées froides comme aujourd'hui. Cette méthode particulière de faire rôtir la courge avant de préparer la soupe allonge un peu le temps de préparation ; cependant, ce sont précisément de menus détails comme celui-là qui font la différence entre une soupe simple pour une journée ordinaire et une soupe plus élaborée pour un repas festif. Dans la vie d'un monastère, ces différences subtiles ont une grande importance. Cette soupe peut être préparée à l'avance, puis réfrigérée ; ma préférence toutefois est toujours de la préparer le jour même. On peut ajouter un peu de crème pour lui donner une petite touche française. De plus, la muscade et les herbes de Provence la rendent d'autant plus attrayante.

*Les œuvres ne nous sanctifient pas, mais nous devons sanctifier les œuvres.*

Maître Eckhart

# Soupe à la courge musquée rôtie

3 courges musquées
Beurre, au besoin
Miel ou sirop d'érable, au besoin
Huile d'olive
4 poireaux moyens, y compris la partie vert
  tendre, lavés et coupés en fines lamelles
2 carottes moyennes, pelées et coupées en dés
2,5 litres (10 tasses) d'eau ou de bouillon de
  légumes
1/2 c. à café (1/2 c. à thé) de muscade
Sel de mer et poivre du moulin, au goût
2 c. à café (2 c. à thé) d'herbes de Provence,
  un mélange de thym, de sauge et de
  romarin
125 ml (1/2 tasse) de crème épaisse

Couper les courges en deux sur la longueur et les épépiner en grattant avec une cuillère. Frotter la surface de beurre, mettre 1 c. à café (1 c. à thé) de miel ou sirop d'érable dans chaque cavité et rôtir environ 30 min à 190 °C (375 °F) sur la grille inférieure du four, jusqu'à ce qu'elles soient ramollies. Retirer du four et laisser tiédir. Lorsqu'elles sont assez refroidies, évider et réserver. Jeter les pelures.

Verser 6 c. à soupe d'huile d'olive dans une casserole et ajouter les poireaux et les carottes. Faire revenir à feu moyen environ 4 à 5 min en remuant souvent. Ajouter la courge rôtie, l'eau ou le bouillon, la muscade, le sel, le poivre et les herbes de Provence. Augmenter le feu à moyen-vif et porter à ébullition. Réduire la chaleur à feu à moyen-doux, couvrir et laisser mijoter doucement environ 30 min. Ajouter de l'eau au besoin. Lorsque la soupe est prête, éteindre le feu et laisser tiédir.

Couler les légumes dans une grande passoire et réserver tout le liquide. Réduire les légumes en purée en les écrasant ou en utilisant un mélangeur. Ajouter la crème au mélangeur et réduire en une purée lisse.

Retourner le mélange aux légumes à la casserole, ajouter le liquide réservé et de l'eau au besoin. Réchauffer à feu moyen-doux en remuant souvent. Goûter et rectifier l'assaisonnement. Ajouter de l'eau si la soupe est trop épaisse ou remplacer l'eau par du lait à faible teneur en matières grasses. Servir la soupe chaude. On peut ajouter 1 c. à café (1 c. à thé) de crème en garniture au centre de chaque bol.

6-8 portions

# Omelette aux trois fromages

Notre plat principal ce soir sera une riche omelette au fromage incorporant plusieurs fromages fondus dont un chèvre, ainsi que des herbes sauvages telles que la ciboulette, pour donner un repas délectable. Les omelettes sont si rapides à préparer et toujours si appétissantes. Je ne connais aucune autre préparation culinaire aussi fiable et satisfaisante en tout temps qu'une omelette bien préparée. Dans les monastères, les omelettes font habituellement partie du repas principal au lieu d'être un élément du petit-déjeuner, comme c'est la coutume dans ce pays. Il y a quelque chose qui relève du pur enchantement à combiner œufs, gruyère, chèvre et stilton (ou tout autre fromage) et à y appliquer de la chaleur instantanée. Le résultat final est pure magie ! Pour accompagner cette omelette, j'ajouterai un plat de haricots verts. Nous en avons encore une quantité au congélateur, après une récolte fructueuse, et nous devons nous en servir avant l'arrivée de la prochaine saison. Avec un peu de citron, les haricots seront sublimes.

8 œufs

4 c. à café (4 c. à thé) de lait

Sel et poivre du moulin, au goût

2 c. à soupe de beurre non salé

60 g (1/2 tasse) de gruyère, râpé

40 g (1/3 tasse) de fromage stilton, émietté

40 g (1/3 tasse) de fromage de chèvre, émietté

15 g (1/3 tasse) de ciboulette fraîche, hachée finement

Dans un bol, mélanger légèrement les œufs, le lait, saler et poivrer. Bien faire chauffer une grande poêle à omelette en fonte. Faire fondre le beurre à feu vif. Lorsqu'il cesse de mousser, ajouter le mélange aux œufs en le laissant couvrir toute la surface. Répartir les 3 fromages également sur la surface. Faire de même avec la ciboulette en s'assurant de couvrir toute la surface de l'omelette. Couvrir 1 à 2 min pour faire fondre les fromages. Basculer la poêle de part et d'autre et décoller les bords de l'omelette avec une large spatule. Laisser couler le liquide des œufs par-dessous.

Dès que la surface de l'omelette ne coule plus tout en étant crémeuse et baveuse, la plier en trois sur la longueur en tournant les bords vers le centre. Lorsque l'omelette est cuite, la couper en 4 ou 6 tranches et faire glisser chaque part sur une assiette chaude. Servir chaude.

4-6 portions

# Haricots verts citronnés

900 g (2 lb) de petits haricots verts fins, lavés
et parés (surgelés au besoin)
4 c. à soupe d'huile d'olive extravierge
Sel et poivre du moulin, au goût
$^2/_3$ c. à café ($^2/_3$ c. à thé) de zeste de citron,
râpé finement (ou 1 c. à café ou 1 c. à thé
de jus de citron, fraîchement pressé)

Remplir une grande casserole d'eau, ajouter un peu de sel et porter à ébullition. Réduire la chaleur à feu moyen-vif, ajouter les haricots et cuire 5 à 6 min jusqu'à tendreté. Juste d'avant de servir, égoutter les haricots. Les mettre dans un grand bol, ajouter l'huile d'olive, le poivre frais moulu (et du sel au besoin) et le zeste de citron. Mélanger délicatement et servir en accompagnement des omelettes.

6-8 portions

# Pouding au pain de la sainte Scholastique

Beurre, au besoin

3 gros œufs frais

750 ml (3 tasses) de lait

110 g (1/2 tasse) de sucre

Une pincée de cannelle

Une pincée de muscade

60 ml (1/4 tasse) d'eau-de-vie ou de rhum

10 tranches de pain brun de bonne qualité, coupées en triangles

6 pommes, pelées, évidées et coupées en fines tranches

90 g (1/2 tasse) de raisins secs

6 c. à soupe de sirop d'érable (facultatif)

Crème épaisse (facultatif)

Beurrer généreusement un plat de cuisson rectangulaire de 18 x 23 x 5 cm (7 x 9 x 2 po). Préchauffer le four à 180 °C (350 °F).

Mettre les œufs, le lait, le sucre, la cannelle, la muscade et l'eau-de-vie dans un mélangeur. Mixer environ 2 à 3 min, jusqu'à ce que le tout soit bien mélangé. Réserver.

Verser une petite quantité du mélange au fond du plat de cuisson et le laisser couler sur toute la surface. Disposer les morceaux de pain au fond pour couvrir. Ajouter les tranches de pomme par-dessus. Répartir la moitié des raisins secs par-dessus les pommes. Verser une petite quantité du mélange par-dessus. Répéter : 1 couche de pain, 1 couche de pommes, 1 couche de raisins secs (le restant). Répartir également le reste du mélange sur le dessus. Laisser reposer au moins 5 min. Verser le sirop d'érable plus ou moins également par-dessus, en utilisant une spatule au besoin. Mettre au four environ 30 min, jusqu'à ce que le pouding soit cuit. Retirer du four et laisser reposer 10 min avant de servir.

Couper en 6 ou 8 parts, verser de la crème épaisse par-dessus (facultatif) et servir chaud.

6-8 portions

# Tradition et innovation

*De longues années doivent s'écouler avant que les vérités que nous avons façonnées pour nous-mêmes ne s'incarnent en nous.*

Paul Valéry

Il n'y a pas de doute dans mon esprit à propos de la valeur de la tradition. C'est en effet une chose merveilleuse. Je la conçois comme une colle ou un ciment qui tient tout l'édifice ensemble. Chaque monastère, voire chaque pays, chaque communauté et chaque famille, compte sur la mémoire vive et les trésors de son propre passé pour donner un sens au présent. La tradition est ce mystérieux fil conducteur ininterrompu qui émerge du passé, tout en nous permettant de nous sentir réliés à quelque chose qui nous dépasse. La tradition confirme toujours ce qu'il y a de bien dans notre passé, ce qui de longue date est consigné dans notre mémoire. Cela est aussi vrai en cuisine que dans d'autres domaines. Il n'est pas étonnant, par exemple, que nous fassions à maintes reprises les mêmes plats (avec des variantes bien sûr) lors de ces célébrations annuelles si chargées de sens pour

nous : l'Action de grâce, Noël, Pâques, la Fête nationale, la Saint-Valentin, etc. Maintes et maintes fois, nous avons recours en de telles occasions à nos recettes secrètes et chères qui nous ont été transmises de génération en génération. Il n'est pas totalement étonnant le jour de l'Action de grâce d'apprendre que la recette de tarte à la citrouille nous vient de la cuisine de grand-mère, ou que les pains et muffins de notre tradition suivent la recette de tante Marguerite ou quelqu'un d'autre dans notre passé.

Pourtant, pour qu'une tradition se perpétue, je pense qu'elle doit toujours faire le lien avec l'ici et le maintenant. Elle ne peut pas simplement se rabattre sur la mémoire d'un passé idéalisé ; elle doit sans cesse se réinventer. La tradition doit avoir un sens pour tous ; elle doit continuer de trouver sa voix et sa raison d'être dans le présent et dans notre quotidien. Un exemple typique de notre adhésion à certaines traditions culinaires monastiques est la consommation de soupes, souvent deux fois par jour. Pendant des siècles, les monastères d'Europe ont servi des soupes comme aliment de base à des générations de moines et de nonnes. Mais aujourd'hui, si nous devons continuer de servir de la soupe pendant 365 jours de l'année (même à des ascètes comme les moines et les nonnes qui n'ont pas l'habitude de se plaindre), nous devons repenser la chose et user d'un peu d'imagination pour en améliorer la qualité et l'attrait. Le fait de préparer les mêmes soupes encore et encore n'est certainement pas la chose à faire. Cela m'a donné matière à réflexion il y a de cela quelques années. J'ai réalisé que pour perpétuer la tradition des soupes dans le régime alimentaire monastique, il fallait l'adapter, la renouveler, la mettre à l'épreuve et innover. Cela n'était possible qu'à l'aide de nouveaux concepts, de nouvelles recettes et de nouvelles idées. C'est l'origine de mon livre *Les bonnes soupes du monastère*, aujourd'hui traduit en plusieurs langues et vendu à plus de 350 000 exemplaires.

La Crème de poireaux et d'asperges de ce soir n'a rien d'extraordinaire, bien qu'elle comporte quelques touches çà et là pour faire allusion à un événement spécial. Premièrement, je commence par remplacer l'oignon traditionnel par le poireau, plus subtil. Les poireaux donnent un goût plus velouté et plus fin à la soupe, et il se trouve qu'ils se marient bien avec les asperges. Ensuite, c'est le zeste de citron qui confère à la soupe sa saveur unique et distinguée. Souvent, quand je prépare cette soupe pour des invités, les gens me demandent : quelle est cette épice spéciale que vous avez ajoutée à la soupe ? Ils ne trouvent pas toujours tout de suite. Ajoutez à cela la consistance crémeuse de la soupe et il vous semblera qu'elle est une version nouvelle d'une recette plus ancienne. La tradition et l'innovation dans ce cas sont parfaitement unies.

*Les bons sermons surviennent lorsque l'écoute à la fois de la tradition et du présent devient véritablement une écoute de Dieu et pour Dieu, de manière que quelque chose en émerge qui supplie presque d'être verbalisé.*

ROWAN WILLIAMS

# Crème de poireaux et d'asperges

6 c. à soupe d'huile d'olive

3 poireaux, avec la partie vert tendre, lavés et coupés en tranches fines

2 pommes de terre moyennes, pelées et coupées en dés

1,7 litre (7 tasses) d'eau ou de bouillon de légumes (ou bouillon de poulet pour les non végétariens)

1 1/2 c. à café. (1 1/2 c. à thé) de zeste de citron, râpé

480 g (1 lb) d'asperges fraîches, parées et coupées en petits morceaux

125 ml (1/2 tasse) de crème moitié-moitié (11,5 % M.G.) (ou plus si désiré)

Sel de mer et poivre blanc, au goût

Persil frais, haché, en garniture (facultatif)

Verser l'huile d'olive dans une grande casserole. Ajouter les poireaux et les pommes de terre et faire revenir à feu moyen-doux 4 à 5 min en remuant souvent jusqu'à ce qu'ils soient ramollis.

Ajouter l'eau ou le bouillon, le zeste de citron et les asperges. Couvrir et cuire environ 25 à 30 min. Ajouter plus d'eau au besoin. Laisser tiédir.

Réduire la soupe en purée dans un mélangeur et la remettre dans la casserole. Ajouter la crème et les assaisonnements au goût. Réchauffer la soupe quelques minutes jusqu'à ce qu'elle soit chaude (sans la faire bouillir). La retirer du feu, remuer une dernière fois et la servir chaude. Garnir de persil.

6-8 portions

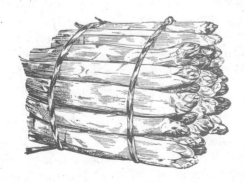

# Une tradition des Pyrénées

*L'amour doit être fait*
*Comme un bon pain, de nouveau chaque jour,*
*Pour garder sa fraîcheur.*

Michaela Davis

En m'asseyant ce matin d'hiver pour reprendre ma tâche d'écriture, je me rappelle qu'en France on fête aujourd'hui sainte Bernadette, une humble bergère des Pyrénées. Elle m'est très chère pour de nombreuses raisons, une de celles-ci étant, bien entendu, que nous sommes tous les deux issus du même peuple robuste des Pyrénées. Ces montagnes qui nous sont si chères sont dans notre sang. La petite Bernadette y était très attachée alors qu'elle les traversait en veillant sur son troupeau de moutons avec amour. Elle travaillait tous les jours à la ferme, tout comme ses camarades des montagnes, passant des heures dans la prairie et dans cette grande grange de pierres, à Bartres, qui subsiste encore à ce jour. C'était dans le silence de ces montagnes majestueuses qu'elle s'ouvrit à Dieu ainsi qu'aux desseins particuliers qu'il avait pour elle. Au cours de ces années de jeunesse, sa vie en était une de grande simplicité, de dur labeur, de frugalité et de tranquillité. Et cette tranquillité était propice à la prière. Et la prière, elle s'y adonnait jour et nuit. Elle se savait fille de Dieu par la grâce, et profondément aimée par lui. Cela inspirait et soutenait sa prière. La vie difficile dans ses montagnes bien-aimées était pour elle le moyen utilisé par Dieu pour la préparer aux événements qui changeraient à tout jamais son existence jusque-là plutôt simple. Un jour, le 11 février 1858, la Bienheureuse Mère de Dieu lui apparut dans la grotte de Massabielle, une niche sculptée à même ces montagnes. Les apparitions continuèrent pendant plusieurs mois, au cours desquelles la Vierge Marie confia à la petite bergère de nombreux secrets. Il n'y a pas de doute dans mon esprit que cette humble paysanne des Pyrénées fut choisie pour témoigner de ces visites célestes en raison de sa profonde humilité. Jamais, ni avant ni après les apparitions, ne s'en attribua-t-elle le crédit, réservant celui-ci à Dieu lui-même. Cette profonde humilité continue de nous inspirer, nous qui aimons la simple bergère.

Rien de tel qu'un bol de soupe chaude pour se sentir accueilli par un soir hivernal. Par un temps froid comme aujourd'hui, je me sers souvent deux bols de soupe chaude et deux tranches de pain, et c'est en gros mon repas du soir. Je me sens alors rassasié, réconforté et réchauffé, à la fois dans mon corps et dans mon esprit.

La simplicité de la soupe lui confère un attrait qui ne se démentit pas avec le temps. Mes propres souvenirs d'enfance me rappellent à quel point le « souper » comprenait toujours une bonne soupe maison en grande quantité. Ma famille, issue des peuples montagnards des Pyrénées, était fière de son patrimoine ; ma grand-mère préparait souvent la soupe locale appelée « garbure ». Elle en faisant suffisamment pour en avoir pendant des jours et souvent, les longues soirées froides d'hiver, nous nous en régalions. C'est cette tradition à la fois familiale et monastique, qui m'a inspiré il y a quelques années la compilation du livre sur les soupes mentionné précédemment. Il m'a fallu six ans pour compléter ce livre mais j'ai considéré cette tâche comme un bienfait et une récompense en raison de mon amour pour la soupe.

Très souvent, quand je prépare une soupe simple pour moi-même, je fouille pour voir quels légumes je pourrais utiliser. Pour ce soir, j'ai trouvé un oignon, une carotte, du céleri et une pomme de terre et j'ai opté pour une soupe aux pois toute simple. J'ai d'abord fait revenir l'oignon. Puis, j'ai ajouté deux tasses d'eau, la carotte et la pomme de terre en dés, le céleri émincé (trois branches) et les pois cassés séchés. Quand l'eau s'est mise à bouillir, j'ai ajouté une feuille de laurier (rescapée d'un laurier-sauce dans la serre, une plante que nous cultivons ici depuis plus de vingt-cinq ans), une pincée de sel et de poivre, une gousse d'ail émincée et un peu de persil frais haché. J'ai laissé la soupe mijoter doucement à feu moyen jusqu'à obtention du résultat souhaité. La préparation de soupes est si simple et le produit final est tellement satisfaisant.

Il n'est pas étonnant de constater que les soupes étaient l'aliment quotidien de choix dans les monastères à travers les siècles. C'est aussi la nourriture quotidienne des pauvres et des sans-abri, auprès desquels un moine devrait se sentir chez lui. Souvent, lorsqu'ils sont assaillis par la faim et le froid, ils cherchent refuge dans une soupe populaire comme celles parrainées par le Catholic Worker Movement. Dorothy Day, avec qui j'ai eu le privilège de partager de nombreux bols de soupe, à Tivoli et à New York, appréciait et révérait la soupe. Elle me racontait que la soupe ne manquait jamais à l'appel à une table du mouvement Catholic Worker. Si nous nous laissons aller au plaisir tout simple de préparer des soupes, nous constaterons que partager et offrir une soupe peut être une occasion réelle de vivre une joie sans bornes.

Pour la fête de sainte Bernadette et en son honneur, je servirai la soupe mentionnée plus haut, suivie d'un petit morceau de fromage des Pyrénées accompagné de pain et d'une salade verte, exactement comme le peuple des Pyrénées l'aurait fait à l'époque et même encore aujourd'hui. Le dessert de ce soir, cependant, sera un peu spécial. Une vieille recette qui nous vient des Pyrénées : Pouding au riz à l'ancienne. Ce dessert célèbre comporte des variantes infinies. Mais notre secret est de le préparer avec les ingrédients les plus frais et beaucoup d'amour, comme l'ont fait nos ancêtres montagnards à travers les siècles.

Bon appétit !

*Par une nuit enneigée de février, nous leur attribuons le pouvoir de « chasser le froid » et de « tenir à l'estomac ». Par les journées les plus chaudes de juillet, nous les qualifions de « rafraîchissantes ». Et à d'autres moments, elles sont simplement « rassasiantes » et « savoureuses ». Peu importe la saison… les soupes répondent toujours à vos besoins.*

Soups and Stews, Cooking for Today

# Pouding au riz crémeux
# de sainte Bernadette

2,5 litres (10 tasses) de lait
2 bâtons de cannelle
1 c. à café (1 c. à thé) de zeste de citron, râpé
190 g (1 tasse) de riz blanc, arborio ou autre
 semblable
220 g (1 tasse) de sucre
2 c. à soupe d'armagnac
Cannelle moulue, en garniture

Verser le lait dans une casserole assez grande et porter rapidement à ébullition. Ajouter les bâtons de cannelle, le zeste de citron et maintenir l'ébullition à feu moyen-vif environ 5 à 6 min. Réduire la chaleur à feu à doux, ajouter le riz, couvrir et laisser mijoter doucement environ 1 h 30 en remuant souvent, jusqu'à ce qu'il devienne crémeux. S'assurer que le riz ne colle pas au fond de la casserole en remuant.

Lorsque le riz est cuit, retirer et jeter les bâtons de cannelle et le zeste de citron. Tamiser délicatement et uniformément le sucre sur le pouding au riz. Remuer doucement et poursuivre la cuisson à feu doux environ 10 à 15 min, jusqu'à ce que le pouding soit prêt.

Retirer la casserole du feu et laisser tiédir puis réfrigérer. Saupoudrer de cannelle moulue. (On peut aussi ajouter 2 c. à soupe de crème épaisse sur chaque portion pour une variante plus crémeuse de la même recette.) Servir tiède, surtout en hiver, ou froid

6-8 portions

# Soupes et tartines

*Le bel art de la gastronomie est un art chaleureux. Il surmonte la barrière du langage, se lie d'amitié avec les gens civilisés et réchauffe le cœur.*

Samuel Chamberlain
(1895-1975)

Le mois de février tire à sa fin et des changements saisonniers sont à l'horizon. Après tout, la destination finale de l'hiver, c'est bien le printemps. En ce moment, lentement mais sûrement, nous semblons nous acheminer vers ce but. Il est difficile de se départir du thème des soupes chaudes durant cette période, en raison des nombreux revirements de température que nous subissons ici dans le Nord-Est américain en février : des journées très froides succèdent aux jours plus doux. Les soupes conviennent si bien à la saison. Et quand je parle de soupes, je ne parle pas de n'importe quelle soupe. Je fais plutôt allusion à ces soupes aromatiques, remplies d'herbes et d'épices, que l'on fait mijoter toute la journée et dont le parfum embaume la cuisine tout entière. Les enfants et les adultes apprécient les soupes fortifiantes pour le corps et l'esprit. Lorsque, à l'occasion, un parent me confie que leurs enfants refusent de manger de la soupe, je recommande toujours de préparer des soupes plus aromatisées, de manière à laisser le parfum séduire le nez et le palais des plus petits. En outre, je propose d'offrir des tartines aux enfants, c'est-à-dire des tranches de pain grillé avec du fromage fondu. C'est un stratagème parfait pour stimuler l'appétit des plus petits ; qui en effet peut refuser un délicieux morceau de pain couvert d'un savoureux fromage fondu ? Les enfants et les adultes sont facilement conquis. L'idée d'une bonne soupe accompagnée d'une tartine chaude n'a rien de nouveau. Il n'y a pas que les chaumières et les monastères de France qui en profitent, mais aussi de très chics restaurants de Paris et d'ailleurs. Il y a un célèbre restaurant à Toulouse, le Ras le bol, où la spécialité de la maison est une soupe servie dans une soupière à l'ancienne accompagnée d'une série de délicieuses tartines de taille généreuse. Les tartines sont habituellement de grosses tranches d'un bon pain garni de fromage que l'on met brièvement sous le gril. Souvent, on ajoute par-dessus une viande de bonne qualité comme le jambon, ainsi que des champignons, des légumes ou une combinaison de tous ces ingrédients. Ces tartines appétissantes accompagnent à la soupe et complètent le repas. Ce menu est très répandu chez bien des gens, les tartines étant aux yeux des parents un incitatif de plus pour que les enfants mangent une soupe nourrissante et y prennent plaisir. Certains jours, lorsque le cuisinier manque de temps et ne souhaite pas se lancer dans un menu élaboré, une bonne soupe accompagnée de tartines appétissantes est la solution parfaite. Le secret d'une bonne tartine est de toujours la servir chaude à la sortie du four. Ce soir, je servirai deux ou trois variétés de tartines pour accompagner la soupe du soir.

*Dieu est notre Créateur. Dieu nous a faits à son image. Nous sommes donc des créateurs… La joie de la créativité devrait nous appartenir.*

DOROTHY DAY

# Soupe aux légumes d'hiver et aux fines herbes

8 c. à soupe d'huile d'olive

1 gros oignon, haché grossièrement

2 poireaux, y compris une partie des feuilles vert tendre, en fines tranches

3 carottes moyennes, pelées et coupées en dés

1 navet moyen, coupé en dés

2 branches de céleri, en fines tranches

3 litres (12 tasses) d'eau ou de bouillon de légumes

2 gousses d'ail, émincées

1 feuille de laurier

95 g (1/2 tasse) de riz blanc

4 c. à soupe d'herbes de Provence (thym, romarin, origan, basilic)

3 brins de persil, hachés finement

250 ml (1 tasse) de vin blanc sec

Sel et poivre, au goût

Un bol de pecorino râpé, à servir en garniture

Verser l'huile d'olive dans une grande casserole. Ajouter tous les légumes jusqu'au céleri et faire revenir doucement à feu moyen-doux 3 à 4 min en remuant sans cesse.

Ajouter l'eau ou le bouillon, l'ail, la feuille de laurier, le riz, les herbes de Provence, le persil et le vin. Augmenter la chaleur à feu à moyen-vif, couvrir et porter rapidement à ébullition. Maintenir l'ébullition environ 8 à 10 min, puis réduire la chaleur à feu moyen-doux, couvrir et laisser mijoter 25 à 30 min de plus. Ajouter du sel et du poivre au goût, couvrir et laisser mijoter 5 min de plus. Servir la soupe chaude. Saupoudrer de fromage pecorino. Servir la soupe accompagnée de tartines (voir p. 57). Il faut compter environ 2 tartines par personne.

6-8 portions

# Tartines du Luberon

1 baguette (de bonne qualité !), coupée en
deux sur la longueur
Plusieurs tranches de fromage suisse,
emmental ou jalsberg, pour couvrir les deux
tranches de pain
5 c. à soupe d'huile d'olive ou l'équivalent en
beurre, selon la préférence
1 oignon moyen, haché finement
1 poivron vert, haché finement
40 g (1/3 tasse) de piments rouges
10 g (1/3 tasse) de persil frais, haché
2 branches de céleri, en tranches fines
Huile d'olive vierge, au besoin

Couper les moitiés de pain en quatre parts
égales pour faire 8 tranches. Les mettre dans un
plat de cuisson rectangulaire. Couvrir avec les
tranches de fromage et réserver.

Verser l'huile ou le beurre dans une poêle et
ajouter les oignons, les poivrons, les piments,
le persil et le céleri. Faire revenir doucement à
feu moyen-doux environ 3 à 5 min en remuant
presque sans cesse jusqu'à tendreté. Quand les
légumes sont cuits, les étendre uniformément
sur le pain et arroser d'huile d'olive. Mettre au
four à 150 °C (300 °F) environ 10 à 15 min, jusqu'à ce que le fromage soit fondu. Servir chaudes
pour accompagner la soupe.

4-6 portions

# Tartines du Lourmarin

4 muffins anglais (de bonne qualité), coupés
  en deux
2 fromages de chèvre de 115 g (4 oz) chacun
8 c. à soupe d'huile d'olive extravierge
1 c. à soupe de cognac
3 c. à soupe d'herbes de Provence (thym,
  basilic, origan, romarin, feuille de laurier),
  émiettées
8 olives noires, dénoyautées et hachées finement
Sel et poivre, au goût

Disposer les tranches de muffin anglais (on peut remplacer par un bon pain) dans un plat de cuisson et réserver. (Si désiré, on peut graisser le plat avec du beurre ou de l'huile avant de disposer les tranches mais ce n'est pas nécessaire.)

Couper le fromage de chèvre en petits morceaux et le mettre dans un bol profond. L'émietter à l'aide d'une fourchette. Ajouter l'huile d'olive, le cognac, les herbes de Provence, les olives, le sel et le poivre au goût. (Habituellement, je n'ajoute jamais de sel car le fromage en contient déjà.) Bien mélanger les ingrédients. Ajouter de l'huile au besoin. Étendre le mélange de fromage uniformément sur les tranches de muffin ou de pain. Mettre au four à 150 °C (300 °F) environ 15 à 20 min. Servir 2 tranches chaudes par personne, pour accompagner la soupe.

4 portions

Mars

# Encore des tartines

*Mars orageux est enfin là,*
*Avec le vent, les nuages et*
*le ciel changeant ;*
*J'entends le bruissement de*
*la rafale,*
*Qui traverse la vallée*
*enneigée.*

William Cullen Bryant

Mars est certainement un mois de contrastes. Aujourd'hui, le vent est âpre et pourtant les premiers perce-neige commencent à s'épanouir autour de la statue en pierre de la Vierge Marie. Au loin, j'aperçois une subtile teinte de vert manifestement en train de gagner doucement nos champs et nos pâturages. Le printemps n'est pas attendu avant quelques semaines encore mais je commence à m'impatienter de son arrivée. L'hiver a été long et dur et chaque année à cette période, j'éprouve le même besoin, la même impatience de voir arriver le printemps.

En mars, c'est le printemps un jour, puis tout à coup, le lendemain, un blizzard ou une averse de neige soutenue nous ramène à l'hiver. Le fait que nous soyons en mars ne signifie pas qu'il n'y a plus de bordées de neige. Il en tombera pendant quelques semaines encore mais de moins en moins souvent. Mars est un mois précurseur. C'est comme ça que je le vois. En prenant ma marche quotidienne dans l'enceinte du monastère, je sens l'éveil de la terre. Le printemps qui s'approche semble poindre à l'horizon avec les rayons subtils du soleil ; il se répand dans l'air campagnard frais et propre que nous respirons et s'introduit finalement dans les profondeurs du cœur humain. Au plus profond de nous-mêmes, nous aspirons à retrouver les promesses éternelles du printemps, un sentiment d'espoir qui nous insuffle une nouvelle vie.

Le mois de mars coïncide presque immanquablement avec la période de notre pèlerinage du Carême. Chaque année, le Carême revient vers la fin de février ou le début de mars. La Carême est une période très spéciale dans un monastère, à tel point que saint Benoît affirme dans sa *Règle* que la vie d'un moine doit « en tout temps garder l'observance du carême ». Notre pèlerinage du Carême est un temps d'intense préparation pour accueillir la Pâque du Seigneur, Pâques, la « Fêtes des fêtes ». Puisque le Carême est essentiellement un temps de pénitence, cela se traduit dans un monastère par un jeûne modéré. Notre régime monastique cherche des façons d'allier la frugalité nécessaire au Carême aux repas sains et nourrissants qui nous soutiendront pendant tout le pèlerinage. Le jeûne est une discipline très intéressante. Il nous invite à l'ascétisme et à la modération dans notre alimentation tout en reconnaissant la nécessité de nous soutenir dans notre labeur. Notre force ne peut venir que de la consommation d'une quantité prédéterminée de nourriture. Typiquement pendant le Carême, nous continuons de manger de la soupe tous les jours, mais au lieu de passer ensuite au plat principal, nous préparons une variété de tartines pour accompagner la soupe ; ainsi le repas devient complet. Ces tartines ont toujours comme base du pain et du fromage, car le fromage apporte les protéines nécessaires à notre régime quotidien.

*Rien ne nous éloigne plus de Dieu qu'une piété trop sûre d'elle. Rien ne nous rapproche plus de Dieu que la reconnaissance de la grâce du pardon, l'offre d'une nouvelle chance pour une grâce abondante.*

NELLY RITCHIE

# Croustade espagnole

8 tranches de pain de campagne frais ou autre,
    selon la préférence

80 ml (1/3 tasse) de vin blanc sec

360 g (12 oz) de fromage manchego (à base de
    lait de brebis) ou fromage de chèvre si non
    disponible

1 c. à café (1 c. à thé) d'origan séché

4 gousses d'ail, émincées

4 c. à soupe d'huile d'olive vierge

1 œuf

Sel et poivre du moulin, au goût

Mettre les tranches de pain dans un plat de cuisson et chauffer le four à 150 °C (300 °F).

Verser le vin dans une petite casserole et faire chauffer à feu doux. Émietter le fromage dans le vin et ajouter l'origan, l'ail et l'huile d'olive. Remuer sans cesse jusqu'à dissolution de tous les ingrédients pour obtenir une consistance crémeuse. Réserver.

Dans un bol profond, battre l'œuf, ajouter le sel et le poivre et battre de nouveau. Ajouter au vin et au fromage et mélanger. Étendre ce mélange uniformément sur le dessus des tranches de pain. Il devrait suffire à couvrir 6 grosses tranches de pain ou 8 tranches plus petites. Mettre le plat dans un four préchauffé environ 4 à 5 min ou jusqu'à ce que le mélange au fromage soit bien fondu. Servir les tartines chaudes pour accompagner une soupe ou une bonne salade.

6-8 portions

# Tartines Superstar

*Une autre tartine facile à préparer qui fait toujours plaisir combine les poireaux et les champignons. Elle est tellement délicieuse qu'elle peut être servie en hors-d'œuvre à des réceptions ou des dîners élégants. Dans ce cas, il faut utiliser un pain particulièrement bon comme base, combiné à un fromage de qualité tel que le stilton. La recette présentée ici est beaucoup plus simple ; on peut utiliser des muffins anglais ou tout autre pain de blé entier comme base. Il est préférable et plus facile de manger cette tartine avec un couteau et une fourchette plutôt qu'avec les mains.*

8 tranches de pain de blé entier (ou muffins anglais ou autre pain, selon la préférence)

8 tranches de fromage gouda (ou autre fromage selon la préférence)

3 c. à soupe d'huile de cuisson

2 poireaux moyens, avec la partie vert tendre, en tranches fines

120 g (1/4 lb) de champignons blancs, lavés et coupés en tranches fines

2 c. à café (2 c. à thé) de xérès espagnol

Une pincée de sel et de poivre blanc, au goût

4 c. à soupe de crème épaisse

Beurrer généreusement un plat de cuisson et y disposer les tranches de pain. Mettre les tranches de fromage par-dessus et réserver. Préchauffer le four à 150 °C (300 °F).

Verser l'huile dans une poêle assez grande. Ajouter les poireaux et les champignons et les faire revenir à feu moyen-doux environ 3 min en remuant souvent. Ajouter le xérès, le sel et le poivre. Continuer de remuer 1 ou 2 min de plus. Au dernier moment, ajouter la crème et remuer 1 min de plus. Éteindre le feu.

Étendre ce mélange uniformément sur le dessus de chaque tartine et les mettre au four préchauffé environ 4 à 5 min, jusqu'à ce que le fromage fonde. Retirer les tartines du four et les servir chaudes. Les tartines peuvent être servies seules ou pour accompagner une bonne soupe ou une salade.

8 portions

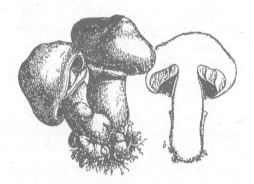

# Repas de carême

*Quand un homme part en voyage, il doit savoir où il va. C'est ainsi avec le Carême. Avant tout, le Carême est un voyage spirituel dont la destination est Pâques, la « Fête des fêtes ».*

Alexander Schmemann

Chaque année, peu importe le jour de Pâques, le Carême coïncide à coup sûr avec le mois de mars. Le Carême et le mois de mars semblent toujours reliés dans le calendrier. Ici dans le Nord-Est américain, mars inaugure également la saison des pluies, quand la pluie commence à faire fondre la neige glacée qui s'est accumulée au cours de l'hiver. Souvent, nos chemins deviennent boueux et impraticables. Pour ceux qui sont peu familiers avec le flux des saisons dans le Nord-Est américain, le mois de mars n'est pas toujours agréable. Un jour, tôt en mars, je recevais des visiteurs du Japon qui s'intéressaient de près à mes méthodes culinaires. C'était des gens charmants et ils m'apprirent autant de choses que moi je leur en appris. Juste avant leur départ pour l'aéroport de New York, je leur demandai ce qui les avait le plus plu et le moins plu pendant leur séjour au monastère. Du côté positif, ils furent très impressionnés par le silence et le calme qui règnent dans la cuisine du monastère. Ils trouvaient que cela favorisait la concentration et la créativité dans l'art de cuisiner. Quand je leur demandai ce qui leur déplaisait, ils parlèrent volontiers des pluies incessantes de mars, qu'ils trouvèrent plutôt déprimantes. Après leur départ, je réfléchis longuement à leurs commentaires, car j'ai toujours trouvé que les Japonais étaient très cultivés, et que leurs remarques étaient sages et pertinentes. Oui, il est vrai que le silence et la tranquillité sont propices à l'ordre et à la prière, ce qui favorise la créativité dans la préparation quotidienne des aliments. Mais le silence et la tranquillité ne doivent pas être considérés comme allant de soi dans un monastère. Au contraire, des efforts et une vigilance constants sont nécessaires pour préserver une atmosphère paisible et calme à la cuisine comme ailleurs dans le monastère. Tout cela me rappela un vieux dicton que je tiens d'un autre moine. Il se plaisait souvent à répéter que « derrière un manque de tranquillité se cache toujours un chagrin refoulé ». Pour ce qui est des pluies de mars, il n'y a pas grand-chose à faire pour les éviter. Dans mon cas, je les vois comme un défi pour cheminer en spiritualité. Il faut d'abord faire face à l'inconfort en cultivant une certaine résilience, une attitude qui convient bien à notre observance du Carême. Un esprit résilient est toujours prêt à accepter la réalité dans sa quotidienneté, sans trop se plaindre de ses vicissitudes. Plus tard en mars, alors que la neige disparaît peu à peu, la beauté magique du printemps devrait faire son apparition et le soleil viendra nous réchauffer les épaules pendant que nous nettoyons le potager pour les plantations. Encore un peu et les journées du printemps seront là pour rester, et avec elles le bonheur et la joie !

Pendant ces jours de Carême, je porte une attention particulière à la qualité de notre alimentation. Il est vrai que le Carême est là pour nous apprendre la retenue, surtout en matière de désirs sensuels. La pratique traditionnelle du Carême nous porte à la fois à jeûner et à nous abstenir de manger de la viande comme moyens de maîtriser nos sens. Tout bien considéré, néanmoins, je pense que nous pouvons également trouver d'autres moyens plus contemporains d'atteindre le même but. Par exemple, ne pourrions-nous pas nous abstenir de tout divertissement populaire et autres distractions mondaines, de manière à nous concentrer plus particulièrement sur Dieu, nos propres besoins spirituels et les besoins de nos voisins ? Ce genre de jeûne et d'abstention ne serait-il pas plus près de celui préconisé par Jésus dans les Évangiles ? Le jeûne et l'abstinence par rapport à certains aliments peuvent être très utiles lorsqu'ils font partie de notre pratique du Carême, mais ils ne sont pas les seuls moyens de rester fidèle au véritable

esprit du Carême. Au lieu de nous priver complètement de nourriture pendant cette période, je pense que nous pourrions appliquer le sage principe de saint Benoît. En effet, celui-ci nous conseille la modération en toutes choses et sa sagesse est en fait très utile lorsqu'il est question de nourriture. En examinant le jeûne et l'abstinence comme faisant partie de notre pratique du Carême, je ne nie aucunement leur valeur ascétique. Celle-ci a été maintes fois démontrée au cours des siècles. Mais cela me donne l'occasion de voir comment on pourrait les ajuster à la réalité d'aujourd'hui sans compromettre leur valeur intrinsèque. Une approche comparable à celle de jeûner serait d'adopter une attitude plus ascétique envers la nourriture au cours de cette période bénie du Carême.

La frugalité ne nie pas la réalité ou la qualité de la nourriture que nous devons consommer mais elle nous sensibilise au coût de celle-ci et à la quantité stricte requise par chaque personne. La frugalité nous permet de nous sustenter mais en nous imposant une limite. Elle nous fait prendre conscience de la quantité stricte qu'il nous faut pour nous soutenir dans nos activités quotidiennes, sans plus. La frugalité nous fait également prendre conscience qu'en consommant moins à la table, nous n'abusons pas de la bonté divine, grâce à notre effort délibéré pour partager les ressources de la terre avec autrui. D'une certaine manière, lorsqu'on me demande de discourir sur le jeûne et l'abstinence en période de Carême, je m'aperçois que je parle davantage de frugalité et de simplicité. Je trouve que ces deux concepts conviennent mieux à notre époque ; la signification de ces pratiques monastiques anciennes est plus facile à communiquer.

Les œufs et le fromage sont des éléments essentiels de notre alimentation pendant le Carême. Ils nous apportent les protéines nécessaires pour nous soutenir dans notre pèlerinage. Nous n'en mangeons pas tous les jours mais assez souvent pour maintenir un équilibre physique et mental. Une approche non équilibrée du jeûne peut être dérangeante pour l'esprit! Inutile de s'attarder là-dessus. Durant le Carême, je continue de préparer des soupes simples pour réchauffer le corps et l'esprit. Elles sont habituellement accompagnées de fromage sous une forme ou une autre, par exemple en tartine, comme dans les pages précédentes. À l'occasion, faute de temps, je prépare des tartines froides pour éviter d'avoir à les passer au four. Il est vrai que les tartines froides sont plus appétissantes l'été que lors des froides soirées de mars; toutefois, c'est le Carême et nous pouvons les considérer comme un exercice d'ascétisme. Personne ne s'en est jamais plaint; après tout, une tartine froide rassasie autant qu'une tartine chaude et coulante! La différence se trouve dans notre attirance pour un fromage chaud et coulant, surtout par une froide nuit d'hiver.

Mon cœur s'active doucement à présent en pensant
À une petite hutte que personne ne visite
Dans laquelle je cheminerai en silence vers la mort.
Je ne serai pas à mon aise ni n'aurai de long repos,
Mais je ferai de brefs sommes, à l'orée de la vie,
Et tôt je m'éveillerai pour la pénitence et une longue prière.
Pour tout mon renoncement et mon régime ascétique
Et les tâches régulières de lecture et de pénitence
Je n'entrevois que la joie d'y passer mes jours.

JAMES SIMMONS: *A HERMIT'S SONG*

# Tartines à la mozzarella

6 tranches de pain de blé entier frais (s'il n'est pas frais, le faire griller légèrement avant de servir)

Beurre, au besoin (facultatif)

6 tranches de fromage mozzarella frais

6 tranches de tomate

6 c. à soupe d'huile d'olive extravierge

1/2 petit oignon rouge, haché finement

6 olives noires, dénoyautées et hachées grossièrement

Quelques bouquets de persil frais, hachés finement

Beurrer légèrement les 6 tranches de pain.

Mettre une tranche de fromage mozzarella sur chaque tranche de pain et terminer par une tranche de tomate.

Verser l'huile d'olive dans un bol, ajouter les oignons, les olives et le persil. Bien mélanger. Au moment de servir, étendre ce mélange uniformément sur le dessus de chaque tartine et servir immédiatement. (Si on préfère manger ces tartines chaudes, les mettre au four pendant quelques minutes, jusqu'à ce que le fromage commence à fondre.)

6 portions

# Un plat de base pour le Carême

*Avec une poignée de riz et un peu
de poisson séché
Je peux préparer une demi-douzaine
de mets.*

T. S. Eliot

La longue solitude imposée par l'hiver semble s'estomper ces jours-ci. Il y a quelque chose en moi qui résiste à s'en départir si rapidement. Après tout, les jours tranquilles d'hiver et les soirées calmes favorisent grandement le travail d'écriture. Que ferais-je en l'absence de ces précieux incitatifs offerts par la saison froide ? En ruminant ces pensées et dans un état d'émerveillement, je me suis aventuré à l'extérieur tôt ce matin pour découvrir les premiers narcisses en fleur. Il y en a une talle protégée par l'édifice du monastère, et chaque année à cet endroit précis j'aperçois la première promesse du printemps dans toute sa gloire.

En fixant avec douceur ces premiers narcisses, je remercie Dieu de m'avoir installé ici sur cette petite parcelle de son monde où j'ai le loisir de voir, de sentir et d'entendre les offrandes de sa création et de m'en émerveiller. Des jours comme aujourd'hui, il est bon de se sentir en vie, de dire « Oui, j'y suis vraiment. *Deo gratias !* ». Comble de l'émerveillement, les bourrasques féroces d'hier venant du nord ne semblent qu'un souvenir lointain. Au lieu de cela, dame Nature, qui semble si calme et sereine aujourd'hui, remplit tout doucement par ces premiers narcisses une partie des promesses exaltantes du printemps qui s'approche à grands pas.

Aujourd'hui, nous nettoyons la cuisine ; c'est une tâche qui ne me plaît pas toujours. Toutefois, puisque nous sommes exactement au milieu du Carême, je la considérerai comme une partie de l'ascétisme exigé par la saison. C'est une bonne pénitence d'embrasser de temps en temps une tâche que nous ne tenons pas en haute estime. Une partie du ménage de la cuisine implique de se débarrasser des débris accumulés autour du poêle à bois. Durant l'hiver, notre poêle est une source de joie et de réconfort. Même nos animaux adorent s'y installer pour dormir ; je suis le premier à l'admettre. En revanche, c'est également une source de poussière et de débris et un nettoyage s'impose de temps à autre. Une fois la tâche terminée, j'aurai le plaisir d'apercevoir une cuisine propre et ordonnée où il fait bon travailler, et sentir les arômes doux et frais de la cuisson et du bois qui brûle dans un poêle étincelant de propreté. Un ami se plaisait à me répéter : « une cuisine

propre est un objet de beauté, une joie toujours renouvelée ». Je crois qu'il a raison. En effet, la beauté d'une cuisine se vit à plusieurs niveaux y compris le niveau spirituel. En m'investissant à fond dans les menus détails du récurage, je poursuis ma réflexion sur le sens de notre pèlerinage du Carême. Le travail manuel simple a cela de bon qu'il peut être effectué en silence, libérant ainsi l'esprit pour la réflexion et la prière. En méditant en silence, je commence à planifier le repas principal, en gardant à l'esprit que le menu d'un jour de semaine du Carême doit refléter la sobriété exigée par la saison. Le riz est un de nos aliments de base préférés durant le Carême en raison des nombreuses façons de l'apprêter. Par exemple, quand il y a des restes de riz au réfrigérateur, on peut préparer un délicieux soufflé ou des croquettes, ou préparer la base d'une soupe en combinaison avec des légumes d'hiver. Il y a en effet de nombreuses façons d'utiliser des restes de riz dans nos menus de tous les jours.

Notre repas principal aujourd'hui est un risotto. C'est un mets particulièrement attrayant, du moins pour les moines. Ce risotto est préparé séparément mais on le sert avec un œuf légèrement frit par-dessus, ce qui le rend juteux et appétissant. C'est une vieille recette italienne qui a survécu au passage des siècles, surtout dans les monastères d'Italie, de France et d'Espagne, et dans de nombreuses demeures paysannes de ces mêmes régions. Le riz peut être accompagné d'un *contorni* (garniture) d'un ou plusieurs légumes. Aujourd'hui, le riz sera accompagné d'une simple salade verte. La combinaison du riz et de l'œuf est particulièrement indiquée en temps de Carême, car les œufs apportent les protéines nécessaires pour en faire un repas complet.

# Risotto aux pois

3 c. à soupe de beurre ou huile d'olive
1 oignon vidalia blanc moyen (ou autre),
　　haché finement
480 g (1 lb) de pois surgelés
250 ml (1 tasse) de vin blanc sec
1,5 litre (6 tasses) de bouillon de légumes ou
　　d'eau
285 g (1 ½ tasse) de riz arborio
3 c. à soupe de persil italien frais, haché
1 c. à café (1 c. à thé) de thym séché
Sel et poivre du moulin, au goût

***Pour les œufs frits :***
4 c. à soupe d'huile d'olive (ou plus au besoin)
4 ou 6 œufs frais
Sel et poivre au goût

Faire fondre le beurre ou chauffer l'huile dans une casserole en fonte. Maintenir à feu moyen-doux. Ajouter les oignons, faire revenir doucement 1 ou 2 min et ajouter immédiatement les petits pois en remuant souvent.

Combiner le vin et le bouillon dans une autre casserole à feu moyen et tenir au chaud.

Ajouter le riz, le persil et le thym au mélange d'oignons et de pois et bien remuer pendant quelques secondes. Ajouter environ la moitié du mélange de vin et de bouillon au riz et assaisonner. En remuant sans cesse, laisser mijoter jusqu'à ce que la plupart du liquide soit absorbé. Ajouter le bouillon restant et remuer de nouveau par intermittence. Couvrir et cuire jusqu'à ce que le riz soit presque cuit. Vérifier la cuisson souvent pour éviter que le riz colle au fond. Lorsque le riz est cuit, il doit être tendre et le liquide restant doit être épais comme une sauce (il en restera très peu).

Pendant la dernière minute de cuisson du riz, faire chauffer un peu d'huile d'olive dans une poêle (environ 4 c. à soupe). Lorsque l'huile est chaude, casser 4 à 6 œufs dans la poêle, saupoudrer de sel et poivre et couvrir 1 à 2 sec. Ne pas trop cuire les œufs, qui doivent rester baveux.

Lorsque le risotto est cuit, le servir dans 4 ou 6 assiettes. Disposer un œuf légèrement frit sur le risotto, au centre, et servir immédiatement. Le plat doit être mangé pendant que le riz et les œufs sont chauds. Pour ajouter un peu de goût, on peut saupoudrer le riz et les œufs de parmesan râpé.

4-6 portions

# Fête de saint Joseph

> *Le bel art de la gastronomie est un art chaleureux. Il surmonte la barrière du langage, se lie d'amitié avec les gens civilisés et réchauffe le cœur.*
>
> Samuel Chamberlain

Aujourd'hui, c'est la fête solennelle de saint Joseph, un saint qui m'est très cher. Alors que j'anticipe la célébration d'aujourd'hui avec joie, je remercie le Seigneur pour la belle journée qu'il nous a donnée pour honorer un saint si grand, si humble et si unique. La température convient tout à fait à l'occasion. Le soleil brille de façon glorieuse dans un ciel bleu sans nuage. Les quelques pouces (centimètres) de neige des derniers jours sont à peu près disparus. L'air frais du printemps est perceptible dans l'atmosphère ; une seule bouffée suffit à nous intoxiquer. Et, bien sûr, les narcisses et les crocus hâtifs sont à leur meilleur dans toute l'enceinte monastique. Je me sens bien à l'approche de plus en plus imminente du printemps. L'hiver a été très long et dur, un vrai défi pour notre endurance. Maintenant, je vois le printemps comme un changement pour le mieux après les bouleversements de l'hiver.

Puisque la fête solennelle de saint Joseph tombe durant le Carême, nous sommes dispensés du jeûne habituel. Cela signifie que nous avons droit à deux repas réguliers à la table des moines. Un des repas sera plus simple tandis que l'autre devra revêtir un caractère plus festif pour honorer le grand saint Joseph. Il y a beaucoup de joie dans notre cuisine pendant la planification du menu ; aujourd'hui, nous rendons hommage à un saint qui a été un humble ouvrier et qui comprenait en quoi consistait le travail quotidien dans une cuisine. En effet, dans toutes les composantes de son existence, saint Joseph fut un modèle unique pour les moines et un saint auquel nous pouvons facilement nous identifier.

Pour planifier le menu, je commence par jeter un coup d'œil à ce qu'il nous reste dans le cellier. Je dois savoir avec certitude quels légumes sont encore bons ; ils deviendront la base d'une soupe festive. Chaque année, à la fin de l'hiver, nos provisions dans le cellier diminuent graduellement. C'est dans la nature des choses que rien ne dure éternellement! Mais, grâce à Dieu, en faisant le compte de nos ressources, je trouve encore quelques courges, pommes de terre et poireaux bien conservés (ainsi que des pommes, des navets et des panais!). La qualité merveilleuse des courges est leur impressionnante durée de conservation. La plupart des variétés de courge, lorsque entreposées dans un cellier frais, peuvent facilement se garder de 4 à 6 mois et même plus longtemps. En vérité, certaines variétés sont plus goûteuses et plus savoureuses avec le temps. Avec ce trio de légumes, survivants de notre long hiver, on pourra préparer une entrée délectable pour la fête que nous célébrons aujourd'hui.

*Si les actions d'un homme ne sont pas en harmonie avec ses prières, il œuvre en vain.*

ABBOT MOSES, PÈRE DU DÉSERT

# Soupe à la courge, aux poireaux et aux pommes de terre de saint Joseph

4 c. à soupe de beurre

4 gros poireaux, avec quelques parties vertes, bien lavés et coupés en fines tranches

1 oignon moyen, haché grossièrement

2 gousses d'ail, hachées finement

3 pommes de terre moyennes, pelées et coupées en dés

1 courge poivrée ou musquée de bonne taille, pelée, coupée en deux, épépinée et taillée en petits morceaux

2,3 litres (9 tasses) de bouillon de légumes ou d'eau

Un bouquet de persil frais (environ 6 brins), haché finement

Sel et poivre du moulin, au goût

1/4 c. à café (1/4 c. à thé) de muscade

250 ml (1 tasse) de crème épaisse

Garniture : quelques brins de persil, hachés finement

Dans une grande casserole, faire fondre le beurre à feu moyen-doux. Ajouter immédiatement les poireaux, les oignons et l'ail. Remuer sans cesse 1 ou 2 min. Éteindre le feu et ajouter les pommes de terre, la courge, le bouillon de légumes ou l'eau et le persil. Rallumer le feu à moyen-vif et porter rapidement à ébullition.

Laisser bouillir environ 5 min, puis réduire le feu à moyen-doux. Couvrir et laisser mijoter doucement environ 30 min (en ajoutant du bouillon ou de l'eau au besoin). Remuer de temps en temps. Lorsque la soupe est prête, éteindre le feu et laisser tiédir.

Lorsque la soupe a suffisamment tiédi, la transvider dans un robot de cuisine ou un mélangeur et la réduire en purée. La remettre dans la casserole. Ajouter du sel et du poivre au goût, la muscade et la crème épaisse. Bien mélanger et réchauffer la soupe en remuant sans cesse ou du moins assez souvent. Servir la soupe chaude et déposer du persil finement haché en garniture sur chaque portion.

# Soufflé aux courgettes de saint Joseph

À partir de la mi-février, après un long repos hivernal, nos poules ont recommencé à pondre. Le repas principal sera donc un plat aux œufs et au fromage, quoiqu'un peu plus attrayant que ceux que l'on a l'habitude de servir pendant le Carême. Ces œufs frais sont une contribution importante à notre alimentation. Ils sont un vrai régal, et deux fois plutôt qu'une, car nous les utilisons également pour nos desserts certains jours de fête. Notre repas principal aujourd'hui est un soufflé aux courgettes, un de mes plats préférés – printemps, été, automne ou hiver. Ce mets est toujours attrayant à servir comme plat principal. Le soufflé est accompagné d'une salade rustique faite d'endives belges que l'on peut manger avec le soufflé, ou encore mieux, tout de suite après !

5 courgettes moyennes

3 échalotes ou 1 oignon moyen, émincés

6 c. à soupe de beurre

3 c. à soupe d'amidon de maïs

375 ml (1 1/2 tasse) de lait

Muscade, sel et poivre, au goût

5 œufs, séparés

60 g (1/2 tasse) + 4 c. à soupe de fromage parmesan, râpé

Râper les courgettes dans un grand bol et saupoudrer de sel. Mélanger et réserver environ 1/2 h. Égoutter les courgettes, les rincer à l'eau froide, puis les égoutter de nouveau et essorer tout le liquide restant avec les mains. Réserver.

Ajouter les échalotes ou les oignons dans une poêle avec le beurre et les faire revenir doucement à feu moyen-doux environ 2 min. Ajouter les courgettes et continuer à faire revenir 2 à 3 min de plus jusqu'à ce que les courgettes commencent à brunir. Réserver.

Préparer une sauce béchamel: Faire fondre le beurre restant dans une casserole assez grande à feu doux. Dans une grande tasse, mélanger l'amidon de maïs avec le lait et remuer jusqu'à homogénéité. Ajouter ce mélange à la casserole et remuer sans cesse. Ajouter une pincée de muscade, du sel et du poivre au goût et continuer de remuer jusqu'à ce que le mélange devienne onctueux et lisse (il s'agit d'une béchamel ordinaire). Réserver.

Battre les jaunes d'œuf dans un bol profond avec un batteur. Ajouter les 60 g (1/2 tasse) de parmesan et le mélange aux courgettes. Bien mélanger. Ajouter la sauce béchamel et mélanger.

Dans un autre grand bol, battre les blancs d'œufs à l'aide d'un batteur à main jusqu'à obtention de pics durs. Incorporer délicatement environ la moitié des blancs d'œufs en neige au mélange de courgettes et plier délicatement.

Graisser généreusement un plat à soufflé assez grand. Saupoudrer le fromage parmesan restant sur le beurre pour le couvrir uniformément. Verser doucement le mélange aux œufs et aux courgettes dans le plat à soufflé. Ajouter les blancs d'œufs restants et plier délicatement de nouveau. Mettre le plat à soufflé dans un four préchauffé à 180 °C (350 °F) et cuire environ 20 à 25 min jusqu'à ce que le soufflé soit gonflé et doré sur le dessus. Servir immédiatement après la sortie du four avant qu'il ne s'affaisse.

4-6 portions

# Figues pochées au xérès de saint Joseph

*N*otre *dessert du jour est un mets simple et pourtant délicieux d'origine espagnole mais qui est également répandu dans tout le sud de la France. C'est une combinaison exquise de figues pochées dans du xérès doux. Il faut savoir que les chefs préparent souvent des plats qu'ils ont envie de manger. Ce n'est un secret pour personne. Il se trouve que pour ma part, je raffole des figues apprêtées de toutes les façons et, pour la Saint-Joseph, je ne vois rien de mieux pour le dessert qu'un plat spécial aux figues. (J'utilise habituellement des figues fraîches pour préparer ce dessert, mais si des figues fraîches ne sont pas disponibles, j'utilise à l'occasion des figues séchées, qui donnent de très bons résultats.)*

250 ml (1 tasse) de xérès doux

250 ml (1 tasse) d'eau

Une lanière de zeste de citron

100 g (1/2 tasse) de sucre brun biologique (sucre roux) ou blanc

1/4 gousse de vanille

1 bâton de cannelle

Une pincée de muscade

18 figues fraîches

Garniture : 6 c. à soupe de crème fraîche (ou la même quantité de yogourt à la vanille)

Dans une casserole, combiner le xérès (de bonne qualité de préférence), l'eau, le zeste de citron, le sucre, la gousse de vanille, le bâton de cannelle et la muscade. Porter à ébullition à feu moyen-vif et cuire environ 5 min. Réduire le feu à moyen-doux.

Ajouter les figues à la sauce au xérès et cuire doucement jusqu'à ce qu'elles soient tendres mais intactes. La cuisson ne devrait pas dépasser 20 à 25 min. Lorsque les figues sont prêtes, les transvider dans un bol de service.

Servir ce dessert à la température ambiante ; on peut aussi le réfrigérer et le servir froid pendant la saison chaude. Servir 4 figues avec du liquide de pochage par portion et les garnir de 1 c. à soupe de crème fraîche ou de yogourt à la vanille.

6 portions

# Quelques plats rapides pour le Carême

*L'Exode, avec son image d'un Dieu qui se rallie aux opprimés et aux impuissants, a été une lueur d'espoir pour bien des désespérés.*

Robert Allen
Warrior

À l'occasion, je reçois des lettres de lecteurs me demandant des suggestions de menus pour le Carême. Ils soutiennent immanquablement que dans notre ère mécanisée au rythme effrénée il est très difficile de maintenir un régime de Carême qui soit à la fois nourrissant et frugal. Ils se plaignent habituellement qu'en rentrant de leur travail, ils n'ont ni le temps ni la motivation pour préparer un menu de carême convenable. « Pouvez-vous nous donner des pistes et nous proposer des recettes ? », me demanda un lecteur récemment.

Je réalisai que mes correspondants faisaient allusion au fait que dans la société d'aujourd'hui, les deux parents travaillent et la mère ou le père, en arrivant à la maison, doit s'atteler à la tâche de préparer un repas décent pour toute la famille. Ils sont fatigués et il reste peu de temps avant le repas. Pour certains, comme me raconta une fois une mère de famille, il est plus simple de commander une pizza. Une pizza de temps en temps, lui répondis-je, ça n'est pas si mauvais pourvu qu'elle soit précédée d'une soupe nourrissante ou accompagnée d'une bonne salade. Oui, je comprends qu'à l'occasion, sous les contraintes du temps et de la pression, vous ayez recours à des mets pour emporter. Mais recommencer ce manège tous les jours est une autre histoire. Premièrement, vous et vos enfants allez vous lasser du même menu répétitif. La clé pour résoudre votre problème, lui répondis-je, est de prévoir d'avance et mesurer avec précision combien de temps vous avez pour préparer un repas. Il y a des plats que l'on peut préparer d'avance, des plats en casserole, par exemple, que l'on peut réfrigérer et servir plus tard dans la semaine. Il y a aussi des soupes que l'on peut préparer en quantité suffisante, réchauffer et servir les journées subséquentes. Dépendant du temps disponible, on peut aussi opter pour des recettes plus simples, plus rapides et plus pratiques. Gardez les recettes compliquées pour les grandes occasions. Et quand vous choisissez des recettes pour les jours de semaine, choisissez toujours celles qui sont plus simples et plus légères et dont le goût est meilleur et plus nourrissant ; évitez les recettes longues, exigeantes ou compliquées. Le secret d'une bonne recette repose non seulement sur ses ingrédients mais sur la préparation exigée.

Voici diverses recettes que j'appelle « ordinaires et simples », qui conviennent bien pour le Carême en raison de leur frugalité même. Elles se préparent également rapidement, le temps de préparation et de cuisson étant en général situé entre 30 et 45 min tout au plus.

*La bonne nourriture arrive toujours au bon moment. Le fait de compter sur des aliments hors saison transforme l'année gastronomique en une répétition d'un ennui sans bornes.*

Roy Andries de Groot

# Plat simple et rapide aux aubergines

6 c. à soupe d'huile d'olive

1 grosse aubergine, lavée et séchée, pelée et coupée en dés

1 courgette assez grosse, en tranches

1 poivron rouge, coupé en fines lanières

1 oignon vidalia moyen, haché grossièrement

300 g (1 1/2 tasse) de tomates cerises, lavées et séchées

Quelques feuilles de basilic frais ou séché, hachées finement

1 feuille de laurier séchée, entière ou en miettes

Sel et poivre, au goût

Verser l'huile d'olive dans une poêle profonde, ajouter l'aubergine, les courgettes, les poivrons et les oignons. Faire revenir doucement à feu moyen-doux environ 4 à 5 min en remuant sans cesse. Couvrir, réduire la chaleur à feu doux et poursuivre la cuisson environ 5 min, jusqu'à tendreté des légumes.

Ajouter les tomates, le basilic, la feuille de laurier, le sel et le poivre et cuire 4 ou 5 min de plus. Servir les légumes chauds sur du riz blanc ou un lit de nouilles aux œufs ou de spaghettis que l'on a fait cuire pendant la préparation des légumes. C'est un plat facile, simple, nourrissant, frugal et pourtant appétissant – juste ce qu'il faut pour un jour de semaine en Carême. Le temps de préparation est rapide. Il suffit d'avoir tous les ingrédients sous la main pour le faire.

4 portions

# Chou-fleur, brocoli et fromage en casserole

2 têtes moyennes de brocoli
2 têtes moyennes de chou-fleur
4 œufs, battus
250 g (1 tasse) de fromage ricotta
70 g (1/2 tasse) de fromage cheddar, râpé
1 c. à soupe d'amidon de maïs dilué dans
    160 ml (2/3 tasse) de lait
1 oignon moyen, haché finement
Sel et poivre noir du moulin, au goût

Préchauffer le four à 180 °C (350 °F). Faire bouillir les têtes de brocoli et de chou-fleur dans de l'eau salée environ 10 min. S'assurer de couvrir la casserole pour accélérer la cuisson. Égoutter les légumes à fond, puis les hacher grossièrement, y compris les tiges. Réserver.

Battre les œufs dans un bol profond, ajouter la ricotta et le fromage cheddar, le mélange d'amidon, les oignons, le sel, le poivre et remuer jusqu'à ce que le tout soit bien mélangé.

Beurrer généreusement un plat de cuisson rectangulaire et y mettre le mélange de brocoli et de chou-fleur. Cuire au four environ 30 min. Servir chaud accompagné de pommes de terre ou de riz sans apprêt. C'est un repas complet, rapide et nourrissant qui convient parfaitement à ceux qui souhaitent observer un régime de carême tout en nourrissant correctement toute la maisonnée.

6 portions

# Haricots verts et pommes de terre en casserole
## *Polpettone*

480 g (1 lb) de haricots verts frais ou surgelés, parés

480 g (1 lb) de pommes de terre, pelées et coupées en dés

80 ml (1/3 tasse) de lait

6 œufs

60 g (1/2 tasse) de fromage parmesan, râpé

4 c. à soupe d'huile d'olive

4 gousses d'ail, émincées

Quelques brins de persil frais, hachés finement

1 c. à soupe de thym séché

Sel et poivre noir du moulin, au goût

Huile d'olive ou beurre, au besoin

60 g (1/2 tasse) de chapelure

Beurre, au besoin

Faire bouillir les haricots verts environ 12 à 15 min, jusqu'à tendreté. Dans une autre casserole, faire bouillir les pommes de terre dans de l'eau salée 12 à 15 min, jusqu'à ce qu'elles soient cuites. Égoutter les deux légumes et les réduire en purée dans un robot de cuisine ou un mélangeur avec le lait. Ajouter les œufs, un à la fois, avec le moteur en marche. Ajouter le fromage parmesan et mélanger de nouveau jusqu'à ce que le tout soit bien mélangé. Réserver.

Faire chauffer l'huile d'olive dans une petite poêle et faire revenir doucement l'ail, le persil et le thym environ 1 min en remuant sans cesse. Ajouter le mélange d'ail et d'herbes au mélange de haricots et de pommes de terre. Ajouter le sel et le poivre au goût et bien mélanger.

Huiler ou beurrer généreusement un plat peu profond, rectangulaire. Saupoudrer de chapelure pour le couvrir uniformément. Verser le mélange de haricots et de pommes de terre dans le plat et l'étendre à l'aide d'une spatule. Couvrir avec la chapelure restante et parsemer de beurre. Cuire dans un four préchauffé à 180 °C (350 °F) environ 30 à 40 min ou jusqu'à ce que le mélange gonfle et que le dessus soit doré. Servir chaud.

6 portions

# Fête de l'Annonciation

*Les bontés de l'Éternel ne sont pas épuisées, Ses compassions ne sont pas à leur terme ; Elles se renouvellent chaque matin.*

**Lamentations 3,22**

Janvier et février sont passés et la fin de mars est presque arrivée. Nos journées d'hiver seraient réellement très sinistres si elles étaient comparables à la dure réalité à l'extérieur. Tout n'est pas amusant et charmant durant les froids mois hivernaux : il y a des jours où même un feu chaleureux n'apporte que peu de réconfort. C'est un fait bien connu que nos mois d'hiver ici dans le Nord-Est américain ont tendance à être pour le moins longs et sombres et je connais bien des gens pour qui il est une source de dépression, surtout chez les plus âgés. C'est pourquoi l'arrivée du printemps est attendue avec tant d'espoir et d'anticipation. C'est comme si la vie recommençait à nouveau, cette fois-ci remplie de nouvelles promesses, une nouvelle vitalité et de nouvelles motivations. Eh oui, le printemps est enfin arrivé, du moins officiellement. La nouvelle saison est un thème récurrent dans nos conversations avec les fermiers et nos amis du coin. Tout le monde semble souriant ces jours-ci, car la lumière du printemps réjouit les cœurs de bien des gens.

Une partie de notre joie ne tient pas uniquement à l'arrivée des belles journées lumineuses du printemps. Aujourd'hui est une journée unique du calendrier chrétien, la fête solennelle de l'Annonciation, la fête qui commémore le grand mystère de l'Incarnation du Fils de Dieu.

Notre foi nous affirme que l'Incarnation débuta au moment précis – lorsque les temps ont été accomplis comme il est dit dans les Écritures où Marie consentit à se soumettre entièrement au plan de Dieu. Marie, bien sûr, connaissait les paroles du prophète Esaïe : « Voici, la jeune femme est enceinte, elle va enfanter un fils, Et elle lui donnera le nom d'Emmanuel ». Ce que Marie ignora, du moins jusque-là, c'était qu'Esaïe faisait allusion à elle, la femme destinée de toute éternité à enfanter le Fils unique de Dieu. Le jour de l'Annonciation, l'archange Gabriel resta pris d'étonnement devant l'humble jeune fille de Nazareth et, en quelques mots bien pesés, lui déclara : « Ne crains point, Marie ; car tu as trouvé grâce devant Dieu. Et voici, tu deviendras enceinte, et tu enfanteras un fils, et tu lui donneras le nom de Jésus ». À ce moment précis, par la puissance de Dieu, le grand mystère s'accomplit : Dieu, le Créateur de toute vie, s'est incarné dans une modeste jeune fille. Rien ne serait plus jamais pareil dans le cours de l'histoire humaine.

En ce qui me concerne, nous observons deux types de régimes au monastère durant le Carême. La distinction n'est pas tant de savoir ce qui est plus ou moins nourrissant mais quel type de nourriture et en quelle quantité il faut consommer en période de jeûne. En général, le régime de carême exige une simplicité, une frugalité et une diminution des quantités. D'autre part, il y a des festivités comme la fête d'aujourd'hui qui tombent pendant le Carême mais auxquelles le régime de carême ne s'applique pas. On se dispense tout simplement de jeûner. Habituellement, la nourriture préparée durant le Carême au monastère a tendance à être très simple. Elle est plutôt informelle et sans grande importance.

Pendant le jeûne, on ne s'active pas beaucoup dans la cuisine, juste le minimum pour nourrir adéquatement la communauté du monastère. Pour un jour de fête, toutefois, le menu change radicalement. Il y a davantage de préparation, d'efforts et de planification requis pour aboutir au menu final. C'est ainsi qu'il faut procéder. Durant le long pèlerinage du Carême, il faut pouvoir se reposer certains jours. Et cela est particulièrement vrai pour la nourriture que nous consommons en de telles occasions. Il se trouve que le repas préparé et mangé aujourd'hui sera notre dernier repas festif avant Pâques, et il nous reste encore deux semaines et demie avant de compléter notre parcours !

Le premier service de notre repas festif est une soupe à la bette à carde. Il nous en reste une bonne quantité de notre dernière récolte au congélateur. Puisque la bette à carde congelée est déjà partiellement cuite, cela nous simplifiera la tâche de la cuisiner. Ceux qui n'ont pas de bette à carde congelée peuvent utiliser de la bette à carde fraîche du jardin ou du marché ; sinon, on peut la remplacer par une quantité équivalente d'épinards.

*La meilleure façon d'apprendre à cuisiner est de cuisiner ; installez-vous devant la cuisinière et foncez.*

JULIE DANNENBAUM,
ENSEIGNANTE EN ART CULINAIRE

# Soupe à la bette à carde

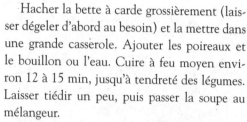

1 grosse botte de bette à carde, congelée ou
   fraîche
3 poireaux, avec la partie vert tendre, lavés,
   nettoyés et coupés en tranches fines
2 litres (8 tasses) de bouillon de légumes ou
   d'eau
2 jaunes d'œuf, bien battus (avec le batteur à
   main au besoin)
125 ml (1/2 tasse) de crème légère
60 g (1/2 tasse) de fromage parmesan, râpé
Une pincée de muscade
Sel et poivre du moulin, au goût
Garniture : un bol de fromage parmesan râpé
   sur la table pour saupoudrer

Hacher la bette à carde grossièrement (laisser dégeler d'abord au besoin) et la mettre dans
une grande casserole. Ajouter les poireaux et
le bouillon ou l'eau. Cuire à feu moyen environ 12 à 15 min, jusqu'à tendreté des légumes.
Laisser tiédir un peu, puis passer la soupe au
mélangeur.

Réchauffer la soupe à feu moyen-doux. Dans
un bol profond, battre les œufs à fond, ajouter
la crème et le fromage parmesan et bien mélanger tous les ingrédients. Ajouter ce mélange à
la soupe et remuer sans cesse.

Ajouter la muscade, le sel et le poivre et continuer de remuer jusqu'à ce que la soupe attei-
gne presque le point d'ébullition. Ne pas laisser
bouillir sinon la crème et les œufs vont tourner.
Servir la soupe chaude en passant le bol de parmesan pour saupoudrer.

6-8 portions

# Pâte brisée pour les tartes et les quiches

Notre repas principal ce soir est une tarte aux champignons accompagnée d'une salade spéciale et d'une crème brûlée pour dessert. En somme, la nourriture devrait rendre hommage à l'Incarnation du Fils de Dieu, en tant que celui qui est venu parmi nous « mangeant et buvant », comme il se décrit dans les Évangiles, et qui prenait énormément plaisir à partager les repas avec ses amis et ses disciples. Y a-t-il une meilleure façon d'honorer ce sublime mystère de l'Incarnation que d'imiter le Maître lui-même, lui qui, en prenant un bon repas, nous enseigna par son exemple à quel point il embrassa notre humanité?

Pour la préparation de la tarte, il nous faut une pâte brisée. La recette donnée ici est une recette classique. Si je manque de temps pour la préparation, je n'hésite pas à utiliser à l'occasion les croûtes surgelées que l'on trouve au supermarché.

1 œuf
150 g (1 tasse) de farine (si désiré, on peut utiliser un mélange de farine blanche et de farine à blé entier à parts égales)
1 bâton de beurre ou margarine
5 c. à soupe d'eau glacée
Une pincée de sel

Préparer la croûte en mélangeant tous les ingrédients dans un grand bol. Utiliser à la fois une fourchette et les mains pour mélanger. Ne pas trop pétrir la pâte. Former une boule avec la pâte et la saupoudrer de farine. La laisser reposer au réfrigérateur pendant 1 h.

Lorsque la pâte est prête à façonner, saupoudrer de la farine sur la surface de travail et abaisser soigneusement la pâte en l'étirant dans tous les sens. Beurrer généreusement une assiette à tarte et y disposer soigneusement l'abaisse. La pâte doit toujours être manipulée avec les doigts. Canneler les bords de façon décorative.

Facultatif (mais hautement recommandé pour une meilleure cuisson) : Couvrir la croûte d'un papier d'aluminium et mettre au four préchauffé à 120 °C (250 °F) environ 10 min, jusqu'à ce qu'elle soit précuite.

# Tarte aux champignons

3 c. à soupe de beurre

1 oignon moyen, haché grossièrement

3 brins de persil frais, hachés finement

1/2 c. à café (1/2 c. à thé) de thym séché

480 g (1 lb) de champignons frais, en tranches fines

3 c. à soupe de vin blanc sec

3 œufs, battus

250 ml (1 tasse) de crème épaisse ou crème moitié-moitié (11,5 % M.G.)

Sel et poivre du moulin, au goût

1 croûte à tarte partiellement cuite, préparée à l'avance

Faire fondre le beurre dans une poêle assez grande ; ajouter les oignons, le persil et le thym. Faire revenir doucement à feu moyen-doux environ 2 min en remuant souvent. Ajouter les champignons et poursuivre la cuisson 5 min de plus. Ajouter le vin et augmenter la chaleur à feu à moyen. Cuire jusqu'à évaporation du vin.

Battre les œufs dans un bol profond. Ajouter la crème, le sel et le poivre et bien mélanger. Ajouter la préparation aux champignons et bien mélanger. Verser soigneusement le tout dans la croûte à tarte précuite. Cuire au four préchauffé à 180 °C (350 °F) environ 30 à 40 min ou jusqu'à ce que la tarte soit cuite et gonflée.

6 portions

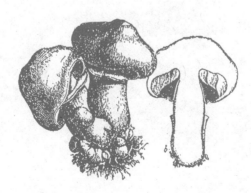

# Salade de l'Annonciation

1 endive tendre et croquante moyenne, lavée, les feuilles parées et séparées

1 petit oignon rouge, pelé et coupé en fines demi-lunes

2 poires jaunes fermes, évidées et coupées en dés

5 c. à soupe d'huile d'olive extravierge

4 c. à soupe de noix, hachées

4 c. à café (4 c. à thé) de vinaigre de vin rouge

Sel et poivre du moulin, au goût

Mettre les feuilles d'endive dans un grand bol. Ajouter les oignons, les poires et remuer délicatement.

Faire chauffer l'huile dans une poêle et ajouter les noix. Cuire en remuant jusqu'à ce que les noix soient dorées. Ajouter le vinaigre et bien mélanger. Retirer du feu, laisser tiédir 1 ou 2 min, puis verser ce mélange sur la salade. Ajouter le sel et le poivre au goût et remuer de nouveau jusqu'à ce que tous les ingrédients soient enduits uniformément. Servir immédiatement soit pour accompagner la tarte aux champignons soit entre la tarte et le dessert.

6-8 portions

# Crème brûlée

75 g (¹/₃ tasse) de sucre
60 ml (¹/₄ tasse) d'eau bouillante
1 c. à soupe d'amidon de maïs
500 ml (2 tasses) de lait
4 jaunes d'œuf
1 petit morceau d'écorce de citron
1 c. à soupe de cognac
1 c. à café (1 c. à thé) d'extrait de vanille

Faire chauffer le sucre dans une poêle moyenne ou grande jusqu'à ce qu'il commence à caraméliser. Ajouter l'eau immédiatement et remuer sans cesse pour faire un sirop.

Dans une tasse, mélanger parfaitement l'amidon de maïs et 5 c. à soupe de lait. Faire chauffer le lait restant sans le faire bouillir.

Battre les jaunes d'œuf à l'aide d'un batteur à main et les mettre dans un bain-marie déjà rempli d'eau bouillante. Ajouter immédiatement le mélange à l'amidon de maïs, puis ajouter doucement le lait chauffé en remuant. Ajouter doucement le sirop de caramel, puis l'écorce de citron, le cognac et la vanille. Continuer de remuer pendant la cuisson jusqu'à épaississement de la crème. Retirer la crème du feu, jeter l'écorce de citron et verser la crème dans des ramequins. Mettre au réfrigérateur quelques heures jusqu'au dessert. Servir froid.

4-6 portions

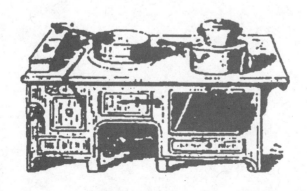

De vous au printemps
je me suis absenté,
Quand le fier avril
bigarré, vêtu de tous
ses atours,
A mis un esprit de
jeunesse dans tout.

SHAKESPEARE

Avril

# Un temps pour jeûner

*Les doigts de Dieu
ne peuvent rien
toucher sans le
façonner en une
merveille.*

GEORGE
MacDonald

Les premiers jours d'avril sont souvent remplis de surprises. Aujourd'hui, nous avons une journée de printemps typiquement venteuse, avec du soleil et un ciel sans nuages, et les cris des geais bleus qui s'appellent et se répondent joyeusement avec tout le sérieux du monde. Le parfum dans l'air est à la fois rafraîchissant et envoûtant. Et pourtant, le printemps semble se dérouler à son propre rythme. Les perce-neige autour de la statue de la Vierge ont fleuri, et les crocus continuent de se répandre partout sur le terrain. La saison avance mais nous demande en même temps un peu de patience. Certains jours où il est prévu de travailler à l'extérieur et de nettoyer le jardin, nous sommes interrompus par le temps incertain. Ce phénomène se répète à maintes reprises au début du printemps. Parfois,

il pleut trop fort pour faire quoi que ce soit dans le jardin.

Un des changements saisonniers évidents est l'heure avancée, commençant habituellement tôt en avril et prolongeant le jour d'environ une heure. C'est un acte de pure magie, car en déplaçant une heure de jour du matin vers le soir, nous récupérons une heure supplémentaire de lumière pour vaquer à nos travaux printaniers, surtout dans le jardin. Les exigences de la vie à la campagne étant nombreuses à ce temps-ci de l'année, je me réjouis particulièrement de cet événement. Sans ce temps supplémentaire, il serait ardu de s'occuper à la fois du jardin et de la cuisine, tout en répondant à cet élan typique du printemps de vouloir tout nettoyer et réparer. En effet, l'arrivée du printemps est toujours un défi : c'est une renaissance en même temps qu'une course où la cadence des activités saisonnières s'emballe de minute en minute.

Notre long pèlerinage annuel du Carême est presque terminé. Nous sommes à l'orée de la Semaine sainte. Hier seulement, semble-t-il, nous débutions ce voyage intérieur de purification et de renouveau. Hélas, le temps ne prend de pause pour personne ; il va toujours de l'avant à la même cadence jusqu'à l'atteinte de notre but. Le temps béni du Carême atteste, pour nous chrétiens, qu'une nouvelle vie renaît des cendres et que notre espoir pour un « éternel printemps » s'enracine dans la promesse de la Résurrection. Au cours de ces derniers jours du Carême, je prends profondément conscience que peu importe notre observance du Carême, la vie quotidienne nous pousse en avant : nous devons respecter pleinement notre engagement dans la tâche quotidienne et universelle de vivre. Le Carême nous fournit l'occasion d'assainir nos cœurs, de replacer nos priorités et de redéfinir notre vision. À la fin du long voyage de quarante jours, nous devons nous efforcer de retrouver Dieu dans les menus détails du quotidien : cuisiner, nettoyer, jardiner, laver, travailler, chanter, prier, écrire, peindre et organiser les tâches quotidiennes, lire et se reposer. La vie quotidienne est remplie d'une quantité infinie de détails à apprécier et de choses à accomplir. Dieu est présent en toutes choses, Dieu renouvelle toutes choses par la puissance de la mort et de la Résurrection du Christ. Rien n'est trop insignifiant qui ne soit digne de nos soins et de notre attention, car à la fin nous rencontrons le Seigneur dans ces menus détails de la vie quotidienne. Sa présence resplendit et se révèle dans chacun d'eux.

À l'approche de la Semaine sainte, notre jeûne s'intensifie et notre consommation de nourriture est réduite selon les capacités de chacun. Certaines personnes peuvent réduire leur alimentation sans problème alors que d'autres requièrent un peu plus pour se sustenter. On me demande souvent pourquoi nous jeûnons durant le Carême et la Semaine sainte. Est-ce un geste masochiste ? demandent certains. Je réponds volontiers que non. Il y a de nombreuses raisons, bonnes et saines, de jeûner. D'ailleurs, je vois souvent des gens jeûner pour d'autres raisons, pour perdre du poids ou améliorer leur silhouette, et pourtant personne ne remet en question leurs motivations. De même, je dis à

ceux qui le demandent que notre corps et notre âme doivent se prêter à un certain entraînement intérieur, à des exercices quotidiens, et même à une certaine abnégation pour notre propre bien spirituel. De toute façon, le fait de réduire nos portions de nourriture ne signifie nullement que l'on se prive. Qu'en est-il maintenant des vraies raisons du jeûne à cette période ? Durant le Carême et la Semaine sainte, nous, chrétiens, contemplons la souffrance subie par le Christ afin d'assurer notre rédemption, et le jeûne que nous pratiquons à cette période est une façon de participer au mystère de cet immense sacrifice et de le partager. On dit que l'amour a tendance à rendre les gens égaux et disposés à imiter l'être cher. Dans notre cas, nous tentons de suivre Jésus pas à pas pendant son Calvaire. Notre jeûne et notre abnégation sont des façons d'accompagner le Maître et partager de modeste façon ses derniers moments douloureux. Il y a d'autres raisons aussi pour jeûner et manger frugalement. Une des raisons de jeûner qui m'est le plus bénéfique est l'existence de la faim parmi tant de gens pauvres autour du monde. Le moine chrétien souhaite toujours être solidaire des enfants de Dieu partout dans le monde, surtout les défavorisés et les souffrants. Le jeûne est un bon moyen de rester sensible à la douleur et aux besoins des autres. Je ne vois nullement de contradiction entre le jeûne et le fait de se régaler d'une bonne nourriture : il y a amplement de temps pour les deux au cours de l'année. En vérité, le fait de jeûner me fait apprécier davantage la bonne nourriture consommée à d'autres occasions. Lorsqu'il est guidé par la foi et mené de façon créative, le jeûne peut revivifier tous les aspects de notre existence quotidienne. Ceux qui souhaitent jeûner mais qui en sont incapables devraient se rappeler qu'il y a d'autres façons de jeûner et de maîtriser nos autres sens : on peut pratiquer le « jeûne » des divertissements, de la télévision, de la musique à plein volume, des dépenses outrancières et inutiles, des excès de vitesse, de la colère, etc. Le jeûne spirituel est toujours créatif et modéré, pratique et soucieux des besoins des autres.

Pendant ces jours du « Grand Jeûne », le repas quotidien semble tourner autour d'une variété de soupes et de potages nourrissants. La soupe de ce soir est une soupe de base, qui a été consommée pendant des siècles au Portugal et qui est fort appréciée. L'ajout de chorizo portugais la rend succulente et fait la différence entre notre façon de la préparer et la leur. Au lieu de cela, nous omettons le chorizo et la viande pour ne garder que les légumes et les autres ingrédients, ce qui donne une soupe plutôt frugale, appropriée pour le Carême et la Semaine sainte.

*Ce que nous acquérons par le jeûne ne compense pas pour ce que nous perdons par la colère.*

Saint Jean Cassien (360-435)

# Soupe portugaise au chou
## *Caldo verde*

2,5 litres (10 tasses) d'eau ou bouillon de
    légumes
Une pincée de sel de mer au goût
6 poireaux, avec la partie vert tendre, en
    tranches fines
1 petit chou vert, haché grossièrement
5 grosses pommes de terre, pelées et coupées
    en petits dés
6 gousses d'ail, émincées
6 c. à soupe d'huile d'olive ou plus, au besoin
Sel et poivre noir du moulin, au goût

Dans une grande casserole, porter l'eau à ébullition et ajouter la pincée de sel. Réduire le feu à moyen-doux et ajouter les poireaux, le chou et les pommes de terre. Couvrir et maintenir l'ébullition 12 à 15 min.

Ajouter l'ail, l'huile d'olive, le sel et le poivre, au goût. Couvrir et laisser mijoter 30 min à feu doux à moyen-doux. Lorsque la soupe est prête, servir chaude à l'aide d'une louche dans des assiettes creuses ou des bols chauds. Servir du pain frais maison ou autre en accompagnement. (En dehors des périodes de pénitence, ceux qui le désirent peuvent la saupoudrer de fromage parmesan fraîchement râpé ou d'un autre fromage.

6 portions

# Le temps de la Passion

*Le printemps, c'est Dieu qui pense en teintes d'or, rit en teintes de bleu et parle en teintes de vert.*

FRANK JOHNSON

D'après ma propre expérience, on se sent parfois submergé par des sentiments que le printemps nous insuffle au plus profond de nous. Ces derniers jours, après quelques journées chaudes, tout semble reprendre vie de nouveau. Sur toute la propriété, les forsythies hâtives se dévoilent, les narcisses affichent leurs teintes glorieuses de jaune et de blanc. Toute la nature semble être en accord, faisant irruption en une harmonieuse symphonie de couleurs et de sons et attestant l'indéniable arrivée du printemps.

Comme l'a si bien écrit Ann Silva: «Le printemps arrive sur des ailes douces. Des chuchotements se font entendre entre les branches alors que les bourgeons éclosent, répandant des couleurs et des parfums dans l'air enivré. Des secrets sont échangés dans des lieux restreints. Une fougère verte, un lis gracieux – deux surprises issues de la bonne terre. Une violette pourpre cligne lorsqu'on écarte délicatement ses feuilles vertes. Le chant des oiseaux emplit l'air alors que les hirondelles se préparent, font leur ménage du printemps dans la cabane qui domine les lilas verdoyants. Lorsque le vent du soir se lève au crépuscule, le chant triste de l'engoulevent s'étire à l'infini. Et l'homme, balayant les toiles d'araignée du long hiver froid, parcourt des yeux la terre verdoyante et sème des graines avec amour dans le sol moelleux et doux. Et le soleil chaud et la pluie douce reviennent nous visiter au printemps. »

En réfléchissant à la réalité universelle de l'arrivée du printemps, je prends également profondément conscience qu'aujourd'hui, nous entamons la plus sacrée des semaines: la Semaine sainte. Dans l'hémisphère nord, la célébration de la Semaine sainte et de Pâques coïncide toujours avec la saison printanière. Notre vie monastique devient encore plus tranquille durant ces jours de la Passion. Un silence profond règne sur tout le monastère. Je remarque que même les animaux de la ferme semblent plus calmes et plus sereins pendant cette période. Et pourquoi pas ?

La souffrance du Christ que nous commémorons, la passion et la mort qu'il endura, ainsi que sa glorieuse résurrection, sont des événements cosmiques. La terre tout entière pleure pendant que nous observons l'agneau innocent de Dieu se faire abattre et crucifier pour nous.

Notre régime monastique a tendance à être plus austère durant la Semaine sainte. C'est une période que les moines vivent intensément, en réflexion profonde et en prière. Tous nos efforts du Carême semblent converger sur cette dernière semaine dramatique, au moment où nous accompagnons Jésus le jour du Samedi saint au Calvaire, son « repos du Sabbat », jusqu'à la gloire de Pâques. Nous sommes plongés dans un profond état de prière et de deuil, et nous faisons preuve de modération en matière de nourriture et de boisson. J'appelle ce jeûne de la Semaine sainte un temps de « contrainte créative ». Durant cette période spéciale, nous consommons en petite quantité des aliments très simples, juste ce qu'il faut pour nous nourrir et nous donner ce petit coup de pouce pour compléter notre pèlerinage. La majeure partie de ce que nous consommons ces jours-ci consiste en soupes simples. Voici quelques recettes qui, au fil des ans, m'ont bien servi en ma qualité de cuisinier d'un monastère ; elles sont tout à fait appropriées à l'esprit de pénitence de la Semaine sainte.

*Le Christ n'est pas mort en martyr. Il est mort – infiniment plus humblement – en criminel ordinaire.*

Simone Weil

# Soupe de la Semaine sainte aux tomates et au pain

160 ml (²/₃ tasse) d'huile d'olive

5 gousses d'ail, émincées

1 gros oignon espagnol, haché grossièrement

20 minces tranches de pain baguette rassis (ou italien), coupées en deux

6 tomates, pelées et épépinées, hachées grossièrement ou une quantité équivalente de tomates italiennes égouttées, environ 1,4 kg (3 lb)

3 c. à soupe de romarin frais ou séché, haché finement

3 c. à soupe de sauge fraîche ou séchée, hachée finement

3 litres (12 tasses) de bouillon de légumes ou d'eau

250 ml (1 tasse) de vin blanc sec (facultatif)

Sel et poivre noir du moulin, au goût

Verser l'huile dans une grande casserole et faire chauffer à feu moyen-doux. Ajouter l'ail et les oignons et faire revenir environ 1 min en remuant sans cesse. Ajouter le pain, les tomates, le romarin et la sauge. Continuer de remuer pendant 3 à 5 min.

Entre-temps, porter le bouillon de légumes ou l'eau à ébullition avec le vin dans une autre casserole. Lorsque le pain et les tomates ont cuit pendant 5 min, verser le bouillon ou l'eau bouillante dans la casserole (ajouter de l'eau au besoin) et assaisonner. Couvrir et laisser mijoter doucement à feu moyen-doux environ 40 min en remuant à l'occasion. Servir immédiatement.

6-8 portions

# Soupe à l'oseille, aux poireaux et aux pommes de terre

6 c. à soupe d'huile d'olive ou végétale (ou 4 c. à soupe de beurre)

3 poireaux, avec la partie vert tendre, en tranches fines

4 pommes de terre, pelées et coupées en dés

2 litres (8 tasses) de bouillon de légumes ou d'eau

1,5 litre (6 tasses) d'oseille fraîche (cultivée ou sauvage), hachée grossièrement

250 ml (1 tasse) de lait

Sel et poivre blanc, au goût

125 ml (½ tasse) de crème sûre (crème aigre ou yogourt nature), en garniture

Verser l'huile (ou faire fondre le beurre) dans un faitout. Ajouter les poireaux et les faire revenir à feu moyen-doux environ 3 à 5 min. Ajouter les pommes de terre, le bouillon ou l'eau et porter rapidement à ébullition à feu moyen-vif. Réduire ensuite le feu à moyen-doux et ajouter l'oseille, le lait, le sel et le poivre. Bien mélanger et laisser mijoter doucement environ 30 min en remuant à l'occasion.

Lorsque la soupe est prête, laisser tiédir quelques minutes. Ajouter le lait et bien mélanger. Réduire la soupe en purée dans un robot de cuisine ou un mélangeur, un peu à la fois, jusqu'à obtention d'une soupe crémeuse et lisse. Réchauffer la soupe dans un faitout propre en évitant de la faire bouillir. Servir la soupe chaude dans des assiettes ou des bols préchauffés et garnir de 1 c. à soupe de crème sûre au centre.

Note : J'aime bien préparer cette soupe simple pendant la Semaine sainte et tôt au printemps, en profitant de l'oseille hâtive que nous cultivons dans notre potager. Ceux qui n'ont pas cette chance peuvent la remplacer par de l'oseille sauvage, qui pousse à peu près partout à la campagne (les feuilles sont plus petites évidemment), ou des épinards (ce dernier choix ne donnera pas le même goût que l'oseille mais s'en approchera).

6-8 portions

# Pâques

*Je vous salue, Ô noble jour de fête!*
*Jour béni éternellement saint.*
*Jour où Dieu conquit la mort,*
*Et le Christ ressuscita de la tombe.*

SALVE FESTA DIES, VENANTIUS
FORTUNATUS (D. 609)

Aujourd'hui, nous célébrons le jour de Pâques, le jour où les chrétiens du monde entier commémorent la glorieuse résurrection du Seigneur d'entre les morts! Pâques a depuis le début été le but de notre pèlerinage du Carême et aujourd'hui, nous arrivons à son terme. Pâques est également la joyeuse récompense pour tous nos sacrifices du Carême, l'accomplissement de notre espoir. Pour le chrétien, la résurrection du Christ signifie le triomphe de Dieu sur le pouvoir des ténèbres: par sa mort sur la croix, Jésus a conquis le mal. Nos péchés ont été cloués sur la croix et sont ainsi effacés par l'immense amour que le Christ nous témoigna au moment de sa mort. Aujourd'hui, alors que nous célébrons Pâques, nous nous rappelons ce qui est essentiel dans la vie. Notre rapport à Dieu est l'élément le plus vital et le plus essentiel de nos vies; notre manière d'aimer et de nous occuper les uns des autres découle directement de cette intimité particulière avec Dieu.

La résurrection du Christ est également la fête titulaire de notre petit monastère et donc une journée de grandes réjouissances pour nous. Heureusement pour ceux qui vivent dans l'hémisphère nord, cette fête pascale coïncide également avec l'arrivée annuelle du printemps, une saison magique, remplie d'espoir et de promesses. Au cours de ces premiers jours du printemps, le soleil et la lumière sont au rendez-vous, les arbres se parent d'un nouveau feuillage et nous sommes témoins de la merveilleuse renaissance de la nature tout autour. Il est parfaitement approprié que le renouvellement intérieur apporté par la grâce de Pâques coïncide avec le renouvellement visible qui se produit dans notre univers!

Cet agréable matin de Pâques, nous nous sommes levés plus tard qu'à l'accoutumée pour chanter les Laudes. C'était la chose à faire après la belle mais longue vigile de Pâques de la nuit dernière. Nos corps fatigués nous font toujours savoir quand nous avons besoin d'un peu plus de repos. Comme c'est la coutume à Noël et à Pâques, un merveilleux bol de chocolat chaud et des croissants chauds nous attendaient ce matin pour le petit-déjeuner. Je tiens tout particulièrement aux coutumes monastiques qui agrémentent la célébration de ces jours saints et les rendent inoubliables. Il y a plusieurs façons de faire la fête dans un monastère, d'exprimer notre joie simple et profonde d'exister quotidiennement en présence du Seigneur; la nourriture n'est qu'une façon parmi d'autres. Et en parlant de nourriture, je dois me hâter quelque peu ce matin pour préparer le repas d'aujourd'hui. Le menu doit refléter de quelque manière la fête, ainsi que la joie que nous ressentons devant la splendeur de la résurrection. J'ai prévu le menu au complet longtemps à l'avance de manière à m'assurer qu'il soit à la fois festif et réalisable. En effet, je ne pourrai pas passer beaucoup de temps dans la cuisine : des jours comme aujourd'hui, les offices sont beaucoup plus longs et nous passons beaucoup de temps à prier, à chanter et à réfléchir comme il se doit! Pour commencer, j'ai opté pour une entrée simple : du melon frais avec du yogourt et un soupçon de menthe. Le melon et la menthe sont si rafraîchissants et annoncent les bonnes choses à venir plus tard dans l'été. Pour le repas principal, j'ai prévu des crêpes farcies à la bette à cardes, au fromage et aux œufs durs. J'ai préparé les crêpes hier, puis je les ai conservées au réfrigérateur. Je n'ai plus qu'à les réchauffer à temps pour l'heure du repas. Les crêpes sont une solution facile pour tout repas festif : elles sont faciles à préparer et on peut les farcir avec à peu près n'importe quoi – une simple ratatouille, du jambon et du fromage, de la bette à cardes ou des épinards, des œufs durs. Les crêpes sont également délicieuses en dessert et, encore une fois, on peut les apprêter de maintes façons en variant les fruits utilisés en garniture. Le résultat est toujours savoureux et mettra l'eau à la bouche de tout un chacun! Lorsqu'on prévoit servir des crêpes et qu'on les prépare la veille comme j'ai fait moi-même hier, on doit les réfrigérer et les remplir de garniture à la dernière minute avant de les enfourner. Je verse toujours un peu de crème épaisse ou de crème moitié-moitié par-dessus avant de les passer au four pour les humecter. C'est mieux que n'importe quelle sauce ou autre astuce utilisée à cette fin. Après le repas principal, une salade croquante et un bon chèvre suivront. Et pour couronner le tout, un dessert aux fruits et à la crème prise – facile à préparer et délicieux. Bien qu'un bon repas soit essentiel à la fête d'aujourd'hui, je ne prévois pas passer toute la journée dans la cuisine; il me faut un peu de temps supplémentaire pour prier tranquillement, pour marcher dans les champs et certainement pour me distraire un peu avec les animaux de la ferme, surtout nos agneaux récemment venus au monde. Le Christ est ressuscité, Alléluia, Alléluia !

*Les saules laissent tomber une pluie verte et dorée*
*Lors des fréquentes averses d'avril.*

GLADYS ROOT SWARTZ

# Melon au yogourt et à la menthe fraîche

3 petits melons mûrs

4 c. à soupe de jus de citron, fraîchement pressé

1 contenant de yogourt nature faible en matières grasses de 450 g (16 oz)

Sel et poivre noir du moulin, au goût

Quelques feuilles de menthe fraîche, hachées finement et émincées

Couper chaque melon en deux. Nettoyer l'intérieur et jeter les pépins. Arroser chaque moitié de quelques gouttes de jus de citron.

Mettre le yogourt dans un bol. Ajouter le jus de citron restant, le sel, le poivre et une partie de la menthe fraîche et bien mélanger. Réfrigérer jusqu'à ce que le mélange soit froid.

Au moment de servir, remplir chaque melon du mélange au yogourt. Saupoudrer chaque melon de menthe fraîche. Servir froid.

6 portions

# Crêpes à la bette à carde et au fromage

**Pour les crêpes :**

4 œufs
2 c. à soupe d'huile végétale
190 g (1 ¼ tasse) de farine
Une pincée de sel
1 litre (4 tasses) de lait
Beurre fondu ou huile pour la poêle

**Pour la garniture :**

2 c. à soupe de beurre
1 oignon, haché
480 g (1 lb) de bette à carde fraîche, lavée,
   cuite et hachée
4 œufs durs, hachés
Sel et poivre
8 tranches de gruyère ou de fromage suisse
8 tranches de jambon cuit (facultatif)
250 ml (1 tasse) de crème épaisse

**Crêpes :**

Mettre les œufs, l'huile, la farine et le sel dans un grand bol. Battre à l'aide d'un fouet ou d'un batteur à main, puis ajouter le lait, 250 ml (1 tasse) à la fois, tout en battant. La pâte devrait avoir la consistance d'une crème épaisse et être dépourvue de grumeaux. Si la pâte est trop épaisse, ajouter 1 ou 2 c. à café (1 ou 2 c. à thé) d'eau froide et continuer de mélanger jusqu'à obtention d'une pâte légère et lisse. Réfrigérer 1 ou 2 h avant de cuire les crêpes.

Chauffer une poêle de 15 ou de 20 cm (6 ou 8 po) à feu vif et brosser légèrement toute la surface avec un peu de beurre fondu. Verser environ 60 ml (¼ tasse) de pâte dans la poêle et immé-diatement faire tourner la pâte pour couvrir entièrement le fond. Cuire de 1 à 1 ½ min, jusqu'à ce qu'elle commence à dorer sur les bords. La tourner à l'aide d'une spatule et cuire l'autre côté 1 min. Lorsque la crêpe est prête, la faire glisser soigneusement sur une assiette plate. Brosser la poêle de nouveau avec le beurre et répéter jusqu'à ce que la pâte soit épuisée. Réserver les crêpes cuites pendant la préparation de la garniture.

Note : Les crêpes peuvent être préparées jusqu'à une journée à l'avance et conservées sous couvert au réfrigérateur.

**Garniture :**

Dans une poêle autre qu'en aluminium, faire fondre 1 c. à soupe de beurre et faire revenir doucement les oignons jusqu'à ce qu'ils soient translucides. Ajouter la bette à carde et cuire 1 ou 2 min, puis éteindre le feu. Ajouter les œufs, le sel et le poivre au goût et bien mélanger.

Préchauffer le four à 150 °C (300 °F). Enduire du reste du beurre un plat de cuisson de 23 x 33 cm (9 x 13 po). Mettre une tranche de fromage sur chaque crêpe, puis une tranche de jambon, et enfin 2 c. à café (2 c. à thé) combles du mélange de bette à carde le long du centre. Rouler et placer soigneusement dans le plat de cuisson côté couture vers le bas. Bien tasser les crêpes farcies l'une sur l'autre. Lorsque toutes les crêpes sont dans le plat, verser la crème épaisse par-dessus et les cuire au four 15 à 20 min. Servir chaud.

8 portions

# Mesclun au chèvre

480 g (1 lb) de mesclun
1 petit oignon rouge, en tranches fines
6 tranches de fromage de chèvre
6 tranches de baguette
Huile d'olive extravierge, au besoin
6 brins de romarin (ou de thym)

### Vinaigrette

8 c. à soupe d'huile d'olive
3 c. à soupe de vinaigre de vin
1 c. à café (1 c. à thé) de jus de citron,
    fraîchement pressé
Sel et poivre du moulin, au goût

Laver, rincer et bien sécher le mesclun et mettre dans un saladier. Ajouter les oignons et mélanger délicatement.

Préchauffer le four à 180 °C (350 °F) ou préchauffer le gril. Mettre 1 tranche de chèvre (ou l'émietter) sur chaque tranche de pain. Arroser de quelques gouttes d'huile d'olive et mettre un brin de romarin par-dessus en l'enfonçant dans le fromage. Mettre les tranches de pain dans un plat allant au four et mettre au four ou sous le gril jusqu'à ce que le fromage bouillonne et commence à fondre.

Préparer la vinaigrette en mélangeant tous les ingrédients. La verser sur la salade, mélanger et répartir également dans six assiettes de service.

Mettre une tranche de pain au fromage au centre de chaque assiette de salade. Servir immédiatement.

8 portions

# Poires à la crème pâtissière

4 grosses poires mûres (ou 6 petites poires)
250 ml (1 tasse) de lait
3 œufs
110 g (½ tasse) de sucre granulé
1 ½ c. à café (1 ½ c. à thé) d'amidon de maïs
2 c. à soupe de cognac ou d'eau-de-vie aux
    poires, ou 1 c. à café (1 c. à thé) d'extrait
    de vanille
Beurre pour graisser le plat de cuisson
Muscade, fraîchement râpée de préférence
Sucre glace

Préchauffer le four à 180 °C (350 °F). Peler, couper en deux, évider et réserver les poires. Dans un bol à mélanger, fouetter le lait, les œufs, le sucre, l'amidon de maïs et le cognac jusqu'à ce qu'ils soient bien mélangés.

Beurrer généreusement un grand plat de cuisson de 23 x 33 cm (9 x 13 po). Verser une mince couche de crème pâtissière dans le plat et enfourner 2 min jusqu'à ce que la crème soit prise. Retirer du four et disposer les poires par-dessus. (À ce stade, vous pouvez saupoudrer un peu de sucre granulé sur les fruits si désiré.) Verser le restant de la crème sur les fruits et saupoudrer légèrement de muscade.

Cuire au centre du four environ 40 min, jusqu'à ce que la crème soit prise et commence à dorer un peu. Retirer du four et saupoudrer de sucre glace. Servir chaud.

Note : Les poires dans cette recette peuvent être laissées en moitiés ou coupées en tranches fines.

8 portions

# Bénédiction du repas pascal

Aujourd'hui, tout est baigné de lumière :
Laissez donc les cieux se réjouir et la terre être heureuse.
Car le Christ est véritablement ressuscité des morts,
Notre source véritable et infinie de joie !

Canon pascal byzantin

« Mars venteux et avril pluvieux font le mai gai et gracieux », affirme le vieux proverbe. Il est vrai qu'en mars et en avril, les pluies saisonnières incessantes sont une épreuve d'endurance, mais quand je pense au résultat final – ces tulipes magiques, ces jacinthes et ces magnifiques lilas parfumés qui ensoleillent plus tard nos journées de mai –, la pluie est un inconvénient mineur. De toute façon, par des journées pluvieuses comme aujourd'hui, j'ai plus de temps à consacrer à l'écriture. Et comme j'ai toujours un peu de retard dans ce domaine, je remercie le Seigneur de m'accorder cette occasion. La création littéraire, presque tout autant que la cuisine ou le jardinage, peut nous apporter tant de joie et d'énergie nouvelle dans nos vies personnelles. Certes, certains jours, l'écriture est un fardeau et une lourde tâche ; à ces occasions, je dépose ma plume. Mais à d'autres moments, les heures passées à écrire sont un temps de pur contentement et d'illumination.

Une des belles coutumes que nous observons au monastère après la longue vigile de Pâques est la bénédiction traditionnelle de divers aliments et le partage avec nos invités. La coutume nous vient d'une époque reculée et s'explique par le fait qu'après le long jeûne du Carême, les chrétiens d'Europe et du Moyen-Orient adoraient rompre la pratique de la pénitence par une célébration joyeuse en compagnie de leur famille et de leurs frères chrétiens. Ensemble, ils cassaient la croûte et partageaient leurs délices en l'honneur du Seigneur ressuscité. Ils apportaient habituellement un panier rempli de pain frais de Pâques, d'œufs durs et de fromage, de saucisse et de jambon, de radis frais et d'asperges et de pâtisseries et autres sucreries jusqu'à l'église. À la fin de la liturgie de Pâques, la nourriture était bénie par le prêtre. Ensuite, une partie était consommée sur place et le reste était emporté à la maison pour le repas principal de la journée. Ici au monastère, au terme de notre liturgie de Pâques, nous nous réunissons autour de la table de la salle à manger où toutes sortes d'aliments et des mets sont disposées : des œufs, du fromage, du pain, des gâteaux, des canapés et des tapas, des petits sandwiches, des herbes, des champignons, des fruits et des olives, des jus de fruit et du vin. Le tout est ensuite béni, chaque type de nourriture de façon particulière. Puis, un petit agneau pascal, habituellement le dernier-né du troupeau, est béni pour commémorer le Christ, notre Agneau de Dieu immolé. L'agneau est reconduit à la grange pour rejoindre le troupeau alors que les convives commencent à déguster la nourriture qui vient d'être bénie. Quelques-uns des récits des Évangiles nous relatent comment le Seigneur ressuscité partageait la nourriture et le vin avec ses disciples pendant la nuit de Pâques, attestant de l'importance que le Fils de l'homme accordait à la nourriture. Cette belle tradition de bénir la nourriture que nous consommons à Pâques, le jour de la Transfiguration – de même qu'avant chaque repas comme nous le faisons ici au monastère –, est un rappel du caractère très sacré de la nourriture. C'est également un puissant rappel de l'immense générosité de celui qui quotidiennement nous donne les bonnes choses de cette terre.

Entre autres petits amuse-gueules préparés cette année pour la bénédiction traditionnelle de la nuit de Pâques, on trouve : une quiche aux asperges, des croquettes aux épinards et au jambon, du chou-fleur frit, des œufs farcis et bien sûr le célèbre pain de Pâques appelé « pascha ». La quiche est découpée en petites portions égales pour offrir une bouchée à tous les convives. Voici quelques exemples rapides de nos recettes « pascales » :

*Pourvu que tous les avrils amènent*
*Le doux renouveau de tout ce qui pousse ;*
*Pourvu que l'herbe verdisse de nouveau,*
*Pourvu que le ciel d'avril soit bleu*
*Je croirai que Dieu veille*
*Sur sa grande terre froide et brune,*
*Afin de bénir son mystère futur*
*De feuille, de bourgeon et de fleur à venir.*

Auteur inconnu

# Quiche aux asperges

**Fond de tarte :**

1 œuf

150 g (1 tasse) de farine

1 bâton de beurre doux ou margarine

5 c. à soupe d'eau glacée

Une pincée de sel

480 g (1 lb) d'asperges fraîches

4 œufs moyens, légèrement battus

240 g (8 oz) de fromage emmenthal, coupé en
   petits morceaux

160 ml (²/₃ tasse) de crème épaisse ou crème
   moitié-moitié (11,5 % M.G.)

3 bouquets de persil frais, hachés finement

Sel et poivre du moulin, au goût

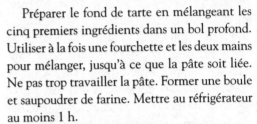

Préparer le fond de tarte en mélangeant les cinq premiers ingrédients dans un bol profond. Utiliser à la fois une fourchette et les deux mains pour mélanger, jusqu'à ce que la pâte soit liée. Ne pas trop travailler la pâte. Former une boule et saupoudrer de farine. Mettre au réfrigérateur au moins 1 h.

Lorsque la pâte est prête à être abaissée, saupoudrer suffisamment de farine sur la table et abaisser doucement la pâte, en l'étirant dans toutes les directions. Beurrer généreusement une assiette à tarte de 20 ou de 23 cm (8 ou 9 po) et y disposer soigneusement la pâte abaissée. La pâte doit être manipulée uniquement avec les doigts en tout temps. Canneler les bords, couvrir de papier d'aluminium et mettre au four à 120 °C (250 °F) environ 10 à 12 min.

Retrancher les bouts durs des asperges et les couper en deux. Faire bouillir environ 5 min. Égoutter à fond, puis sécher avec du papier absorbant.

Battre les œufs dans un bol ; ajouter le fromage, la crème, le persil, le sel et le poivre. Bien mélanger le tout jusqu'à obtention d'un mélange homogène. Verser dans le fond de tarte précuit en lissant avec une fourchette pour l'égaliser. Disposer les pointes d'asperge en soleil au centre du mélange. Les pointes d'asperge devraient toucher le bord de la quiche. Disposer les autres moitiés d'asperge dans les trous. Cuire au four à 180 °C (350 °F) environ 30 min. Servir chaud ou froid (pour servir froid, réfrigérer au moins 1 h). Couper soigneusement en petites portions pour servir.

Rendement : 10 à 12 bouchées

# Croquettes aux épinards et au fromage

1 oignon, haché finement
2 œufs
40 g (1 tasse) d'épinards, hachés et cuits
3 tranches de jambon cuit, hachées finement
250 ml (1 tasse) de chapelure
140 g (1 tasse) de fromage, râpé
1 c. à café (1 c. à thé) de jus de citron,
    fraîchement pressé
1 c. à soupe d'huile végétale
Sel et poivre, au goût
Farine
Huile végétale pour la friture

Faire revenir les oignons doucement. Battre un œuf dans un bol profond. Ajouter les oignons, les épinards cuits (égouttés complètement), le jambon et la chapelure. Bien mélanger, puis ajouter le fromage, le jus de citron, 1 c. à soupe d'huile, le sel et le poivre et bien mélanger. Mettre ce mélange au réfrigérateur au moins 1 h.

Battre un autre œuf. Retirer le mélange aux épinards du réfrigérateur et façonner en 8 à 10 petites croquettes de 6 cm (2 1/2 po). Tremper dans l'œuf battu et rouler dans la farine. Frire en profondeur dans l'huile végétale chaude jusqu'à ce qu'elles soient dorées. Égoutter sur un papier absorbant et servir chaud.

4 portions

# Chou-fleur frit

*C*e chou-fleur frit est idéal en hors-d'œuvre ou pour faire des tapas.

1 gros chou-fleur
50 g (1/3 tasse) de farine blanche
40 g (1/3 tasse) de fromage parmesan, râpé
Sel et poivre du moulin, au goût
1 œuf, battu
125 ml (1/2 tasse) de bière légère
Une bonne huile végétale pour la friture

Remplir une grande casserole d'eau, ajouter une pincée de sel, le chou-fleur et porter à ébullition. Faire bouillir environ 15 min, jusqu'à ce que le légume soit cuit mais encore ferme. Rincer à l'eau froide et égoutter. Couper les fleurons soigneusement pour les préserver puis couper les fleurons en deux.

Mettre la farine dans un bol moyen ; ajouter le fromage, le sel et le poivre. Bien mélanger et creuser un puits au centre. Mettre l'œuf dans le puits. Ajouter la bière doucement et tourner la farine dans le liquide à l'aide d'une fourchette. Bien mélanger et laisser reposer environ 45 min.

Verser suffisamment d'huile dans une poêle et la faire chauffer à feu moyen-vif. Tremper environ 3 morceaux de chou-fleur à la fois dans la panure en secouant doucement l'excès avant de les mettre dans la poêle. Faire frire le chou-fleur environ 3 min en s'assurant de le tourner. Lorsque le chou-fleur est doré, le retirer soigneusement et le réserver sur une grande assiette recouverte d'un essuie-tout pour égoutter l'excès d'huile. Lorsque tous les fleurons sont cuits, ils peuvent être servis à température de la pièce ou réchauffés au four à 65 °C (150 °F) quelques minutes, après avoir retiré le papier absorbant.

8 portions

# Œufs farcis au pesto

10 œufs durs, écalés
80 ml (1/3 tasse) d'huile d'olive, et un peu plus
   pour arroser
3 grosses gousses d'ail, pelées
12 feuilles de basilic frais
Sel et poivre, au goût

Couper les œufs en deux sur la longueur. Retirer soigneusement les jaunes et les mettre dans un bol. Les écraser à l'aide d'une fourchette.

Mettre l'huile, l'ail et les feuilles de basilic dans un mélangeur et réduire en une purée lisse. Ajouter le sel et le poivre au goût et mélanger de nouveau. Ajouter ce pesto aux jaunes d'œuf écrasés et bien mélanger. Farcir les blancs d'œufs avec le pesto. Disposer les moitiés d'œuf farcis sur une grande assiette et servir.

10 portions

# Pain pascal

*Voici le pain qui fortifie le cœur de l'homme et s'appelle donc le soutien de la vie.*
MatthewHenry

Une fois que la fête pascale a été célébrée au monastère, la fatigue naturelle ressentie pendant tout le Carême arrive à terme. Au moment où le Carême se termine et Pâques est célébrée dans la joie, nous sommes tous dynamisés après voir traversé un long et rude hiver. Nous sommes profondément reconnaissants de faire la transition vers le printemps, une saison qui heureusement coïncide avec nos célébrations pascales et nous inspire dans nos labeurs. Les campagnards, y compris les moines et les nonnes qui sont les intendants attentionnés de la terre qui leur est confiée, commencent à souhaiter ardemment l'arrivée du beau temps afin de pouvoir travailler à l'extérieur quand les premiers crocus font leur apparition dans la neige. Maintenant que la boue de la fin de mars et du début d'avril est presque toute séchée, la nouvelle verdure de nos champs pousse de plus en plus haut et sera bientôt prête pour donner en pâture à nos moutons. C'est un spectacle réjouissant que de voir les brebis et les agneaux nouveau-nés prendre le soleil et goûter aux tendres brins d'herbe par une journée ensoleillée. Et, bien entendu, j'apprécie leur doux bêlement ! Notre jardin est en pleine éclosion, arborant un tableau attrayant de couleurs et de formes : narcisses, tulipes, anémones, iris japonais, pensées hâtives, entre autres. Avril et mai sont véritablement les mois des bulbes puisque les plantes actuellement en fleur proviennent de bulbes. Pour moi, Pâques et le printemps sont une seule et même saison, une saison de foi, d'espoir, de renouveau, de renaissance et de vie nouvelle, et tout cela en raison de la résurrection du Christ !

Cette semaine au petit-déjeuner, nous avons mangé des tranches de pain cuit et béni lors de la veillée pascale. La plupart des monastères autour du monde ont leurs propres recettes de pain qui sont habituellement associées aux célébrations et aux fêtes spéciales. Aussi, dans notre propre monastère, nous avons des recettes de pain pour l'Avent, Noël, le Carême et, bien sûr, Pâques. À bien des égards, chaque pain symbolise la saison et, plus essentiellement, le Christ lui-même qui a dit à ses disciples : « Je suis le pain de la vie ». Ces jours-ci, je ne fais pas autant de pain qu'auparavant alors que je préparais chaque semaine une grande quantité de pain pour vendre dans une boutique locale d'aliments de santé. Cependant, quand arrivent Noël et Pâques, il n'est rien de plus gratifiant pour moi que de cuire des pains maison que l'on mange au monastère les jours de fête. Peu importe que la recette soit simple ou non : ce qui importe, c'est l'élément de nouveauté et de fraîcheur, le plaisir que nous éprouvons à croquer dans le nouveau pain béni, un véritable symbole de la fête et de la saison.

La recette ci-dessous est plutôt rapide et simple et tout le monde peut la préparer à la dernière minute. J'utilise habituellement des moules ronds pour cuire le pain à bénir après la veillée pascale, mais on peut utiliser les moules à pain rectangulaires habituels.

*Quiconque possède un bulbe possède le printemps.*

ANONYME

# Pain pascal

1 sachet de levure
4 c. à soupe de miel
625 ml (2 ½ tasses) d'eau tiède
1 c. à café (1 c. à thé) de sel
50 à 60 g (⅓ tasse) de cassonade (sucre roux)
   ou de sucre blanc
90 g (½ tasse) de raisins
1¾ c. à soupe de shortening
600 g (4 tasses) de farine blanche
600 g (4 tasses) de farine de blé entier

Dissoudre la levure et le miel dans 125 ml (½ tasse) d'eau tiède. Dans un bol profond ou casserole, mélanger les 500 ml (2 tasses) d'eau restante avec le sel, le sucre, les raisins et le shortening. Ajouter ensuite le mélange à la levure et ajouter doucement la farine.

Pétrir la pâte pour la rendre lisse et élastique. Mettre la pâte dans un bol graissé, couvrir d'une serviette et mettre dans un endroit chaud jusqu'à ce qu'elle ait doublé de volume. Dégonfler par un coup de poing au centre et laisser gonfler de nouveau.

Répartir la pâte également dans les trois moules à pain graissés. Laisser gonfler et doubler de nouveau. Avec un couteau mince, faire le signe de la croix au centre de chaque pain. Cuire au four à 180 °C (350 °F) environ 30 min.

Rendement : 3 pains moyens

## Bénédiction pour le pain pascal

Seigneur Jésus-Christ, notre Dieu et Sauveur ressuscité,

Tu es le pain des anges, le pain qui donne la vie éternelle.

Tu es descendu du ciel pour nous

Et tu nous as nourris avec la nourriture spirituelle de tes dons divins.

Bénis ce pain et la nourriture à cette table,

Comme tu as béni les cinq pains dans une contrée sauvage.

Bénis aussi tous ceux qui en mangeront.

Que ce pain et cette nourriture bénis soient une source de santé physique et spirituelle

Pour tous ceux qui en mangeront.

Car tu es saint, et nous te rendons gloire,

Ensemble avec le Père et le Saint-Esprit,

Maintenant et pour des siècles des siècles.

*Amen*

# Éloge du riz

*Vivre notre égoïsme signifie s'arrêter aux limites humaines et empêcher notre transformation en Amour divin.*

Carlo Carretto

Les derniers jours d'avril, lorsque le temps le permet, sont passés à effectuer un travail intensif dans le jardin : nettoyage des déchets de l'hiver, ratissage des feuilles sur les sentiers du jardin, préparation des plates-bandes pour les plantations, réparation des clôtures et des plates-bandes endommagées, évaluation du sol, ajout de compost aux plates-bandes et enfin plantation des jeunes pousses elles-mêmes. Ici, dans notre jardin du monastère, nous investissons beaucoup dans la main-d'œuvre pour réaliser nos travaux ! Cela va nous rapporter grandement à la fin : une abondance de produits biologiques frais pour la table. Notre jardin clôturé, rustique dans sa simplicité monastique, a été au fil des années un endroit de consolation et de joie, un enclos où les légumes, les fleurs et les herbes poussent gaiement en harmonie et produisent généreusement, sous l'œil scrutateur et protecteur de saint Fiacre, le saint patron des jardiniers !

Alors que je travaille dans le jardin aujourd'hui, mes pensées se tournent vers la cuisine. Qu'est-ce que je prévois faire pour le repas du soir par une journée d'activité intense à l'extérieur, alors qu'il reste peu de temps pour les tâches à l'intérieur comme la cuisine ? L'idée de baser le repas principal sur le riz me vient tout bonnement à l'esprit. Le riz est bon à toute période de l'année. De plus, j'aime bien expérimenter et improviser avec le riz. Cette céréale magique convient à bien des « créations » et « transformations » dans notre humble cuisine de monastère. Au fil des ans, j'ai non seulement développé une complicité profonde avec le riz mais également un respect très sain pour un aliment de base si modeste.

Le riz est une merveilleuse céréale, une des plus répandues dans les cuisines du monde entier et aussi une des plus nourrissantes. Je prends souvent plaisir à préparer du riz au monastère. C'est un aliment si facile à préparer et si pratique. Le riz est riche en fer, en zinc, en vitamine B et en acide folique, éléments que nos corps utilisent quotidiennement pour produire de l'énergie. D'un point de vue culturel, le riz a toujours fait partie intégrante du régime de base de la Méditerranée, et donc du régime des monastères chrétiens de cette partie du monde, tout comme il a toujours fait partie du régime des moines bouddhistes du Japon et de l'Orient.

On prétend parfois que le riz fut introduit d'abord en Europe du sud – la France, l'Espagne et l'Italie – par les Sarrasins, la population musulmane qui envahit cette région de l'Europe. En Italie, l'humble aliment reçut le nom de *risotto*, alors qu'en France, on l'appela « riz » et en Espagne, *arroz*. Dans ces pays, le riz est tenu en haute estime jusqu'à ce jour, ce qui signifie qu'il est toujours servi séparément et non en accompagnement comme nous le faisons aux États-Unis. En général, je trouve que le riz est une céréale tellement utile et pratique qui peut accompagner viandes, légumes, poissons et œufs. En cas d'urgence et lorsque je n'ai pas prévu de plat pour accompagner un légume

ou un poisson en particulier, j'opte toujours pour le riz. Je sais que le résultat sera toujours agréable aux yeux et au palais. Alors que le mois d'avril tire à sa fin et que nous nous préparons à l'arrivée de mai, j'aime utiliser mes talents culinaires pour préparer des plats à base riz. Cet aliment se prête à tous les mets, de la soupe au dessert, car il a cette propriété unique de pouvoir être apprêté de multiples façons en toute saison. Il en va du riz comme des idées : les deux sont toujours en saison.

Plus concrètement, j'utilise toutes les marques et variétés de riz dans ma cuisine de tous les jours. J'ai toutefois une prédilection pour le riz arborio, qui est de rigueur en cuisine italienne à base de riz. Ce que le riz arborio a d'exquis est de produire une texture crémeuse tout en demeurant ferme et *al dente*. Ce soir, le plat principal consiste en un riz aux lentilles à la méditerranéenne, suivi d'une salade verte et d'un reste de compote de poires pour dessert. Ce plat est d'autant plus intéressant qu'il contient un apport complet en protéines pour la journée.

*Un jardin doit être aménagé en fonction de nos vies selon le cours qu'elles suivent.*

Isis
Spinola-Schwartz

*Ainsi mangeons-nous, ainsi travaillons-nous.*

Proverbe tchèque

# Risotto aux lentilles

280 g (1 ½ tasse) de petites lentilles

4 c. à soupe d'huile d'olive

4 gousses d'ail, émincées

1 oignon moyen, haché grossièrement

1 branche de céleri, en tranches fines

2 c. à soupe de thym séché

1 feuille de laurier

4 tomates italiennes, épépinées et hachées
    grossièrement

Sel et poivre du moulin au goût

285 g (1 ½ tasse) de riz arborio (ou autre)

2 c. à soupe de beurre

90 g (¾ tasse) de fromage parmesan ou
    pecorino romano, râpé

Faire tremper les lentilles environ 4 h, puis les égoutter. Cuire les lentilles dans environ 1,3 à 1,5 litre (5 à 6 tasses) d'eau bouillante salée pendant 5 min, puis couvrir, réduire le feu à doux et laisser mijoter environ 30 à 40 min, jusqu'à tendreté.

Faire chauffer l'huile dans une casserole assez grande ; ajouter l'ail, les oignons, le céleri, le thym et le laurier et faire revenir doucement à feu moyen-doux environ 4 à 5 min en remuant souvent. Ajouter les tomates, augmenter la chaleur à feu à moyen et poursuivre la cuisson 8 à 10 min de plus, jusqu'à l'obtention d'une sauce homogène. Ajouter les lentilles et l'eau restante, le sel et le poivre au goût. Ajouter le riz, remuer un peu, couvrir et laisser mijoter à feu moyen-doux 8 à 10 min, de plus jusqu'à ce que le riz soit tendre et que presque tout le liquide soit évaporé. Retirer la feuille de laurier. Ajouter le beurre et le fromage. Remuer doucement et servir. (Facultatif : il n'est pas nécessaire de mélanger le fromage râpé avec le riz à la fin ; il peut être servi séparément à la table pour accompagner le plat.)

Souvent, lorsque je prépare un plat au riz pour le repas principal, j'en fais cuire un peu plus pour le lendemain. Je peux alors en faire des croquettes de riz ou des tortillas de arroz. Les deux recettes accompagnent parfaitement tout plat aux légumes ou une salade ; sinon, on peut en faire un repas léger et délicieux en soi.

6-8 portions

# CROQUETTES DE RIZ DU MONASTÈRE

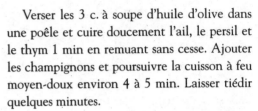

3 c. à soupe d'huile d'olive

2 gousses d'ail, émincées

3 brins de persil, hachés finement

1/2 c. à café (1/2 c. à thé) de thym séché

240 g (4 tasses) de champignons, hachés grossièrement

390 g (3 tasses) de riz cuit

2 œufs

Sel et poivre du moulin, au goût

40 g (1/3 tasse) de fromage parmesan râpé ou de mozzarella, coupé en petits morceaux

Farine de blé entier, au besoin

Chapelure, au besoin

Huile végétale ou d'olive pour la friture, au besoin

Verser les 3 c. à soupe d'huile d'olive dans une poêle et cuire doucement l'ail, le persil et le thym 1 min en remuant sans cesse. Ajouter les champignons et poursuivre la cuisson à feu moyen-doux environ 4 à 5 min. Laisser tiédir quelques minutes.

Dans un grand bol, mettre le riz et ajouter 1 œuf, le sel et le poivre au goût. Mélanger parfaitement. Humecter les mains sous l'eau froide courante puis façonner le mélange au riz en boules de la taille d'un citron. Percer un trou au centre de chaque boule avec le majeur, y mettre 1 c. à café (1 c. à thé) de mélange aux champignons et une plus petite quantité de fromage. Colmater le trou avec du riz.

Rouler les boules dans la farine de blé entier, les tremper dans un œuf bien battu, puis les rouler dans la chapelure. Faire frire en profondeur dans l'huile chaude jusqu'à ce que tous les côtés soient dorés et croustillants. Servir chaud ou du moins tiède.

Environ 6 portions

Mai

# SAINT JOSEPH L'ARTISAN

*Ils sont vraiment moines s'ils vivent du travail de leurs mains, comme nos pères et les Apôtres.*

RÈGLE DE
SAINT BENOÎT

Mai est le temps de l'année où les vergers de la vallée de l'Hudson resplendissent. Au début, juste avant la floraison des arbres, on peut percevoir les couleurs subtiles gris brumeux et vert tendre des nouvelles feuilles. Ensuite, au fil des jours, c'est un rare plaisir que de voir le spectacle ravissant des mêmes arbres en fleur. J'ai bien peur de m'emporter ici, toutefois, car ils ne seront pas en fleur avant quelques jours encore.

Aujourd'hui est un jour de printemps frais, humide et sans nuage, un de ces jours de début de saison où il fait bon travailler tranquillement dans le jardin. Aujourd'hui, nous honorons également la mémoire de saint Joseph l'artisan, un modèle pour les moines et les ouvriers de tous les temps et de toutes les saisons. Saint Joseph était robuste et fort et ne craignait pas de s'investir complètement dans son travail de charpentier. Il le fit pour soutenir la famille sainte qu'on lui avait confiée. C'est une des tragédies de notre

époque de dénigrer le travail manuel et ceux qui s'y adonnent encore, qu'ils soient d'humbles immigrants, comme ceux que l'on aperçoit ces jours-ci parcourir les campagnes, ou des ouvriers de la classe moyenne à l'usine, ou des femmes de ménage dans nos maisons et nos bureaux, ou des artisans tranquilles : tous s'emploient à leur métier du mieux qu'ils peuvent. Comment pouvons-nous à ce point leur manquer de respect alors que nous avons besoin d'eux et que nous comptons tellement sur leur aide ? Je pense souvent à saint Joseph, l'humble charpentier, lorsque je m'occupe dans le jardin. Mon cœur éprouve alors de la reconnaissance envers Dieu pour cette grâce très spéciale accordée aux moines de vivre du travail de leurs mains comme saint Joseph l'a fait et comme saint Benoît le prescrit dans sa *Règle*. Le travail manuel, lorsque accompli dans la tranquillité et la dignité humaine, aide le moine à garder contact avec la réalité et l'humilité, en solidarité avec les autres ouvriers. C'est en effet une source de bien des bénédictions et une raison de notre contentement intérieur.

Il y a plusieurs années, un jeune homme qui venait faire des retraites de temps en temps à notre monastère est parti pour la France afin d'y passer l'été. Lors de son voyage, il visita des monastères français. À son retour, je lui demandai si quelque chose l'avait impressionné particulièrement à propos des monastères. Il me répondit rapidement que les jardins des monastères, cultivés avec amour par les moines et les nonnes l'avaient impressionné. « Il y a une véritable vie dans les jardins, m'expliqua-t-il. On peut presque sentir le pouls de la vie des moines par le travail qui y est accompli. »

Ce commentaire m'a fait réfléchir sur l'histoire, le but et l'importance attachés à la vie quotidienne dans un monastère. Dans la plupart des monastères, l'entretien du jardin est considéré comme sacré. Au fil des âges, les moines et les nonnes ont pris à cœur le récit biblique selon lequel Dieu « prit l'homme, et le plaça dans le jardin d'Éden pour le cultiver et pour le garder » (Genèse 2:15). Depuis les débuts de la vie monastique dans le désert égyptien, le jardinage tombe sous la prescription divine de s'occuper de la terre. Les vies et les écrits de ces premiers moines et nonnes sont remplis d'histoires les dépeignant comme des jardiniers efficaces et passionnés. Puisque les jardins étaient cultivés dans des conditions désertiques difficiles, les moines élaborèrent patiemment et avec une grande sagesse les principes du jardinage monastique, des principes qui allaient être suivis par les moines pendant des siècles à venir. Aujourd'hui, il est bien établi que le jardinage monastique est aussi ancien que la vie monastique elle-même.

Cet après-midi, alors que je travaille activement dans le jardin, je commence à prévoir le menu pour le souper de ce soir. Un ami du monastère, un fermier local, s'est arrêté plus tôt avec de belles asperges. J'ai donc décidé d'élaborer un plat simple autour de celles-ci. Lors de ces journées bien remplies par le travail des plantations, le travail dans le jardin m'absorbe complètement, réduisant d'autant le temps à ma disposition pour préparer le repas du soir. En tant que jardinier et cuisinier, je dois m'efforcer de bien utiliser mon temps.

*Fleurs de pommiers, bourgeonnants, bercées*
*Par le doux vent de mai :*
*Des tasses débordantes de soleil*
*Des flocons de parfum, planant,*
*tombant en neige,*
*Et en pluie un peu partout !*

Lucy Larcom

# Salade-repas printanière

20 asperges fraîches, parées, légèrement
  bouillies ou étuvées
8 pommes de terre, petites à moyennes, pelées,
  bouillies dans de l'eau salée et coupées en
  tranches égales
4 œufs durs, écalés et coupés en deux sur la
  longueur
24 tomates cerises, lavées et séchées
20 olives noires ou vertes, entières ou
  dénoyautées

*Vinaigrette parfumée au romarin*
8 c. à soupe d'huile d'olive extravierge
6 c. à café (6 c. à thé) de vinaigre de vin rouge
  ou jus de citron, fraîchement pressé
1 c. à café (1 c. à thé) de moutarde de Dijon
Sel et poivre noir du moulin, au goût
1 brin de romarin, pilonné et haché finement

Disposer sur chaque assiette dans l'ordre :
5 turions d'asperge, 2 pommes de terre en tranches, 1 œuf coupé en moitiés, 6 tomates cerises
et 5 olives.

Préparer la vinaigrette à l'avance pour faire
infuser le romarin. Combiner tous les ingrédients et bien fouetter. Au moment de servir,
verser une petite quantité de vinaigrette sur les
asperges, les pommes de terre et les œufs. Servir
à température ambiante immédiatement après.
Cette salade est un repas en soi. Un fruit ou un
dessert léger suffit pour compléter.

4 portions

# Un mois joyeux

*Ce mois était le
mois de mai,
Et toutes les fleurs
sortirent pour
voir...*

Louise Moulton

Le merveilleux et gai mois de mai est enfin arrivé. J'attends patiemment son arrivée depuis des semaines. Mai est un mois particulièrement joyeux, car il est l'allié inséparable de la jeunesse, de l'amour, de la vigueur, de la chaleur et du renouveau de la vie. Nous nous sentons bien en mai, comme si nous étions tous jeunes à nouveau. Mai est également étroitement associé aux jardins et au jardinage, surtout dans un monastère comme le nôtre où nous sommes liés à la terre, à son intendance et à sa culture. Depuis le début d'avril, nous passons plusieurs heures tous les jours dans l'ambiance apaisante de notre jardin à travailler de façon soutenue et disciplinée. Tôt dans la saison, une grande partie du travail consistait à nettoyer les détritus et à préparer les plates-bandes pour les plantations. Cette tâche étant maintenant terminée, nous nous employons sans relâche à planter des graines et des semis. Une fois les plantations engagées, les travaux n'auront de cesse qu'en juin, quand tout sera terminé. Plus tard dans la saison, lorsque les laitues et les pois seront récoltés, nous entreprendrons une deuxième plantation pour l'automne.

Les moines ont toujours pris très au sérieux la consigne biblique selon laquelle on doit manger le fruit de notre labeur. En pratique, ceci signifie que les moines doivent travailler fort pour cultiver leurs légumes et leurs herbes et s'occuper de leurs vergers. Ils doivent toujours avoir à l'esprit qu'ils doivent produire suffisamment de nourriture pour la table du monastère. Et puisque le régime monastique, d'après *la Règle de saint Benoît*, est végétarien pour des raisons ascétiques, la culture des légumes est d'une importance essentielle à la vie quotidienne de la communauté.

Bien que la plupart des monastères aient des jardins, ils ne sont pas tous autosuffisants à cette période de l'année. Nous faisons tout notre possible en fonction de notre emplacement. Par exemple, à notre monastère, il n'y a pas de verger (seulement un pommier solitaire !), en partie parce que le sol est trop rocailleux mais également parce que la propriété du monastère est plutôt exiguë. Nos potagers de légumes et de fines herbes, toutefois, sont de bonne taille. Nous avons amplement de place pour cultiver toutes sortes de légumes et d'herbes. Des fleurs s'y trouvent également, car elles sont de bonnes compagnes pour les autres plantes. Personnellement, je prends énormément plaisir à voir les rangées de zinnias, de tagètes, d'asters et de cosmos intercalés parmi les rangées de légumes.

En poursuivant mon travail de plantation, je réfléchis aussi au résultat de mon labeur. Le travail dans le jardin est si intimement lié à celui dans la cuisine. C'est vraiment très simple si on y pense. Une bonne cuisine et un bon cuisinier dépendent tous deux entièrement des produits frais du jardin. Pour que la nourriture soit appétissante, les ingrédients doivent être frais et de la meilleure qualité. Le plat principal de ce soir est une sorte de timbale aux œufs, une bonne façon d'utiliser les œufs frais de nos poules. Je ne perdrais pas mon temps à préparer ce plat si je ne pouvais compter sur les œufs frais de notre petite ferme. Cette préparation à base de champignons et d'œufs sera accompagnée d'une simple assiette de pommes de terre bouillies parfumées au romarin et à l'ail et d'une salade verte fraîche : un mets simple mais raffiné pour une soirée de printemps.

*La nourriture provient des vies de ceux qui la préparent pour nous, avec toute leur sagesse, leur expérience et leur cœur.*

CAROL MAYBACH

# Timbale de champignons

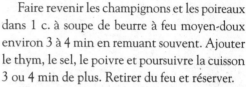

18 champignons blancs, coupés en petits
    morceaux

2 poireaux, les parties blanches seulement, en
    tranches fines

2 c. à soupe de beurre

1 c. à café (1 c. à thé) de thym séché

Sel et poivre, au goût

375 ml (1 ½ tasse) de crème épaisse

125 ml (½ tasse) de lait

6 œufs

4 brins de persil (ou de cerfeuil), hachés
    finement

Faire revenir les champignons et les poireaux dans 1 c. à soupe de beurre à feu moyen-doux environ 3 à 4 min en remuant souvent. Ajouter le thym, le sel, le poivre et poursuivre la cuisson 3 ou 4 min de plus. Retirer du feu et réserver.

Combiner la crème et le lait dans une casserole moyenne et porter au point d'ébullition à feu moyen sans laisser bouillir. Retirer du feu et réserver.

Dans un bol profond, battre les œufs à l'aide d'un batteur à main ou d'un fouet. Ajouter doucement le mélange à la crème tout en battant ou fouettant.

Beurrer généreusement 6 ou 8 ramequins. Étendre le mélange aux champignons et aux poireaux également dans chacun, puis verser le mélange aux œufs et à la crème par-dessus.

Cuire au bain-marie en plaçant les ramequins dans un grand plat de cuisson rempli d'eau jusqu'à mi-hauteur d'un ramequin, tout au plus, pour éviter les déversements dans le mélange lors de la cuisson. Cuire au four à 180 °C (350 °F) environ 30 à 35 min, jusqu'à ce que les timbales soient fermes et cuites. Retirer les timbales du four et laisser tiédir un peu avant de démouler. On peut les servir chaudes ou froides dépendant de l'occasion ou de la saison. Démouler délicatement, saupoudrer de persil ou de cerfeuil finement haché et servir.

6-8 portions

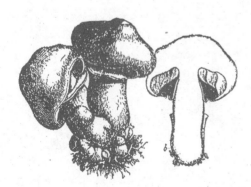

# Pommes de terre au romarin et à l'ail

8 pommes de terre d'assez bonne taille, pelées
et coupées en deux
Une pincée de sel
5 c. à soupe d'huile d'olive
2 brins de romarin, les feuilles enlevées et
hachées
3 gousses d'ail, hachées finement
Poivre du moulin, au goût

Faire bouillir les pommes de terre 12 à 15 min dans de l'eau salée, jusqu'à ce qu'elles soient cuites mais fermes. Égoutter et réserver.

Faire chauffer l'huile dans une poêle à feu moyen-doux. Ajouter le romarin et l'ail en remuant vivement et ajouter les pommes de terre tout de suite après. Remuer sans cesse pour dorer légèrement les pommes de terre de tous côtés. Lorsque les pommes de terre sont plus ou moins également enduites d'huile, saupoudrer de poivre du moulin. Servir immédiatement pour accompagner les timbales.

8 portions

# UNE SOUPE POUR LES JOURS PRÉCÉDANT L'ASCENSION

*[Ces jardins] sont, pour ainsi dire, dans un mouvement perpétuel qui les porte à agir toujours en bien ou en mal, selon la bonne ou la mauvaise conduite de leur maître, aussi récompensent-ils amplement les bons ouvriers et punissent-ils rigoureusement les misérables. [...] y voir tous les jours quelque petit ouvrage à faire, semer, planter, tailler, palisser, voir ses plantes croître, ses légumes embellir, ses arbres fleurir, les goûter, en régaler ses amis...*

JEAN-BAPTISTE LA QUINTINIE

Au Moyen Âge, le mois de mai était principalement considéré comme un symbole du renouveau de la vie et de la défaite incontestable de l'hiver. Les fermiers et les propriétaires (y com-

pris bien entendu les moines) accueillaient la nouvelle saison de plantation avec joie. Les monastères et les paroisses accomplissaient les processions d'usage, dont la bénédiction des champs, afin d'assurer une récolte saine et abondante. Ceci était particulièrement vrai pendant les jours précédant l'Ascension. D'autres gens, surtout de nature plus superstitieuse, construisaient d'énormes bûchers au sommet des montagnes et des collines et, souvent, dansaient autour des flammes en implorant les bénédictions de la « bonne déesse », la déesse de la fertilité. Cette déesse, bien sûr, symbolisait la terre mère, qui influençait le rythme des saisons et la température pour produire une récolte abondante en temps voulu. Peu importe l'approche adoptée par les peuples du Moyen Âge, qu'ils soient chrétiens ou païens, les prières et les rituels d'intercession accompagnaient toujours les plantations. En effet, il fallait beaucoup prier Dieu pour réussir la récolte. C'est dommage qu'en nos temps modernes, tant de gens aient perdu le sens de cette dépendance envers Dieu pour le bien-être de notre agriculture.

Le jardinage bien mené dans un monastère est à la fois une tâche et un art. Il compte sur l'expérience solide et les traditions héritées des moines jardiniers qui nous ont précédés. Par exemple, nous utilisons certaines méthodes et portons attention à certains détails qui témoignent de l'influence de nos anciens maîtres jardiniers. Ces méthodes ont l'avantage d'être éprouvées par le temps, peu coûteuses et donc monastiques. Elles ont maintes et maintes fois fait leurs preuves.

Un des principes qui a cours ici à notre monastère est la synchronisation de nos plantations avec le calendrier liturgique. Les saisons de dame Nature et les saisons de l'Église s'harmonisent merveilleusement bien au quotidien. Le Carême et Pâques, par exemple, sont des moments de renaissance spirituelle et ils ont lieu à un moment de l'année où le jardin renaît lui aussi. L'intendance des terres monastiques et l'entretien de nos jardins tirent leur inspiration de la célébration de la liturgie. La liturgie à son tour apporte une signification particulière à chaque saison.

Le fait de vivre pleinement le mystère du défilement des saisons aide le moine-jardinier à se sensibiliser à l'influence du climat local, à la bonne façon d'améliorer le sol, à la connaissance du bon moment pour planter et faire germer et au bon moment pour accroître les cultures et récolter les fruits de la récolte. En réglant son quotidien sur le rythme des saisons, le moine-jardinier acquiert une connaissance intime des arrivages de légumes pour utilisation dans la cuisine du monastère. La communauté du monastère et ses invités sont toujours reconnaissants envers le jardinier pour les merveilles de fraîcheur présentées à la table.

Ce soir, nous allons présenter certains de ces légumes sous forme de soupe. Une des raisons pour lesquelles les paysans de France, d'Italie et d'Espagne semblent toujours commencer par la soupe comme entrée tient au fait qu'en général les soupes assurent une transition en douceur vers le plat principal et la suite du repas. Une soupe chaude est toujours une entrée des plus appréciées, qu'il s'agisse d'un élégant dîner ou d'un repas familial et informel à la maison. Les moines (et la plupart des chefs que je connais) ont un fort penchant pour les soupes; je suis donc vulnérable à l'occasion à la critique selon laquelle je manque d'objectivité quant à leur importance. Quoiqu'il en soit, les soupes nourrissantes aux légumes semblent toujours convenir et peuvent être préparées longtemps à l'avance, puis congelées jusqu'au moment de les servir. L'important est de mettre la touche finale en y ajoutant juste assez de crème pour l'améliorer. Juste un peu de crème ou un jaune d'œuf bien battu fera des merveilles pour améliorer une soupe. La soupe de ce soir est une combinaison exquise de fruits et de légumes, faisant une fois de plus la preuve que les fruits ont bien d'autres usages à la table que celui de servir de dessert.

*Offrez-vous un jardin! La sorte importe peu pourvu que le sol soit léger, friable, sablonneux et chaud, ou sinon lourd et argileux. Installez-le sur une colline, ou laissez-le descendre une pente douce jusqu'en bas, ou s'affaisser dans un vallon verdoyant!*

WALAFRID STRABO

# Soupe aux pommes, aux carottes, aux poireaux et au fenouil

1,8 litre (7 tasses) de bouillon de légumes ou d'eau

250 ml (1 tasse) de vin blanc sec

2 pommes golden, pelées, évidées et hachées

2 carottes, pelées et coupées en tranches fines

2 poireaux, les parties blanches seulement, en tranches fines

3 bulbes de fenouil frais, hachés grossièrement

1 feuille de laurier

1/2 c. à café (1/2 c. à thé) de thym séché

Sel et poivre blanc, au goût

125 ml (1/2 tasse) de crème épaisse

1 petit contenant de yogourt nature faible en gras, en garniture

Combiner dans un faitout assez grand le bouillon de légumes, le vin, les pommes, les carottes, les poireaux, le fenouil, la feuille de laurier, le thym, le sel et le poivre. Porter rapidement à ébullition, puis réduire la chaleur à feu moyen-doux. Couvrir et laisser mijoter 20 à 25 min.

Passer la soupe dans un tamis en conservant le liquide. Retirer la feuille de laurier du mélange de légumes. Réduire les légumes en purée dans un mélangeur ou un robot de cuisine. Ajouter le liquide conservé et bien mélanger.

Réchauffer la soupe à feu moyen, y ajouter la crème et bien mélanger. À l'aide d'une louche, servir la soupe dans des assiettes creuses ou des bols et servir tiède ou chaude. Mettre 1 c. à soupe de yogourt au centre en garniture.

6 portions

# Souvenirs d'enfance

*L'enfance
annonce l'homme
Comme le matin
annonce le jour.*

John Milton

C'est une autre belle journée pour la plantation dans notre potager. Il fait soleil et les nuages sont hauts dans le ciel. Une douce brise semble souffler du sud. Le pommier et les lilas sont en fleurs et leur parfum embaume tout le monastère. Ce parfum rafraîchissant est un incitatif de plus, une sorte de tonique pour ceux qui labourent et plantent. Hier, j'ai planté des petites graines de chou, de choux de Bruxelles et de chou-fleur. Aujourd'hui, j'ai plusieurs variétés de haricots à planter, y compris des haricots romains qui poussent toujours très bien chez nous et sont un de mes préférés à la table. On peut aussi les congeler sans problème pour agrémenter l'hiver.

Mis à part l'aspect utilitaire, les jardins de monastère ont toujours été tenus en haute estime pour une raison spirituelle. Selon les Écritures, lorsque Dieu créa la terre, il se promena et conversa avec Adam et Ève dans le jardin du Paradis. Depuis la chute en disgrâce, nous tentons de recréer l'expérience du paradis en créant des jardins autour de nous.

Cette idée est particulièrement attirante pour les moines, car elle coïncide avec le véritable sens de l'existence monastique, qui est de vivre en communion avec Dieu. Les premiers moines entourèrent leur jardin d'un enclos, non seulement pour le protéger des bêtes affamées mais plus essentiellement pour symboliser le caractère sacré de cet espace. Le jardin devient donc un refuge pour nous où nous pouvons rencontrer Dieu. Même aujourd'hui, la clôture érigée autour de notre propre potager de légumes est un rappel constant qu'il s'agit d'un endroit véritablement spécial, une terre sacrée. Parfois en soirée, après les Vêpres, je m'y promène pour méditer en silence. Le travail s'est arrêté et pendant un moment je peux profiter de cette présence unique qui remplit tout le jardin.

Une des caractéristiques durables de la nourriture est de nous rappeler toujours quelques souvenirs enfouis de notre passé, nos racines ancestrales. Je me rappelle la remarque souvent répétée dans la cuisine quand j'étais enfant: « Voici comment grand-mère préparait ce plat » ou « Tante Véronique dans les Pyrénées préparait ce dessert certains jours, surtout les anniversaires ». La nourriture nous relie à notre passé et souvent à des personnes de ce passé chéri. C'est comme si en préparant un certain plat, nous retombions à nouveau en enfance. Nous retrouvons notre premier sentiment d'émerveillement et d'innocence. Parfois, tout ce qu'il nous faut est un arôme émanant d'une certaine préparation pour évoquer d'anciens souvenirs, des souvenirs précieux de notre enfance dans la maison ancestrale parmi tous ceux qui y ont habité. Ceci est particulièrement vrai dans le cas des desserts maison. Le dessert a cet attrait universel qui plaît à tous. En mangeant le dessert, nous redevenons les petits êtres que nous avons déjà été. J'ai vu des nonagénaires s'extasier devant de la crème glacée comme s'ils étaient des enfants, revivant les expériences réconfortantes et nourrissantes de l'enfance. La recette de dessert qui suit me fait toujours revivre de tels sentiments.

*Les gens assidus portent leurs fruits*
*Et maintenant courent à la rencontre du*
*Paradis*
*Qui exulte de toutes les sortes de fruits.*
*Ils entrent au Jardin ayant accompli des faits*
*glorieux*
*Et celui-ci remarque que les fruits des justes*
*Surpassent en excellence*
*Les fruits de ses propres arbres.*

SAINT ÉPHREM

# Pouding à la noix de coco

1,5 litre (6 tasses) de lait

230 g (2 tasses) de noix de coco, râpée (fraîche ou emballée)

440 g (2 tasses) de sucre

1 c. à soupe de beurre

Une pincée de sel

50 g (3/4 tasse) d'amidon de maïs

7 jaunes d'œuf, battus

Faire chauffer 750 ml (3 tasses) de lait dans une grande casserole. Ajouter la noix de coco, le sucre, le beurre et le sel. Cuire à feu moyen en remuant sans cesse environ 4 à 5 min, jusqu'à ce que le sucre et la noix de coco soient uniformément mélangés.

Dans une autre casserole, mélanger 750 ml (3 tasses) de lait et l'amidon de maïs sans les chauffer. Remuer l'amidon jusqu'à dissolution dans le lait (s'assurer d'éliminer les grumeaux). Incorporer les œufs en fouettant et bien mélanger.

Ajouter le mélange aux œufs au mélange à la noix de coco et faire chauffer à feu moyen-doux environ 15 à 20 min en remuant sans cesse, jusqu'à épaississement. (Ne pas faire bouillir.)

Rincer un plat de cuisson de 1,5 litre (6 tasses) à l'eau froide. Verser la crème chaude dans le plat mouillé et laisser tiédir. Mettre le plat sous le gril quelques minutes jusqu'à ce que la crème soit dorée sur le dessus.

Couvrir le pouding avec du papier d'aluminium et mettre au réfrigérateur quelques heures. Servir froid.

6-8 portions

# Un menu pour le jour de l'Ascension

Quelques scènes qui me tiennent à cœur :
Le Christ qui mange du poisson avec ses compagnons sur la plage.

Le Christ qui sèche ses pieds avec les cheveux de Marie-Madeleine.

Le Christ qui a un disciple préféré, « le disciple que Jésus aimait ».

Le Christ qui est impatient avec sa mère et ses disciples lorsqu'ils le dérangent dans son travail.

Le Christ qui compatit avec les disciples épuisés, trop fatigués pour faire le guet dans le jardin avant son arrestation.

Les déchus
Les criminels
Les infidèles
Les simples d'esprit
Les femmes stériles
Les aveugles, les malades, les fous, les violents : ce sont eux qui sont le Christ en chacun de nous. Si nous ne les aimons pas, c'est lui que nous n'aimons pas.
« J'étais étranger », a-t-il dit, « et vous ne m'avez pas recueilli ». L'étranger en nous qui est inacceptable ; le dieu inconnu.
« J'étais étranger, et vous ne m'avez pas recueilli. » Ne devons-nous pas prendre ce conseil au sérieux et tendre la main vers celui que nous craignons ?

M. C. Richards

Ce matin, après une pluie longuement attendue qui a duré deux jours, j'ai accueilli l'aube avec joie. La première lumière du jour était immaculée, parfaitement en accord avec la fête de l'Ascension que nous célébrons en ce jour. Aujourd'hui, nous sommes confirmés et raffermis dans la connaissance que le Christ, notre Sauveur, a atteint la fin de son pèlerinage terrestre. Il nous attend maintenant à bras ouverts pour que nous le rejoignions dans le ciel. Comme il a dit : Je vais vous préparer une place pour que là où je suis, vous puissiez y être également.

Notre premier jardin sur la propriété a été planté en 1978, l'année de l'établissement de notre petit monastère ici dans la vallée de l'Hudson de l'État de New York. Nous avons peiné au début en raison de la piètre qualité du sol ; il n'est guère mieux qu'un tas de cailloux. Le site du jardin faisait problème. Nous l'avions situé trop loin des bâtiments. Notre emplacement est très rural et la propriété est vallonnée et boisée ; le jardin était donc très accessible aux cerfs, aux ratons laveurs et autres animaux. Nous avons été trop ambitieux en créant un jardin trop grand pour nos besoins. Après une mauvaise récolte la première année, nous avons rapproché le jardin du monastère, à côté de la grange qui abrite notre troupeau de moutons. Cela a suffi pour dissuader les cerfs, qui n'aiment pas s'approcher de trop près de nos habitations, et a également facilité le transport de fumier de mouton vers le jardin. En outre, cela a permis de protéger le jardin des vents violents.

Notre jardin est biologique à cent pour cent. Nous l'engraissons avec le fumier de nos moutons et de nos poules, et le compost que nous amassons chaque année. C'est une tâche jamais terminée, car, comme je l'ai mentionné, le sol est pauvre et rocailleux. Nos premières légumineuses étaient petites et mal formées parce qu'elles n'ont pas pu pousser suffisamment en profondeur. Au début, nous n'avons même pas essayé de faire pousser des pommes de terre. Nous avons néanmoins persévéré, armés de ténacité et de patience, et nous avons grandement amélioré le sol depuis, y retirant le plus de roches possibles. Un grand nombre a servi à construire notre chapelle.

Le potager est divisé en deux sections d'égale grandeur. D'un côté, où de longues plates-bandes surélevées ont été aménagées, nous cultivons la laitue et les légumineuses, des épinards, de l'oseille, des pois, des poireaux, des oignons, des échalotes, des fleurs et quelques herbes. Dans l'autre moitié, nous avons planté au sol les légumes plus gros qui ont besoin d'espace : courges, citrouilles, concombres, tomates, aubergines, poivrons, haricots à rames, haricots à filet, bettes à carde, choux, brocolis, choux de Bruxelles et choux-fleurs. Nous avons également planté plusieurs variétés de pommes de terre. En plein centre du potager s'élève une statue de saint Fiacre, moine et patron des jardiniers. La statue est entourée de jardinières de fleurs. Nous implorons quotidiennement sa protection pour le jardin. Il y a deux petits carrés égaux, l'un aménagé devant la statue et l'autre derrière. Ces carrés particuliers sont exclusivement réservés aux fines herbes pour la cuisine : diverses variétés de basilic, du persil, du thym, de l'origan, de la coriandre, de la sauge, de l'aneth, du romarin et de l'ail. Nous avons un autre jardin de fines herbes au monastère que nous faisons sécher pour décorer, mais celui du potager est réservé à la cuisine.

Il me semble que c'était hier quand j'ai planté les premiers pois dans le jardin ; en fait, cela fait presque deux mois. C'était le 25 mars exactement, la fête de l'Annonciation. Les pois sont habituellement les premières semences que je plante, deux semaines avant les laitues et les radis. Il n'est donc pas surprenant que nous profitions très tôt de ce légume printanier au monastère et que nous le savourions avec plaisir. De la mi-mai à la mi-juin quand les pois arrivent en abondance, j'aime beaucoup préparer une soupe aux légumes verts frais pour le repas du soir. C'est souvent très délicieux et nourrissant. Je combine souvent les morilles (quand j'en trouve dans les bois à proximité) avec les petits pois pour créer une soupe savoureuse et onctueuse. Puisque les premiers pois ont été plantés dans notre potager le jour de l'Annonciation, il est plus qu'approprié que nous les récoltions et les consommions en cette glorieuse fête de l'Ascension du Seigneur, quand les jours terrestres de Jésus sont venus à leur fin et qu'il s'est élevé dans le ciel auprès de son Père.

# Soupe aux petits pois printaniers du monastère

3 c. à soupe de beurre ou huile d'olive de bonne qualité

2 poireaux, les parties blanches seulement, émincés

1 branche de céleri, émincée

240 g (3 ½ tasses) de morilles ou de champignons blancs, nettoyés et émincés

1,5 litre (6 tasses) de bouillon de légumes ou d'eau

360 g (3 tasses) de petits pois frais, écossés

Sel et poivre du moulin, au goût

2 jaunes d'œuf, battus

125 ml (½ tasse) de crème épaisse

Cerfeuil frais ou persil, haché finement pour la garniture

Dans une grande casserole, chauffer le beurre à feu moyen-doux. Ajouter les poireaux et le céleri. Remuer sans cesse 3 à 4 min. Ajouter les champignons et remuer 1 ou 2 min de plus. Ajouter le bouillon ou l'eau, les pois, le sel et le poivre au goût. Augmenter la chaleur à feu à moyen, couvrir et porter à ébullition.

Au point d'ébullition, réduire la chaleur à feu moyen-doux et laisser mijoter 25 à 30 min, jusqu'à tendreté des pois. Retirer du feu et laisser tiédir. Réserver.

Une fois tiédie, réduire doucement la soupe en purée dans un mélangeur en petites quantités. Au dernier remplissage, ajouter les œufs battus et la crème et bien mélanger.

Réchauffer la soupe dans la casserole et bien mélanger tous les ingrédients. Servir chaude et garnir de cerfeuil ou de persil haché finement.

4-6 portions

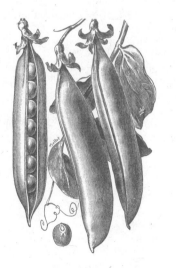

# Oseille au gratin pour l'Ascension de Notre-Seigneur

Comme l'oseille est une des premières plantes à pousser dans notre jardin tôt le printemps, j'essaie de l'incorporer dans plusieurs de mes recettes saisonnières. Elle a un goût plutôt suret et c'est un des légumes plus populaires dans toute la France. On l'utilise autant à la maison et dans les monastères pour une cuisine simple, que dans les restaurants de la haute cuisine française. Il y a d'innombrables façons d'apprêter ce délicieux légume. Cette recette plutôt simple plaira à la plupart des gens.

500 ml (2 tasses) d'eau
2 litres (8 tasses) d'oseille (ou d'épinards), coupée finement
3 à 4 c. à soupe d'huile d'olive
1 oignon moyen, émincé
2 jaunes d'œuf, battus
250 ml (1 tasse) de sauce béchamel (voir p. 135)
50 g (⅓ tasse) de fromage, râpé

Dans une grande casserole en acier inoxydable, porter l'eau à ébullition. Ajouter l'oseille et bouillir au plus 2 à 3 min. Égoutter complètement l'oseille.

Verser l'huile dans une poêle et faire revenir les oignons à feu moyen environ 2 min jusqu'à ce qu'ils commencent à dorer.

Battre les jaunes d'œuf et les ajouter à la béchamel. Bien mélanger. Ajouter l'oseille bien égouttée et les oignons et mélanger soigneusement.

Verser le mélange dans un plat de cuisson bien graissé et saupoudrer de fromage de votre choix sur toute la surface. Cuire au four à 180 °C (350 °F) environ 15 min. Le plat est prêt lorsqu'il a atteint une consistance épaisse et uniforme. Servir chaud.

4 portions

# Sauce béchamel à l'ancienne

2 c. à soupe de beurre ou margarine
2 c. à soupe d'amidon de maïs ou de farine
500 ml (2 tasses) de lait
1 c. à soupe de xérès sec (facultatif)
Sel et poivre, au goût
Une pincée de muscade (facultatif)

Faire fondre le beurre dans une casserole assez grande en acier inoxydable à feu moyen-doux. Ajouter l'amidon de maïs et remuer sans cesse à l'aide d'un fouet. Ajouter le lait petit à petit en fouettant. Ajouter le xérès, le sel, le poivre et la muscade et continuer de remuer. Lorsque le lait commence à bouillir, réduire la chaleur et poursuivre la cuisson doucement, jusqu'à épaississement. (Cette sauce est excellente avec le poisson et les légumes et sert de base aux soufflés, omelettes et autres plats aux œufs.)

# Clafoutis aux poires

*L*e clafoutis est un dessert traditionnel qui proviendrait du centre de la France mais qui est si bien connu et répandu dans tout ce pays que chaque région possède sa version propre. Traditionnellement, on le prépare avec des cerises mais on peut facilement remplacer celles-ci par tout fruit en saison.

4 poires, tranchées
250 ml (1 tasse) de lait
3 œufs
110 g (1/2 tasse) de sucre
2 c. à soupe de cognac (ou de vanille si désiré)
Sucre en poudre

Préchauffer le four à 180 °C (350 °F).

Peler et couper les poires en tranches.

Mettre le lait, les œufs, le sucre et le cognac dans le mélangeur et les mixer à haute vitesse 1 ou 2 min.

Graisser généreusement un plat de cuisson carré d'une profondeur d'environ 3 à 5 cm (1 à 2 po). Verser environ le quart du mélange dans le plat et mettre au four environ 2 min, jusqu'à ce que le mélange prenne au fond du plat. Retirer du four et étendre uniformément les poires tranchées sur la pâte. (À ce stade, on peut si désiré saupoudrer un peu de sucre sur les fruits.) Verser le restant du mélange sur les fruits en l'étendant uniformément. Mettre au centre du four et cuire environ 40 min. Le clafoutis est cuit lorsque le dessus est gonflé et doré tout en gardant la consistance d'une crème pâtissière. Retirer du four, saupoudrer de sucre en poudre et servir tiède.

6-8 portions

# La Pentecôte

*Et Dieu dit : Voici, je vous donne toute herbe portant de la semence et qui est à la surface de toute la terre, et tout arbre ayant en lui du fruit d'arbre et portant de la semence : ce sera votre nourriture.*

Genèse (1,29)

La fête de la Pentecôte arrive habituellement vers la fin de mai ou le début de juin, un temps où la température est toujours parfaite. Aujourd'hui ne fait pas exception. La campagne est transformée par la lumière magique renaissante. Cela augure bien pour la Pentecôte, une période de plénitude. Aujourd'hui, nous complétons le cycle de Pâques, exactement cinquante jours après la Résurrection de Jésus. Aujourd'hui, nous accueillons le Saint-Esprit dans nos vies. Il vient révéler à chacun de nous le sens caché de tout ce que Jésus nous enseigna lors de son séjour sur la terre : « Je vous ai dit ces choses pendant que je demeure avec vous. Mais le consolateur, l'Esprit-Saint, que le Père enverra en mon nom, vous enseignera toutes choses, et vous rappellera tout ce que je vous ai dit. » (Jean 14,25-26).

Maintenant que mai tire à sa fin, nous commençons à délaisser les aliments de l'hiver. Tout à coup, les salades tendres, plantées il y a à peine quelques semaines, font leur apparition dans nos jardins et nous découvrons avec surprise les nouveaux délices de notre table. Des saveurs et des textures fraîches, surtout dans nos salades, créent une sorte de magie et un délice pour le palais.

Une salade mixte est un aliment de base que l'on peut transformer en un plat irrésistible en y incorporant diverses laitues croquantes du jardin, une bonne huile d'olive fruitée pour l'adoucir et un vinaigre astringent pour la tempérer. On peut préparer la vinaigrette dans un mélangeur mais je préfère de beaucoup la méthode à l'ancienne qui consiste à verser la bonne quantité de chaque ingrédient sur la salade à la dernière minute et à mélanger le tout avec les mains. Le résultat final est appétissant et nourrit aussi bien le corps que l'esprit.

Des salades comme celle choisie aujourd'hui font partie de l'alimentation quotidienne des Français ordinaires. Elles ne contiennent peut-être pas toujours une telle variété de laitue mais peu importe la composition, elles n'ont de cesse de flatter le palais, surtout après un bon repas principal.

Et bien entendu, une salade verte est de rigueur pour nettoyer le palais avant le dessert !

*Le matin se lève à l'est à l'horizon brunâtre*
*Car le Saint-Esprit se penche sur le monde en déchéance*
*Avec une poitrine chaleureuse et ah ! des ailes brillantes.*

GERARD MANLEY HOPKINS

# Salade de la Pentecôte

1 tête de laitue Boston
1 tête de laitue Bibb ou frisée
1 botte de roquette
1 botte de jeunes pousses d'épinards
1 botte de cresson
Ciboulette et cerfeuil, hachés (facultatif)

### Vinaigrette simple

1 c. à café (1 c. à thé) de sel
$1/2$ c. à café ($1/2$ c. à thé) de poivre du moulin
2 c. à soupe de vinaigre de vin
6 c. à soupe d'huile d'olive

Laver à fond la laitue, la roquette, les épinards et le cresson et séparer les feuilles. Ne pas trancher ou couper les feuilles en deux ; ne retrancher que les tiges. Égoutter les feuilles complètement, les rouler dans du papier absorbant et les réfrigérer jusqu'au moment de servir. Ceci permettra d'en maintenir la fraîcheur et le croquant.

Au moment de servir, disposer la salade dans un grand bol et mélanger. Préparer une vinaigrette simple en suivant la recette ci-dessous. Verser la vinaigrette sur la salade et remuer délicatement. Saupoudrer de ciboulette et/ou de cerfeuil si désiré.

### Vinaigrette simple

Mettre le sel et le poivre dans une tasse ou un bol. Ajouter le vinaigre et remuer à fond. Ajouter l'huile et remuer pour bien mélanger tous les ingrédients.

Juin

# FRAIS DU JARDIN

*Dans nos cœurs se trouve le feu sacré de la grâce. Si nous prions et méditons sur l'amour du Christ, nous alimentons le feu et nos cœurs brûlent du désir de Dieu.*

PSEUDO-MACAIRE

Je me suis levé tôt ce matin pour accueillir l'aube et gagner un peu de temps pour prier et lire. L'air était calme et rempli d'une brume que j'associe au printemps tardif, au moment où la saison avance inexorablement vers l'été naissant. J'affectionne beaucoup ces moments d'intimité tôt le matin, ces heures précieuses où tout est silencieux autour de moi et où les seuls bruits sont ceux du chant des oiseaux et du bêlement des moutons. Tout est calme sinon, immergé dans le silence sacré. Ces heures matinales sont un temps idéal pour la prière. À l'occasion, après avoir chanté l'office du matin, je cherche un coin tranquille sur la propriété où je peux lire, méditer et prier en silence, avec comme unique accompagnement le bruissement de la nature.

Lors de ces heures matinales sans prix, j'apporte ma Bible et je m'emploie avec bonheur à la pratique de ce que nous les moines appelons la *lectio divina*. Vers la fin du printemps et le début de l'été, j'aime particulièrement faire ma période de lecture à l'extérieur. Je trouve que les Écritures et la nature se complètent l'une l'autre très bien. Par ces deux moyens, Dieu continue de nous parler tous les jours. Tranquillement et avec éloquence, il se révèle dans les écritures sacrées et dans sa création qui est, après tout, son œuvre.

La lecture et l'étude des Écritures, et la prière qui s'en inspire, sont une des plus importantes composantes dans la journée du moine. Saint Benoît spécifie que la plus grande part de la routine monastique doit être consacrée à la lecture des textes sacrés et que des heures supplémentaires doivent être expressément réservées à cette fin les dimanches et les jours de fête. Ce contact quotidien du moine avec la Parole de Dieu lui permet d'en retirer la sagesse qui s'y trouve et d'intégrer son enseignement dans sa propre vie. Les Écritures, et les Évangiles en particulier, nous enseignent non seulement ce qu'il faut croire mais surtout comment il faut vivre. Il y a une grande différence d'approche des Écritures parmi les églises historiques traditionnelles telles que l'église catholique ou orthodoxe, et celles que l'on appelle fondamentalistes protestantes. Dans nos églises, nous nous mettons l'accent sur la continuité d'une tradition vivante, et cette tradition est le Saint-Esprit lui-même, qui est là pour rappeler à tous que Jésus a enseigné et a vécu. Parmi les chrétiens évangéliques, cette tradition vivante est pratiquement inexistante. Ils doivent s'en remettre aux interprétations subjectives de leurs fondateurs leurs et à leurs pasteurs actuels. Ils favorisent également une interprétation subjective de la Bible, ce qui à mon avis est très dangereux, car ils en viennent parfois à des conclusions farfelues, totalement incompatibles avec les Écritures elles-mêmes. Pour le chrétien catholique, la Parole de Dieu est entendue, proclamée et accueillie en communauté, dans l'assemblée de l'église qui est le Corps du Christ. La Parole de Dieu sert précisément à l'édification du Corps du Christ dans son entier. En tant que moine, je lis, j'étudie, je chante les Écritures et souvent j'en fais l'objet de mes prières en solitaire ; mais cette solitude est toujours en communion avec l'église entière qui a été établie par le Seigneur lui-même et qui poursuit donc son œuvre parmi nous aujourd'hui. C'est l'église des apôtres et des évangélistes, l'église des Pères et des martyrs, des premiers moines et nonnes du désert, des saints de tous les temps et de tous les lieux. Je suis personnellement très attaché aux Écritures : le Christ est présent dans le verbe sacré. L'attachement aux Écritures sacrées et la vénération qu'on leur voue sont donc un attachement envers le Christ lui-même et une vénération de sa personne.

Je pensais à toutes ces choses ce matin en priant et en méditant sur les Écritures, car de temps en temps il m'arrive de rencontrer quelques-uns de ces chrétiens fondamentalistes. Bien qu'ils soient d'une grande sincérité et possèdent d'autres qualités méritoires, leurs énoncés doctrinaux m'effraient. Leur interprétation littérale des textes sacrés est souvent hors contexte et il

n'y a aucune autorité ou tradition vivante qui vienne corroborer leur interprétation particulière. Et si quelqu'un ne s'accorde pas avec eux sur un point en particulier, ils partent et fondent leur propre église. Cela se poursuit à l'infini. À mon humble avis, ce n'est pas cette communauté que le Christ est venu établir sur la terre ; il a prié et est mort pour que tous ses disciples ne fassent qu'un, comme lui et le Père ne font qu'un. L'unité de l'église, manifestée dans la foi et la charité et guidée par la présence continuelle du Saint-Esprit au fil des siècles, est là meilleure preuve d'authenticité que cette église est celle fondée par le Christ, à laquelle il a délégué le pouvoir de mener tous les gens au Salut.

Ce matin, en plongeant dans la lecture et la méditation des Écritures, j'ai choisi comme texte la deuxième épître de saint Paul aux Thessaloniens. Bien qu'ayant lu cette épître ou l'ayant entendu proclamée à l'église à maintes reprises dans le passé, j'ai été ému cette fois-ci par le rapport particulier de saint Paul à la nourriture. L'apôtre fait le lien entre le « droit » de manger et l'« obligation » de travailler. Il dit aux Thessaloniens : En effet, lorsque nous étions avec vous, nous avions l'habitude d'exiger que quiconque ne travaillait pas ne mangerait pas. Ce texte particulier est d'une immense importance pour les moines et les nonnes. Saint Benoît l'utilise dans sa *Règle* comme fondement dans son chapitre sur le rôle du travail dans la vie monastique. Plus loin dans la lettre, saint Paul insiste auprès de ces premiers chrétiens non seulement sur la nécessité de travailler mais également sur la manière de travailler et de se comporter au travail : « Nous les enjoignons tous et nous les exhortons fortement, dans le respect du Seigneur Jésus Christ, à gagner la nourriture qu'ils mangent en travaillant en silence. » Saint Benoît serait entièrement d'accord avec saint Paul sur la manière dont les moines doivent travailler dans le monastère : en silence, en occupant leurs mains de manière à libérer leur esprit et leur cœur pour se consacrer à Dieu seul. Le travail quotidien accompli de cette façon est également une façon efficace et productive de contribuer à la bonne marche du monastère. Les siècles de tradition monastique l'attestent certainement.

Après le repas du midi, les heures de l'après-midi sont consacrées au travail dans le jardin. Oui, le travail, cet élément quotidien de la routine monastique que l'on reprend inlassablement. Les éclaircissements de saint Paul aujourd'hui, me rappellent que cette routine modeste et servile est pleine de dignité et de grâce. Jésus, l'humble charpentier de Nazareth, œuvrait tous les jours à son métier comme le faisait son beau-père, l'honorable saint Joseph.

Ma première tâche dans le jardin est de continuer à désherber le carré de radis et de laitue. Chaque année, je plante diverses variétés de radis et de laitue assez tôt pour pouvoir cueillir ces petits trésors pour nos salades quotidiennes dès la fin de mai ou le début de juin. La semaine dernière, j'ai vu de superbes radis au marché tout près. Un ami, un cultivateur du coin qui connaît mon faible pour les radis, m'a dit en montrant ses produits de choix : « Ils sont enfin arrivés ; ils ont repris vie après un long hiver ». J'ai acquiescé en admirant les légumes frais sur son étal. En désherbant entre les rangs, je commence moi aussi à cueillir des radis de bonne taille et je planifie mon repas du soir. Une des joies de cuisiner et de manger des légumes de saison est cette indéfinissable sensation de fraîcheur et de nouveauté qui s'en dégage et cet élan d'enthousiasme qui surgit en nous. Nous retombons à nouveau en enfance. En parlant de l'enfance, j'ai encore des souvenirs de savourer ces sandwichs merveilleux aux radis croquants que nos parents nous donnaient en rentrant de l'école, préparés avec du pain frais et les premiers radis de la saison. Ils sont faciles à préparer et sont une façon délicieuse et rapide de compléter un simple repas monastique. Une soupe chaude et un bon sandwich consistant aux radis frais avec quelques feuilles de laitue : voilà tout ce qu'il me faut pour un repas simple un jour de semaine où je n'ai pas beaucoup de temps pour cuisiner longuement les aliments. Pour commencer, je lave les radis à fond et je les mets dans un bol d'eau glacé. Ceci conserve leur fraîcheur jusqu'au moment de les utiliser. Nous sommes privilégiés d'avoir ces merveilleux radis en saison dans notre propre jardin. Ceux qui n'ont pas de jardin peuvent se procurer des radis cultivés localement dans un marché près de chez eux.

*Le bien ne fait pas de bruit, la force de l'amour s'exprime dans la tranquille discrétion du service quotidien.*

Jean-Paul II

# Sandwichs aux radis à la française

1 baguette, coupée en quatre parts égales
Beurre salé, au besoin
1 grosse botte de radis frais, parés, lavés et coupés en tranches fines
1 long concombre, pelé et coupé en tranches fines (facultatif)
Quelques brins de cresson frais, parés

Couper la baguette sur la longueur en quatre tranches.

Beurrer généreusement chaque tranche de pain.

Disposer les tranches de radis uniformément sur le pain en couvrant toute la surface. Mettre un rang de tranches de concombre frais sur le dessus (facultatif). Ajouter le cresson sur les concombres. Terminer par la tranche de pain correspondante en appuyant fermement. Mettre tous les sandwichs dans une grande assiette ou plateau de service. Couvrir avec une serviette propre et laisser reposer au moins 45 min avant de servir. Savourer après un bon bol de soupe chaude.

4 portions

# UNE SEULE CHOSE EST ESSENTIELLE

*Après lui vint Juin,
joyeux attifé
De toutes parts de
feuilles vertes, comme
s'il jouait...*

EDMUND SPENCER

Une des joies particulières de juin est de nous fournir des journées calmes et ensoleillées et des ciels d'un bleu limpide en quantité infinie. Rien n'est aussi beau qu'une journée ensoleillée de juin ! Ce matin, du haut de la colline où est situé le monastère, j'ai porté mon regard dans toutes les directions et je n'ai vu que le paysage environnant d'une rare beauté baignant dans la tranquillité. Au fil des ans, j'aime de plus en plus la beauté enchanteresse de ce coin du monde. Dieu est toujours présent ici. Il se manifeste dans les détails infimes de la vie quotidienne : dans le changement du temps et des saisons, dans le visiteur inattendu qui arrive parfois à notre porte, dans la tranquillité que l'on ressent dans l'enclos du monastère, dans la simplicité et la senteur de nos animaux de ferme, dans l'harmonie et l'intimité de nos jardins, dans les arbres majestueux qui rendent service en donnant de l'ombre ces jours-ci. Oui, le Seigneur est présent de manière tangible dans toute la propriété et tout autour. Pour tout cela, il ne me reste qu'à prononcer avec notre saint Père, saint Benoît : « Que Dieu soit glorifié en toutes choses ».

La beauté de notre terre et l'harmonie qui m'entoure est un puissant incitatif pour continuer le dur labeur quotidien d'entretenir notre petite ferme et nos jardins. Il y a des jours où je suis physiquement très fatigué, presque exténué après mon labeur quotidien. C'est alors que je jette un coup d'œil autour de moi et je vois comment Dieu a travaillé fort pour soutenir sa création et préserver sa beauté. Tout à coup, je me rends compte de ma faiblesse et de l'insignifiance de mes efforts quotidiens. Je me relève, je prends ma pelle et je poursuis ma tâche de désherber un des jardins avant d'arroser les plates-bandes qui en ont le plus besoin. Je me dis qu'il y aura un temps pour se reposer adéquatement plus tard. Entre-temps, il faut travailler et coopérer avec l'auteur de toute la création. De telles pensées reprises quotidiennement sont d'un grand secours pour moi. C'est un incitatif qui allège également la tâche. Je m'arrête souvent pour réfléchir à la manière dont nous sommes tous appelés à être les intendants de cette magnifique terre qu'Il nous a confiée et sur la manière dont ce travail doit être poursuivi sans relâche, fidèlement et avec douceur, ici même en ce lieu qu'Il nous a accordé.

> *Il a conféré la beauté à tout ce qui pousse :*
> *Dans le bégonia de couleur vive, la rose parfumée,*
> *Dans les vignes sinueuses que l'œil averti discerne,*
> *Dans le rang vert pâle de grandes fougères.*
> *La beauté, la beauté se retrouve dans tout ce qu'on voit :*
> *La beauté en fleur dans tous les arbres,*
> *La beauté de jour, la beauté de nuit,*
> *La beauté des étoiles, le soyeux clair de lune,*
> *La beauté rugueuse dans les montagnes de pierre,*
> *La beauté unique et saisissante des déserts,*
>
> *Les couchers de soleil à couper le souffle,*
> *Les aubes scintillantes, dorées ou grises.*
> *Les lacs bleus étincelants comme les rêves d'ivresse,*
> *Les rivières vrombissantes ou les ruisseaux chantants,*
> *Ou la neige tombant doucement sur un visage tourné vers le ciel,*
> *La pluie crépitante comme une étreinte amoureuse.*
> *Il n'y a rien dans la beauté pour tenter la colère ;*
> *Elle contient tout ce qu'il faut pour répondre à notre désir.*
> *Car la beauté est une étoile captivante.*
>
> HAZELLE R. PAUS

J'utilise souvent les psaumes ou la poésie pour m'inspirer et m'encourager dans mon travail quotidien. La prière de Jésus m'aide à maintenir un équilibre et l'inspiration des poètes de la spiritualité est un puissant incitatif pour surmonter la routine quotidienne. Nous avons tous besoin de ce petit coup de pouce, cette parcelle d'inspiration pendant que nous plongeons dans les aléas de nos routines quotidiennes. Cela rend la tâche plus aisée, plus douce. C'est la même chose dans la cuisine, sauf que là, j'avoue que j'ai parfois la chance d'écouter de la musique de Bach et d'autres compositeurs. La musique, la poésie et la prière toutes ensemble créent une harmonie pendant que nous nous attaquons à la tâche. Plus significativement, elles favorisent l'harmonie intérieure dans nos propres vies. Notre cuisine de monastère est un espace vivant qui donne amplement l'occasion de cultiver ce type d'harmonie. Dans un coin, il y a le poêle à bois, l'âtre, qui prend toute son importance pendant les longs hivers. Au-dessus du poêle, une icône de Christ le Seigneur est suspendue, une reproduction ancienne provenant des catacombes. Cette icône nous aide à nous recentrer sur la seule et unique présence qui compte véritablement. Une ambiance de convivialité tranquille règne dans cette cuisine, qui est une inspiration à la fois pour la prière et le travail. Les deux tâches doivent aller main dans la main dans un monastère. En effet, nous ne devons en aucun cas oublier le rappel de Notre-Seigneur à Martha alors qu'elle travaillait dans sa cuisine achalandée : Une seule chose est essentielle.

Ce soir, dans notre modeste réfectoire, nous allons savourer un des bienfaits de la saison printanière. Le printemps est un temps tout indiqué pour manger des asperges et, par hasard, ce matin même un producteur local nous en a apporté une bonne quantité, ce qui fera notre bonheur pendant des jours à venir ! La première chose qui m'est venue à l'esprit était de faire une soupe aux asperges. Mais plus j'y réfléchissais, plus j'étais porté à la préparer en combinaison avec des pâtes comme repas principal. Dans cette cuisine de monastère, les asperges sont toujours considérées avec le plus grand respect et obtiennent la préférence et l'attention qu'elles méritent. La fin de mai et juin sont les meilleurs temps pour se régaler de plats aux asperges. Actuellement, elles sont tendres et fraîches et au sommet de leur saveur, de leur couleur et de leur texture – de quoi plaire à tous les palais. Notre ami, qui vend des asperges à son étal de ferme, a été si généreux que j'ai suffisamment d'asperges pour planifier plusieurs plats aux asperges pour le restant de la semaine. Demain ou après-demain, je vais m'amuser à concocter des timbales aux asperges, que je ne peux préparer que pendant la saison des asperges. J'aime bien utiliser des asperges blanches,

comme il est coutumier en France. Malheureusement ces dernières sont moins répandues ici et celles que l'on trouve au supermarché sont hors de prix pour un simple monastère comme le nôtre. La recette ci-dessous est sans viande mais on peut ajouter quelques lanières de jambon ou de prosciutto. Je trouve que le fromage contient suffisamment de protéines et rend toute viande inutile. Les asperges fraîches n'ont pas besoin d'être pelées ; vous n'avez qu'à les laver et parer chaque turion en jetant le bout avant la cuisson.

*La « route » ne vous appartient pas, ni n'est-elle sous votre maîtrise. Mais en marchant, un pas après l'autre, profitez du moment présent, puis continuez votre « chemin ».*

SAINT BASILE LE GRAND

# Fusillis aux asperges fraîches

680 g (1 ½ lb) d'asperges fraîches tendres, parées et coupées en longueurs de 5 cm (2 po)

5 c. à soupe d'huile d'olive vierge

480 g (1 lb) de fusillis

125 g (½ tasse) de fromage mascarpone ou ricotta

60 g (½ tasse) de fromage parmesan, râpé

Poivre du moulin, au goût

50 g (½ tasse) de noisettes, rôties et hachées grossièrement

10 g (⅓ tasse) de cerfeuil frais, haché finement

Fromage parmesan râpé, au besoin, pour la garniture

Faire bouillir les asperges dans de l'eau salée au plus 4 à 5 min. Elles doivent être al dente. Égoutter et réserver à température ambiante.

Verser l'huile dans une grande casserole d'eau bouillante, ajouter du sel et cuire les pâtes jusqu'à tendreté (al dente) en remuant à l'occasion. Égoutter les pâtes et conserver 250 ml (1 tasse) d'eau de cuisson.

Retourner les pâtes dans la casserole. Ajouter le mascarpone, le parmesan, les asperges et le poivre et bien mélanger à feu moyen-doux en ajoutant environ le tiers de l'eau de cuisson réservée au besoin. Lorsque le mélange de pâtes est prêt, le transvider dans un grand bol. Saupoudrer de noisettes, de cerfeuil et de parmesan. Servir immédiatement.

4-6 portions

# Les fraises sont arrivées!

*Quels trésors de beauté puis-je glaner…*
*Lorsque le mois de juin m'emmène flâner!*

Thomas Curtis Clark

Un ami m'a dit récemment que juin, c'était l'affaire d'un panier de fraises. Avec cela en tête et après un repas rapide, je mets plusieurs paniers vides dans la voiture en direction du prochain comté vers le nord, à la recherche de fraises. À la ferme où je me rends, la récolte est précoce parce qu'ils protègent les cultures du gel tardif avec des épaisseurs de plastique. À la mi-juin, leurs fraises commencent immanquablement à arriver, de même que leurs clients.

Les fraises ont un caractère spécial qui les rendent uniques parmi toutes les sortes de fruits et de baies. Les fraises ont un arôme magnifique – presque sensuel – et sont tendres, délicieuses et toujours agréables au palais. Il n'est pas étonnant que la fraise remporte le palmarès des fruits, surtout la variété petite et très sucrée, appelée « fraise des bois » qui pousse souvent à l'état sauvage dans nos jardins. La fraise est le premier fruit de la saison; elle arrive tôt et annonce les jours magnifiques de l'été. La fraise, appelée *fragaria* en latin en raison de son parfum exquis, est extrêmement riche en vitamine C, entre autres.

Elle contient également la quantité nécessaire de fibres pour une bonne digestion.

Une des raisons qui me fait préférer les fraises fraîches de la ferme à celles du supermarché tient à la culture biologique pratiquée sur cette ferme en particulier, qui refuse d'utiliser tout type de pesticide que ce soit. À cela s'ajoute l'incitatif de cueillir moi-même les fraises, que je choisis parmi les meilleures, selon la grosseur désirée. Pour parler franchement, je ne suis guère amateur de ces grosses fraises vendues dans les supermarchés qui semblent gonflées d'eau et de rien d'autre. En définitive, je préfère la variété moyenne ou plus petite, ferme et très rouge. Ces fraises fraîches, lorsque cueillies délicatement et correctement et mises au frais rapidement, conservent leur fraîcheur pendant plusieurs jours. Pour les servir, on n'a qu'à les sortir du réfrigérateur à l'avance, trente minutes avant le repas. C'est aussi simple que ça. Les fraises fraîches peuvent être servies de multiples façons: en garniture sur de la crème glacée à la vanille, avec du yogourt nature, avec du sucre et un peu de jus de citron frais, au sucre mélangées avec du Cointreau, du xérès ou toute autre liqueur de votre choix, seules ou garnies de crème chantilly fraîche. Pour le repas de ce soir, je vais les préparer à l'ancienne, qui est aussi la façon la plus courante de les servir en France : avec du sucre et un vin rouge ordinaire. C'est simple et rapide et toujours savoureux !

*Quoi de plus rare qu'une journée en juin ?*
*Alors seulement arrivent des journées parfaites…*
*Que nous regardions ou que nous écoutions,*
*Nous entendons la vie murmurer, ou nous la voyons luire…*

JAMES R. LOWELL

# Fraises au vin rouge

480 g (1 lb) de fraises fraîches
500 ml (2 tasses) de vin rouge de bonne
    qualité
220 g (1 tasse) de sucre blanc raffiné
5 clous de girofle
Le zeste d'une orange, légèrement pilonné

Laver soigneusement les fraises. Retrancher la queue et les couper délicatement de haut en bas en deux moitiés égales. Réserver ou mettre au réfrigérateur.

Verser le vin dans une casserole assez grande. Ajouter le sucre, les clous et le zeste d'orange. Faire bouillir quelques minutes en remuant sans cesse. Après 5 min, éteindre le feu, retirer les clous de girofle et le zeste et laisser reposer 15 à 20 min. Réfrigérer jusqu'au moment de servir.

Au moment de servir, mettre les fraises dans un bol de service et verser le vin doux aromatisé par-dessus. Remuer légèrement et servir aussitôt. Ce dessert doit toujours être servi froid.

4-6 portions

# Confiture de Fraises

480 g (1 lb) de fraises fraîches
480 g (1 lb) de sucre
Le jus de 2 citrons
2 c. à soupe de liqueur de fraise ou autre
1 sachet de pectine liquide

Laver, sécher et équeuter les fraises. Mettre les fraises dans une grande casserole épaisse non réactive. Ajouter le sucre, le jus de citron et la liqueur de fraise. Remuer pour enduire les fraises en les écrasant légèrement.

Cuire le mélange à feu moyen en remuant sans cesse jusqu'à ébullition forte. Ajouter la pectine et faire bouillir 1 min de plus en remuant sans cesse.

Retirer la casserole du feu et écumer. À l'aide d'une louche, verser la confiture dans des bocaux chauds stérilisés. Fixer les couvercles selon les indications du fabricant et traiter 10 min dans l'eau bouillante.

Rendement : 1 litre (4 tasses)

# Le plein air

*Ta parole est une
lampe à mes pieds,
Et une lumière sur
mon sentier.*

Psaumes (119,105)

L'été arrive aujourd'hui dans notre coin du nord-est des États-Unis et il y a quelque chose dans l'air qui relève de la magie. Comment expliquer autrement l'expérience enivrante que nous ressentons tous ces premiers jours d'été ? Les journées chaudes semblent revivifier tout le monde. Nos voisins et amis commencent à planifier des excursions, des pique-niques, des vacances, des voyages plus loin dans le nord où il fait bon se promener dans les grands espaces et pêcher dans les rivières et les ruisseaux limpides, des voyages à la ferme ou au marché biologique où on peut choisir nos produits frais avec soin… Il y a également les plaisirs des grillades et des repas en plein air, sur la véranda ou dans la cour en joyeuse compagnie. L'été a tant de choses à offrir et, une bonne planification aidant, il remplit normalement ses promesses !

L'été est un temps pour profiter du plein air : la pêche, le jardinage, le vélo de montagne, les déjeuners sur l'herbe, les randonnées dans les bois, le canoë, le camping, la plage, les excursions en ville ou dans la nature sauvage, les rencontres avec les amis et la famille en visite, le tout dans un paysage luxuriant et à un rythme dynamique qui ne peuvent être associés à aucune autre saison. Comme j'apprécie particulièrement le travail à l'extérieur ces jours de juin, je récite la poésie d'Agnès Davenport-Bond, qui aimait profondément le plein air dans toutes ses manifestations et qui par-dessus tout savait rencontrer Dieu dans l'œuvre de sa création :

> *Là-bas dans les prés ensoleillés,*
> *Les troupeaux broutent.*
> *Là-haut dans les cimes les plus hautes,*
> *Les oiseaux chantent des chants de louange.*
> *Surplombant des falaises combien rocailleuses,*
> *L'aigle royal plane,*
> *Tous sont joyeux, vivants,*
> *Dans la nature magnifique à l'image de Dieu.*
>
> *Dans les forêts denses et ombrageuses,*
> *Des créatures sauvages travaillent et jouent,*
> *Et là, le petit écureuil*
> *S'affaire toute la journée.*
> *Au plus creux des troncs d'arbre,*
> *Il entrepose un tas de noix,*
> *Car il doit passer l'hiver*
>
> *Dans la nature magnifique à l'image de Dieu.*
> *Au-dessus du village champêtre,*
> *La fumée des cheminées s'élève en volutes,*
> *Et des enfants joyeux, garçons et filles*

*S'amusent devant les portes.*
*Du matin au soir,*
*Le fermier besogne et peine.*
*Mais il est hâlé, à force de vivre*
*Dans la nature magnifique à l'image de Dieu.*
*...*
*Combien magnifique est la nature !*
*Combien remplie de promesses, la pensée*
*Que tout ce qui est créé,*
*A été fait par la main de Dieu ;*
*Et non seulement ici autour de nous,*
*Mais dans des contrées lointaines,*
*Sa vigilance encercle*
*La nature dans sa totalité et sa splendeur.*

Les journées chaudes et indolentes de l'été, qui nous attirent vers l'extérieur, nous libèrent de l'obligation opprimante de prendre tous les repas à l'intérieur. Prendre le repas à l'intérieur peut convenir la plupart du temps mais une fois que la chaleur est arrivée, la plupart des gens conviennent que nous avons bien besoin d'un changement. Dorénavant, maintenant que l'été est arrivé, nous enfreignons joyeusement la convention des repas à l'intérieur et optons volontiers pour la préparation, la cuisson et la dégustation en plein air, aussi longtemps et aussi souvent que nous le pouvons. Les plats simples préparés pour ces repas informels à l'extérieur s'inspirent de la saison, de sa fraîcheur, de sa vivacité, de son abondance et de sa créativité. Ils témoignent des splendeurs et des joies de la vie estivale, de l'abondance du jardin, enfin des bienfaits que Dieu a accordés à la saison. Par conséquent, et suivant une très longue tradition, nous inaugurons le repas à l'extérieur de ce soir au monastère par des plats très familiers qui font partie de notre répertoire annuel. C'est ainsi que nous souhaitons la bienvenue à l'été, avec une cuisine qui lui correspond !

Pour commencer, ce premier repas de la saison en plein air commencera par un mesclun aux pousses tendres et colorées, agrémenté d'oignons rouges et de poivrons rôtis. Les diverses variétés de salades composant le mesclun ont pris un peu plus de temps à pousser et nous avons dû retarder son apparition à notre table. Mais elles sont enfin prêtes et c'est le moment idéal de profiter de cette abondance. Peu de choses me réchauffent autant le cœur que ces délicieuses et tendres salades, dont je rapporte fidèlement chaque année les graines du sud de la France. Le restant du menu est un mélange de toutes sortes de mets rapides à préparer et informels – une salade de lentilles par exemple –, conçus pour un repas convivial et simple à l'extérieur. Tous ces plats sont censés mettre nos invités à l'aise, dans l'ambiance toute simple de notre véranda surplombant la grange où nos moutons donnent congé au jour déclinant.

---

*Avance-toi, mon cœur, et cherche le plaisir*
*Dans tous les bienfaits du Dieu tout-puissant,*
*Pendant ces heures agréables de l'été ;*
*Regarde comme les plaines pour toi et moi*
*Se sont parées pour le plaisir des yeux,*
*Remplies de l'éclat et du parfum des fleurs.*

CATHERINE WINKWORTH

# Mesclun aux poivrons et à la mozzarella

2 poivrons rouges moyens, coupés en deux sur la longueur et épépinés

2 poivrons jaunes moyens, coupés en deux sur la longueur et épépinés

4 c. à soupe d'huile d'olive

1 oignon rouge moyen, pelé et coupé en demi-lunes

150 g (5 oz) de mozzarella fraîche, coupée en dés

30 g (1 1/2 tasse) mesclun frais, lavé et nettoyé

4 c. à soupe d'huile d'olive extravierge

2 c. à café (2 c. à thé) de vinaigre de vin rouge

Sel de mer et poivre du moulin, au goût

Préchauffer le four à 200 °C (400 °F). Mettre les poivrons dans un grand plat de cuisson cannelé. Verser en mince filet 4 c. à soupe d'huile d'olive. Rôtir les poivrons environ 25 à 30 min, jusqu'à ce qu'ils brunissent. Retirer les poivrons du four et laisser tiédir un peu avant de les peler. Après 10 min, les peler et les couper en lanières sur la longueur. Mettre dans un grand saladier.

Ajouter les oignons et la mozzarella.

Ajouter le mesclun. Verser l'huile d'olive, le vinaigre de vin, saler et poivrer au goût. Remuer délicatement et servir.

6-8 portions

# Lentilles au persil et à la menthe

280 g (1 1/2 tasse) de lentilles (petites et croquantes de préférence)

Eau

1 oignon rouge moyen, émincé

8 brins de persil plat, haché

40 g (1 tasse) de menthe fraîche, hachée

1 botte d'oignons verts, hachés finement

1 petit concombre anglais, coupé en dés (pelé s'il n'est pas frais du jardin)

400 g (2 tasses) de tomates cerises, lavées et séchées

80 ml (1/3 tasse) de jus de citron, fraîchement pressé

60 ml (1/4 tasse) d'huile d'olive vierge

Sel de mer et poivre du moulin, au goût

Combiner les lentilles et l'eau dans une casserole assez grande et porter à ébullition. Cuire environ 20 min, jusqu'à ce que les lentilles soient tendres mais encore entières et croquantes. Égoutter complètement et mettre dans un grand saladier.

Ajouter les oignons, le persil, la menthe, les oignons verts, le concombre et les tomates cerises (entières ou coupées en deux). Remuer délicatement et réfrigérer jusqu'au moment de servir.

Au moment de servir, mélanger dans un bol ou une tasse à mesurer le jus de citron, l'huile d'olive, le sel et le poivre. Bien mélanger. Verser sur la salade et remuer de nouveau jusqu'à ce que tous les ingrédients soient enrobés. Servir froid.

6-8 portions

# Salade à l'avocat

4 avocats fermes, pelés et coupés en gros dés
3 c. à soupe de jus de citron, fraîchement
  pressé
1 oignon rouge moyen, émincé
10 radis frais moyens, lavés et coupés en deux
1 gros poivron vert, coupé en dés
10 olives noires, dénoyautées et coupées en
  deux
8 brins de coriandre fraîche, hachés finement
Huile d'olive extravierge, au goût
Sel et poivre du moulin, au goût

Mettre les dés d'avocat dans un grand saladier. Asperger de jus de citron et remuer délicatement.

Ajouter les oignons, les radis, les poivrons, les olives et la coriandre. Remuer et mélanger les ingrédients.

Arroser d'huile d'olive et saupoudrer de sel et de poivre. Remuer délicatement et bien enduire tous les ingrédients. Servir immédiatement. Cette salade peut être accompagnée de tortillas.

6-8 portions

# SAINT JEAN-BAPTISTE : VIVRE DE SAUTERELLES RÔTIES ET DE MIEL SAUVAGE

*Le couronnement
d'une bonne disposition
est l'humilité.*

PROVERBE ARABE

Lorsque j'ai eu l'idée de ce livre, je voulais écrire plus qu'un recueil de recettes. Tout ce que je souhaitais, c'était de partager les moments intimes passés dans une cuisine de monastère et faire part de la spiritualité dont s'inspire notre cuisine de tous les jours, la nourriture que nous préparons et consommons. Dans un monastère, les aliments que nous cultivons dans le jardin et consommons plus tard à la table nous unissent d'une manière unique. C'est cette idée que j'aime décrire dans ces pages, sans devenir trop analytique sur le sujet.

Cultiver sa propre nourriture est une tâche que nous les moines accomplissons toute notre vie ; manger et savourer le fruit de notre labeur est l'humble récompense qui s'ensuit. La nourriture est une réalité tellement essentielle dans la vie de tous, au monastère et ailleurs. La nourriture nous unit et abolit les différences entre les humains. Jésus n'était jamais aussi humain que lorsqu'il s'asseyait à la table et goûtait au plaisir de partager un bon repas avec ses amis ou ses disciples. Ce faisant, il nous a enseigné la valeur qu'il accordait à la nourriture et à son partage dans l'intimité, entre amis. Mais là ne s'arrêta pas son enseignement. Il accomplit un pas de plus en nous laissant son plus grand héritage sous forme de nourriture. Il nous laissa délibérément son propre corps sous forme de pain et son propre sang sous forme de vin pour soutenir et nourrir nos âmes et nos corps. Ainsi, il nous rappela que tout le sens de l'incarnation réside dans le fait que Jésus est comme nous, quelqu'un qui mange et boit tous les jours et qui y prend plaisir. Le Fils de l'homme vint mangeant et buvant…

Aujourd'hui, le calendrier liturgique marque la solennité de saint Jean-Baptiste. C'est une des premières fêtes de l'été au monastère. Dans de nombreux endroits dans le monde, c'est l'occasion de marquer le début officiel de l'été. Depuis les origines de la vie monastique dans le désert, les moines ont exprimé leur affinité particulière avec saint Jean-Baptiste. Il y a à cela plusieurs raisons : c'est un ascète du désert et donc un prototype et modèle pour tous ceux qui suivent la voie de la vie monastique. Il était particulièrement proche de Jésus, un parent, et considéré dans les Évangiles comme un ami du Seigneur. Jésus, quant à lui, avait une grande estime pour son cousin Jean, au point de déclarer : « Parmi ceux qui sont nés de femmes, il n'en est point paru de plus grand que Jean-Baptiste. » Ceci constitue la première canonisation officieuse dans le Nouveau Testament ! Aujourd'hui, en réfléchissant sur le thème de la nourriture dans les enseignements et les actions de Jésus tout en constatant son grand hommage à Jean-Baptiste, je ne peux m'empêcher de voir un contraste tranché entre le Maître et son plus fidèle admirateur et disciple, si tant est que nous puissions considérer Jean-Baptiste comme tel. Jésus, bien qu'il vécût dans une grande simplicité, ne semble pas aussi austère et ascète que Jean-Baptiste. Jésus se plaisait dans la joyeuse compagnie de ses amis et de ses disciples et prenait plaisir aux repas qu'ils partageaient. Il leur fournissait souvent de quoi manger ou leur enseignait où pêcher pour rapporter les meilleures et les plus grosses prises. Il utilisa le cadre des repas pour leur tenir compagnie et se révéler à certains disciples en chemin vers Emmaüs. Il n'y a aucun doute que Jésus aimait la nourriture, y attachait une grande importance. En revanche, Jean-Baptiste donne l'impression contraire. Il était ascète, jeûnait souvent et se nourrissait de sauterelles et de miel. Ces différences sont-elles irréconciliables pour nous chrétiens ou y a-t-il un enseignement à tirer à la fois de Jésus le maître et de Jean-Baptiste le disciple ? Comme dans bien d'autres cas dans les Évangiles, où certains enseignements semblent en opposition, je pense que nous découvrirons ici que les deux pratiques sont non seulement réconciliables mais en fait complémentaires et peuvent influer également sur nos vies en tant que disciples du Maître. L'appréciation de la nourriture, manifestée clairement par Jésus de son vivant, constituait une reconnaissance de la bonté de Dieu envers tous ses enfants, un signe visible de sa providence qui nous soutient quotidiennement. C'est notre Père au ciel qu'il

faut implorer pour notre pain quotidien. C'est vers celui qui nourrit les oiseaux dans le ciel et vêt les lys des champs que nous devons nous tourner en pleine confiance pour notre soutien quotidien. Dieu, qui nous créa et qui déposa en chacun de nous le besoin instinctuel de nourriture, n'oubliera jamais les besoins fondamentaux avec lesquels il nous créa. La nourriture, donc, lorsque utilisée et appréciée avec modération, n'est qu'une façon de plus de redécouvrir et de reconnaître la présence de Dieu dans nos vies. Lorsque nous l'acceptons comme un cadeau venu d'en haut, la nourriture nous rappelle doucement notre dette envers notre Père céleste, qui nous sollicite grandement en termes de besoins physiques. L'appréciation de la nourriture, telle qu'enseignée par Jésus dans les Évangiles, est une façon unique de reprendre contact avec Dieu et de lui montrer notre gratitude pour sa providence miséricordieuse.

Reprenant l'exemple et les enseignements de Jean-Baptiste, nous sommes renvoyés à d'autres enseignements aussi importants de Jésus dans les Évangiles. Oui, Jésus aimait et appréciait la nourriture et la compagnie de ses disciples mais Jésus jeûnait aussi et se retirait seul dans le désert. Il ne se contentait pas de jeûner, il nous enseignait l'importance d'un jeûne véritable dans nos vies. Il nous rappela qu'il y a un temps et un endroit pour jeûner, tout comme il y a un temps pour fêter. Lorsqu'on reprocha à ses disciples de ne pas jeûner comme le faisaient les disciples de Jean-Baptiste, il se porta volontiers à leur défense, affirmant qu'ils le feraient lorsqu'il ne serait plus parmi eux. Il rappela également à ses disciples la nécessité de prier et de jeûner afin de surmonter certains maux. Ce que Jésus rejeta avec force, c'était le jeûne accompli publiquement pour susciter l'admiration d'autrui, comme le faisaient les Pharisiens. Les disciples de Jésus furent encouragés à prier et à jeûner secrètement, là où seul le Père céleste en avait connaissance. Comme toujours, les apparents contrastes des Évangiles sont des leçons de sobriété, de sagesse, de vérité, de modération et d'équilibre. Jésus s'adonnait à la fois à la fête et au jeûne. Il nous donna l'exemple suprême d'une liberté intérieure qui découle d'une telle attitude positive envers la modération. Des siècles plus tard, saint Benoît rappela cet enseignement à ses moines en les encourageant à pratiquer la modération en toutes choses.

En l'honneur de saint Jean-Baptiste, le repas de ce soir offrira un mets délicieux dont l'origine se trouve dans ma région adorée des Pyrénées. Je porte en tout temps dans mon cœur la pensée et le souvenir de ces montagnes adorées. Parfois, elles me manquent… et il n'est donc pas surprenant que j'y puise mon inspiration pour ma cuisine. Le mets d'aujourd'hui est une aubergine apprêtée avec beaucoup d'ail. On l'accompagne habituellement de salades cultivées localement, qui facilitent la digestion de l'aubergine. Toute salade verte fera l'affaire.

*Ils n'ont que le désert pour trouver le pain de leurs enfants.*

Job 24,5

# Aubergines à l'ail

6 grosses gousses d'ail, pelées et coupées en
  deux sur la longueur

125 ml (1/2 tasse) d'huile d'olive extravierge

1/2 c. à café (1/2 c. à thé) de sel de mer

1/4 c. à café (1/4 c. à thé) de poivre du moulin

3 c. à soupe de fines herbes (thym, romarin,
  laurier, origan), émiettées

8 petites aubergines japonaises, coupées en
  deux sur la longueur

4 gousses d'ail, hachées finement

Fromage, fraîchement râpé en garniture

Préchauffer le four à 180 °C (350 °F).

Mettre les gousses d'ail dans un bol profond et verser l'huile d'olive par-dessus. Laisser reposer une demi-heure. Retirer les gousses et les trancher sur la longueur en lanières minces. Mélanger l'huile restante avec le sel, le poivre et les fines herbes.

Mettre les moitiés d'aubergine dans un plat bien graissé allant au four. Faire 5 ou 6 trous dans chaque moitié et y déposer un morceau d'ail. Badigeonner d'huile aromatisée. Ajouter l'ail haché. Envelopper tout le plat dans une feuille de papier d'aluminium et le mettre au four. Cuire 25 à 30 min tout au plus.

Retirer le plat du four. Saupoudrer de fromage et servir accompagné d'une salade verte. Bon appétit !

6-8 portions

# Saint Pierre et saint Paul

*Ma foi en toi n'est rien d'autre que*
*le chemin sombre dans la nuit*
*Entre la masure abandonnée de ma*
*pauvre et pâle vie terrestre*
*Et l'éclat de ton éternité.*

Karl Rahner

L'été a maintenant commencé sa course annuelle et offre une abondance d'occasions et d'idées intéressantes pour les chefs de partout – aussi bien les grands chefs dans leurs élégants restaurants que les simples cuisiniers en ville ou à la campagne. Les ingrédients frais des jardins et des marchés locaux se trouvent partout ces temps-ci. On n'a pas à se contenter des restes de la veille. Les ingrédients frais et savoureux que l'on trouve au bord des routes ou dans les marchés de produits frais sont une inspiration, même pour les débutants.

Le secret d'un repas simple et bon tient à la prévoyance. Je commence toujours par prévoir le repas principal en premier, puis les accompagnements tels qu'une soupe froide pour commencer le repas (la soupe peut être préparée la veille et refroidie), ou une salade robuste ou délicate composée de viande, de poisson ou d'œufs pour faire suite au repas principal ou pour l'accompagner. Souvent, les jours d'été où on ne souhaite pas prolonger indûment le temps

de cuisson, une salade fraîche devient l'accompagnement de choix pour le rosbif, le jambon, le poulet ou le poisson. Les jours de semaine, les fruits frais, la crème glacée ou le sorbet peuvent équilibrer et compléter un repas maison de façon délicieuse et satisfaisante. Après un tel repas, il est encore temps de profiter d'une ballade dans les rues du quartier, respirant profondément l'air frais de l'été et profitant du ciel étoilé, un véritable bienfait de la saison. Si l'on se fait du souci pour élaborer des mets plus raffinés, on peut attendre la fin de semaine et le temps supplémentaire qu'elle nous offre pour faire notre marché et nos préparatifs. Il est sage de faire la distinction entre la cuisine de tous les jours et celle que nous pouvons nous offrir la fin de semaine, surtout les fins de semaine de trois jours comme la fête nationale du 4 juillet qui approche !

J'ai récolté des petits pois tout le mois de juin, et maintenant les premiers navets tendres, plantés très tôt dans la saison, commencent à arriver. Il se trouve que j'adore les petits pois et les jeunes navets, surtout la variété que je rapporte de France, qui est plus petite que le navet que l'on trouve couramment aux États-Unis. Ce type particulier de navet semble plus goûteux et, lorsqu'on le plante tôt, on peut le récolter au début de l'été. Il faut compter environ quarante-cinq jours avant qu'il soit à maturité. La quantité de pois disponibles et les navets prêts à être récoltés m'ont inspiré le repas de ce soir. C'est un risotto simple qui réunit ces deux ingrédients. Ajouter un oignon, de l'ail et quelques herbes et vous obtenez un plat vite fait et intéressant pour souper. Tout ce qu'il faut ajouter, c'est une salade verte croquante composée de laitue du jardin ou du marché local arrosée d'une vinaigrette piquante au miel, et un fromage artisanal savoureux pour compléter le plat de résistance. Les recettes saisonnières simples et appétissantes décrites ci-dessous illustrent comment profiter au maximum des produits locaux pendant la saison chaude et diminuer le temps passé à la cuisine les jours de semaine, tout en présentant immanquablement des plats qui plairont à tout le monde, surtout les végétariens ! Ce type de cuisine d'été pleine d'inventivité allie le souci du détail à l'utilisation des produits frais du jardin ou des environs. C'est une façon de préparer des aliments avec amour et bon goût. Et l'amour, nous le savons, vient de Dieu. L'amour donne du piquant à la nourriture comme aucun autre ingrédient. L'amour est un avant-goût de la nouvelle création qui nous est impartie par le Christ et, comme tel, il sanctifie notre préparation du repas, en même temps qu'il nous fait comprendre plus pleinement la réalité des bienfaits de Dieu dans la nourriture que nous consommons. « Dieu est amour ; et celui qui demeure dans l'amour demeure en Dieu, et Dieu demeure en lui. »

*Le temps est trop lent pour ceux qui attendent, trop rapide pour ceux qui craignent,*
*Trop long pour ceux en deuil, trop court pour ceux qui se réjouissent ;*
*Mais pour ceux qui aiment, le temps est éternel.*

HENRY VAN DYKE

# Risotto aux petits pois et aux navets

5 c. à soupe d'huile d'olive vierge

1 oignon moyen, haché

1 gousse d'ail, émincée

2 jeunes navets, parés et coupés en dés

55 g (½ tasse) de pois verts, écossés

190 g (1 tasse) de riz arborio

Une pincée de thym frais ou séché

1 litre (4 tasses) de bouillon de légumes bouillant (bouillon de poulet pour les non végétariens ou eau)

Sel et poivre du moulin, au goût

Fromage parmesan, fraîchement râpé

Verser l'huile dans une poêle à fond épais, ajouter les oignons, l'ail et faire revenir environ 1 min à feu moyen-doux en remuant souvent. Ajouter les navets, les pois, le riz et le thym. Poursuivre la cuisson environ 2 min en remuant, jusqu'à ce que tout le riz soit uniformément enduit.

Ajouter 500 ml (2 tasses) de bouillon ou d'eau bouillante, augmenter le feu à moyen et continuer de remuer jusqu'à ce que presque tout le liquide soit absorbé. Ajouter les 500 ml (2 tasses) de bouillon restant et continuer de remuer sans cesse jusqu'à ce que tout le liquide soit absorbé et que le riz soit cuit et tendre. Éteindre le feu, couvrir et laisser reposer 1 ou 2 min avant de servir. Au moment de servir, assaisonner, parsemer de parmesan et servir chaud.

4 portions

# Courge d'été en julienne

*Lorsque les courges d'été commencent à arriver dans le jardin, vers la fin de juin et le début de juillet (dépendant de la température), je commence immédiatement à les utiliser dans ma cuisine de tous les jours. Elles sont très pratiques, car elles cuisent rapidement. Elles sont également délicieuses lorsque jeunes et tendres. Voici une recette simple qu'un jeune chef de Provence a partagée avec moi. Cette préparation de légumes accompagne bien les viandes, les poissons et les œufs du plat principal.*

1 oignon, émincé
6 c. à soupe d'huile d'olive
2 jeunes et tendres courgettes moyennes, coupées en julienne
2 jeunes et tendres courges jaunes moyennes, coupées en julienne
1 poivron rouge moyen, coupé en julienne
Sel et poivre du moulin, au goût
Cerfeuil frais haché, en garniture

Faire revenir les oignons dans l'huile d'olive à feu moyen-doux dans une grande poêle ou une casserole antiadhésive en remuant souvent. Ajouter les courgettes, les courges jaunes, les poivrons, le sel et le poivre en continuant de remuer jusqu'à tendreté. Lorsque les légumes sont cuits, saupoudrer de cerfeuil. Bien mélanger et servir immédiatement.

4-6 portions

# Asperges, pommes de terre nouvelles et œufs durs avec vinaigrette

6 pommes de terre nouvelles moyennes, pelées et entières

6 œufs durs, pelés et coupés soigneusement en deux sur la longueur

1 échalote, émincée

125 ml (½ tasse) d'huile d'olive extravierge

4 c. à soupe de vinaigre de vin rouge

1 c. à soupe de moutarde de Dijon ou autre

1 c. à café (1 c. à thé) de sucre

Sel et poivre du moulin, au goût

1 kg (2,2 lb) d'asperges fraîches, parées

Faire bouillir les pommes de terre dans de l'eau salée jusqu'à ce qu'elles soient cuites et tendres. Égoutter et réserver.

Cuire et peler les œufs. Les couper en deux et les réserver avec les pommes de terre.

Préparer la vinaigrette en fouettant les échalotes, l'huile d'olive, le vinaigre, la moutarde, le sucre, le sel et le poivre. Réserver.

Cuire les asperges dans de l'eau salée environ 5 min, jusqu'à ce qu'elles soient mi-croquantes mi-tendres. Rincer à l'eau froide et égoutter soigneusement.

Disposer sur 6 assiettes de service, une portion d'asperges, une pomme de terre entière et 2 moitiés d'œuf. Arroser de vinaigrette et servir à la température de la pièce. Ce plat est un repas en soi – un repas léger qui est parfait un soir d'été !

6 portions

Juillet

# Salades classiques d'ailleurs

*Voici maintenant juillet, son soleil brûlant
Prive le travail de sa force… le faible
bouvillon,
Cinglant ses flancs, tire péniblement
Le lent chariot encombré dans la chaleur
de midi.*

Edmund Spencer

Lorsque juillet arrive, on entend un soupir de soulagement dans toute la campagne. Le nom même est doux et mélodieux à l'oreille, une mélodie qui contient la promesse des nombreux plaisirs de l'été. L'été est un temps de renouveau et de relaxation, un temps de magie et de jubilation : l'été offre à tous des possibilités infinies, et cela est particulièrement vrai pour ceux qui veillent sur nos jardins et s'occupent des repas quotidiens.

J'observe de près l'évolution rapide du paysage : le sol devient chaud et sec et nous devons arroser le jardin souvent, avec constance. Au loin, j'observe les prés asséchés, les champs de maïs flétris. Les collines environnantes ondulent de chaleur, criant presque pour les bienfaits de la pluie. Le vent est essoufflé et pourtant, je sens le doux parfum de notre jardin, surtout l'herbier.

Juillet est très certainement le temps de l'année le plus chaud et le plus prolifique, le moment où tout semble pousser avec intensité et abondance. Alors que je prends ma marche quotidienne tôt le matin pour inspecter les jardins, je m'arrête pour faire une pause. J'aime bien être attentif à l'intensité du moment, sensible à l'instant présent. Prendre conscience des bienfaits du moment présent est une pratique contemplative et un art. En poursuivant ma marche, je remarque que nos légumes mûrissent à un rythme accéléré. Bientôt, très bientôt, nous allons récolter les fruits de nos labeurs.

Les premiers jours d'été, notre travail monastique est évidemment axé sur les tâches dans le jardin. Juillet est le mois où les diverses graines plantées tôt le printemps commencent à pousser et mûrir, offrant des possibilités infinies pour la table. Inutile de dire que je ne raffole pas des grandes chaleurs. Par conséquent, lors de ces journées très chaudes, je me rabats sur les salades qui me tiennent heureusement loin de la cuisinière. J'aime préparer des salades ; à l'instar des soupes, elles offrent au cuisinier des possibilités infinies. Au fil des ans, j'ai appris à catégoriser les salades selon leur origine, l'occasion de les servir, le temps de préparation, etc. Il y a des variétés infinies de salades sur notre planète et tout cuisinier astucieux se plaira dans la préparation d'une salade originale et savoureuse, et y trouvera une satisfaction.

La préparation de salades est universelle. On trouve des salades dans toutes les cultures et sur tous les continents. Certaines de ces salades internationales sont devenues des classiques en raison d'une longue tradition qui a traversé les siècles. Il y a, par exemple, la salade niçoise, la salade césar, la mimosa ou la Waldorf. Chacune de celles-ci, entre autres, se trouve au menu des restaurants partout dans le monde, du plus chic cinq étoiles au plus humble bistro.

Notre prédilection pour ces salades internationales classiques s'est accrue ces dernières décennies, en partie grâce aux voyages des Américains à l'étranger et à leur découverte des trésors des cuisines locales. Il y a également le facteur santé : ceux qui se préoccupent de leur bien-être choisiront des plats préparés à partir de fruits et de légumes frais pour s'assurer d'un apport nutritionnel correct. Ces plats se présentent presque tout le temps sous la forme de salades soigneusement composées.

La salade que j'ai choisie pour le repas de ce soir, aussi simple soit-elle, nous donne l'occasion de revisiter certaines contrées lointaines – l'Angleterre, par exemple, et son célèbre fromage Stilton – et évoquer dans l'intimité de nos cuisines des souvenirs de saveurs délicieuses découvertes dans un autre pays. Bon appétit !

*Habit de Vinaigrie*

*Il y a bien des plats cuisinés pour lesquels l'accompagnement idéal selon moi est tout simplement une bonne salade à la place des légumes cuits : la saveur fraîche et croustillante offre un agréable contraste.*

ROSE ELLIOT

# Salade de jeunes pousses d'épinards et de cresson au stilton

480 g (1 lb) de jeunes pousses d'épinards, lavées

1 botte de cresson, lavé et paré

1 oignon rouge moyen, coupé finement en rondelles

100 g (1 tasse) de radis croquants, en tranches

240 g (8 oz) de fromage Stilton, coupé en petits morceaux ou émietté

**Vinaigrette**

8 c. à soupe d'huile d'olive vierge

4 c. à soupe de vinaigre de cidre

Sel et poivre du moulin, au goût

Bien assécher les épinards et le cresson. Les combiner dans un grand bol à salade. Ajouter les oignons, les radis et le fromage puis mélanger uniformément.

Préparer la vinaigrette en mélangeant tous les ingrédients.

Au moment de servir, verser la vinaigrette sur la salade. Bien mélanger. C'est une excellente salade à servir après le repas principal.

6 portions

# SALADES RUSTIQUES

*Une salade
est toujours
en saison.*

HELEN NEARING

Aujourd'hui, nous célébrons la fête nationale du 4 juillet. Nos voisins préparent leurs barbecues pour fêter le congé de façon agréable à l'extérieur. Lorsque nous sortons le soir en juillet, nous humons les odeurs appétissantes provenant des vérandas et des terrasses du voisinage. Les journées s'allongent. Les gens profitent des longues heures de clarté et se plaisent à prendre leurs repas *al fresco*.

Je dis souvent à mes amis que le gril est une technique merveilleuse pour préparer les aliments et certainement très appropriée pendant les longs jours d'été. Une technique soignée au barbecue permet d'extraire toute la riche saveur des poissons et des viandes et aide à conserver la superbe texture des légumes et des champignons. Toutefois, à mon avis, on devrait ajouter une salade fraîche préparée rapidement pour compléter les grillades et agrémenter le repas du soir. Les viandes et les poissons grillés, sans l'apport d'une salade colorée et croquante, me laissent toujours sur ma faim.

Les salades que je nomme « rustiques » entrent dans une catégorie à part. Elles ont tendance à être simples et mettent l'accent sur des ingrédients essentiels, sans superflu. Prenez, par exemple, la salade verte. Seules les feuilles fraîches et croustillantes entrent dans sa composition. Avec un soupçon de vinaigrette légère, le résultat final est idéal pour entamer ou terminer un bon repas.

La salade « rustique » a un charme qui lui est propre. Son apparence et sa saveur sont uniques. On peut lui donner une allure campagnarde lorsque les légumes ont été fraîchement récoltés du jardin ou achetés chez le fermier. Leurs couleurs vives et leur texture sont magnifiques. Surtout, elles sont faciles à préparer.

Certaines de ces salades « rustiques » sont nommées selon leur lieu d'origine: la salade de pommes de terre Mont-Blanc, par exemple, qui a été élaborée pour la première fois dans les montagnes de Savoie, demeure à ce jour une spécialité régionale. Peu importe les origines de ces recettes, elles ajoutent de la nouveauté à la gamme des salades existantes. Souvent, elles offrent une solution de rechange agréable aux salades plus connues et plus prévisibles. Pourquoi ne pas changer de temps en temps et être délicieusement surpris?

Aujourd'hui, nous nous joignons à tout le pays pour célébrer glorieusement la fête de l'Indépendance, jour où nous rendons hommage à la liberté et à l'héritage des pères fondateurs. Pour nous au monastère, c'est l'occasion de fêter en organisant un pique-nique en soirée. Nous célébrons en compagnie d'amis chers tout en assistant au spectacle coloré des feux d'artifice. La salade que j'ai choisie pour ce pique-nique est rapide à préparer, réunissant essentiellement du boulghour, des légumes et des herbes de saison.

*Croire en Dieu est une chose,*
*connaître Dieu en est une autre.*
*Au ciel et sur la terre, le Seigneur ne se*
*fait connaître que par le Saint-Esprit et*
*non par la connaissance ordinaire.*

STARETZ SILUAN

# Taboulé du 4 juillet

285 g (1 ½ tasse) de boulghour
Eau froide
4 c. à soupe de jus de citron, fraîchement pressé
80 ml (⅓ tasse) d'huile d'olive vierge
1 petit oignon rouge, haché finement
1 poivron vert, haché finement
1 grosse tomate, pelée et hachée finement
1 petit concombre frais, pelé et coupé en dés
10 g (⅓ tasse) de persil italien frais, haché finement
10 g (⅓ tasse) de menthe fraîche, hachée finement
Sel et poivre du moulin, au goût
Quelques tomates cerises et des olives pour chaque portion (facultatif)

Mettre le boulghour dans une grande casserole avec de l'eau froide. Laisser reposer au moins 1 h ou plus. Égoutter tout liquide non absorbé. Mettre le boulghour dans un grand saladier, ajouter le jus de citron et l'huile d'olive et bien mélanger.

Ajouter tous les autres ingrédients sauf la garniture. Bien mélanger, couvrir le bol et le mettre au réfrigérateur 1 à 2 h. Servir froid en éparpillant quelques tomates cerises et quelques olives en garniture dans chaque assiette. Joyeuse fête du 4 juillet et profitez de l'agréable compagnie !

6-8 portions

# Fête de saint Benoît

*Une salade est comme une auberge
espagnole. Elle accueille tout le monde
et tout ce qu'elle peut contenir.*

Marie-Therese Carreras

Au cours des journées chaudes et suffocantes de juillet, le temps semble s'arrêter et je prends plaisir à concocter diverses salades pour varier le menu quotidien. Il n'y a pas deux salades identiques. Même si on répète la même recette maintes et maintes fois, le résultat final est presque toujours différent. Les salades, comme les soupes, suscitent la créativité. Chaque fois que nous prévoyons préparer une salade, nous sommes confrontés à l'énorme variété de produits disponibles toute l'année ainsi qu'aux infinies combinaisons de couleurs, de textures et de saveurs qui nous sont offertes. Certaines salades tirent leur origine de divers endroits et de diverses cultures. En examinant tous ces choix, nous devons nous représenter le résultat que nous souhaitons atteindre en créant une salade en particulier.

Aujourd'hui, grâce au travail des jardiniers et des fermiers, ainsi qu'à la distribution mondiale des produits, le supermarché moyen tient une variété infinie de fruits, légumes, céréales et fromages, ce qui simplifie la tâche du cuisinier de créer une vaste gamme de salades appétissantes pour toute occasion : le dîner, le brunch, la fête d'amis ou le souper formel ou informel.

La création de salades peut devenir une habitude saine et nourrissante. En utilisant des ingrédients frais, riches en vitamines et en minéraux, nous nous assurons d'un apport nutritif supérieur. Lorsque vous vous mettez à la recherche d'ingrédients pour votre salade, il faut toujours vous assurer de choisir des légumes parfaits et frais, des fruits de première qualité, des fruits de mer faibles en calories, des œufs frais et des pâtes de blé entier, des céréales nourrissantes et des fromages, des huiles et du vinaigre de bonne qualité.

Aujourd'hui, nous sommes le 11 juillet, c'est-à-dire le jour où nous célébrons au monastère la solennité de notre père saint Benoît. C'est un jour particulièrement important pour nous les moines qui vivons sous l'égide de sa Règle. Comme c'est le cas des fêtes monastiques, le repas d'aujourd'hui est festif. Notre salade est conçue pour honorer spécialement saint Benoît. C'est une salade simple à préparer tout en étant élégante. Elle provient d'une famille noble de Naples en Italie.

Si nous pouvons nous imaginer le monde comme le corps de
Dieu, nous y mettons non seulement tous les humains mais
également toutes les structures par lesquelles les humains se
réunissent ; nous y mettons toute la réalité créée.

CATHERINA HALKES

# Salade festive pour la Saint-Benoît

2 avocats, pelés, coupés en deux, puis en tranches égales

1 citron frais, coupé en deux

4 tomates mûres, en tranches égales

8 tranches de mozzarella fraîche

1 petit oignon rouge, coupé finement en rondelles

8 c. à soupe d'huile d'olive vierge

Sel de mer et poivre du moulin, au goût

10 feuilles de basilic frais, hachées finement, pour la garniture

Mettre les tranches d'avocat dans un bol et saupoudrer du jus d'un demi-citron.

Disposer les tranches d'avocat uniformément dans quatre assiettes de service. Ajouter une tranche de tomate et deux tranches de mozzarella dans chaque assiette. Répartir les tranches d'oignon uniformément sur les avocats, les tomates et la mozzarella.

Verser 2 c. à soupe d'huile d'olive sur la salade. Saupoudrer de sel de mer et de poivre du moulin. Garnir de feuilles de basilic fraîches et servir immédiatement. C'est une entrée appropriée pour un jour de fête !

4 portions

# Jour de la Bastille

*Dans une bonne salade, les ingrédients principaux scintillent, chacun selon son identité propre.*

Auteur inconnu

Le mois de juillet est certainement un mois pour réfléchir à l'apport des salades à notre menu quotidien. En général, celles-ci ont toujours joué un rôle essentiel dans la cuisine française. Aucun repas ne serait complet en France sans un bol de salade, un pain ou une bouteille de vin. Très souvent, le Français ordinaire commandera une salade dans un restaurant, uniquement pour se nettoyer le palais et se préparer aux délices à venir : les fromages et les desserts. Quoiqu'il en soit, un bon repas français n'est pas parfait sans une salade simple et magnifique.

On dit qu'au XVIIIe siècle, les salades devinrent à la mode dans la noblesse française. Des chefs imaginatifs rivalisèrent de créativité dans le but de préparer des spécialités pour leur distinguée clientèle. C'est à cette époque que la célèbre mayonnaise française fut inventée pour les salades. Des années après la Révolution française, lorsque de nouveaux restaurants furent fondés dans tout Paris, les salades étaient régulièrement au menu. Les clients réagissaient favorablement à la plupart de ces ajouts, mais avec l'arrivée d'immigrants des provinces vers la capitale, certains exigèrent les salades traditionnelles de leurs propres régions. Après tout, la cuisine française a toujours été une cuisine des régions et les meilleurs plats ont tous leur origine dans les spécialités locales. La salade ne fait pas exception à cette règle.

L'engouement de la France pour la salade est devenu mondial. Il y a de plus en plus d'intérêt de la part de chefs internationaux pour des recettes peu connues, dissimulées dans les traditions locales d'un petit village français. Les nutritionnistes ont également découvert les bienfaits de la salade sur la santé et s'y intéressent. Ces recettes sont aussi variées que les régions qu'elles représentent. Le secret, bien sûr, est de les préparer avec des ingrédients frais locaux qui sont équivalents et de porter attention aux nuances de la vinaigrette. Comme en France, une bonne salade commence toujours par une vinaigrette parfaite !

*Si nous nous adressons à Dieu en tant qu'enfants, c'est parce qu'il nous dit qu'il est notre père. Si nous nous confions à lui en tant qu'ami, c'est parce qu'il nous appelle ses amis.*

WILLIAM COWPER (1731-1800)

POÈTE ANGLAIS

# Salade de pommes de terre à la provençale

10 pommes de terre rouges moyennes, pelées
  et coupées en quatre parts égales
Une pincée de sel de mer
Poivre du moulin, au goût
3 brins de persil, hachés finement
5 c. à soupe d'huile d'olive extravierge
2 c. à café (2 c. à thé) de jus de citron, fraîchement pressé
2 c. à soupe d'huile d'olive ordinaire
4 gousses d'ail, émincées
2 c. à soupe de miel

Faire bouillir les pommes de terre dans de l'eau salée à feu moyen environ 20 à 25 min, jusqu'à ce qu'elles soient cuites et tendres. Ne pas trop cuire. Égoutter à l'eau courante froide et mettre dans un grand bol à salade. Laisser reposer 15 ou 20 min, jusqu'à ce qu'elles soient tiédies.

Ajouter le poivre, le persil, l'huile d'olive et le jus de citron. Mélanger délicatement.

Faire chauffer l'huile dans une poêle à feu moyen. Ajouter l'ail et faire revenir 1 min en remuant souvent la poêle pour ne pas brûler l'ail. Ajouter le miel et continuer de remuer à peine 1 min. Ajouter cette sauce à la salade et mélanger de nouveau. Servir la salade seule ou pour accompagner le plat principal.

6-8 portions

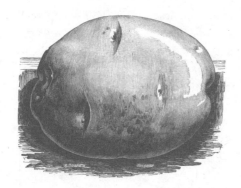

# Fête de saint Jacques

*Je ne suis qu'un pauvre
homme qui cherche Dieu,
Pleurant et l'appelant le
long de tous les chemins.*

Léon Bloy
(1846-1917)

Dieu a doté sa création de choses merveilleuses tels les œufs, le lait et le poisson, qui nous apportent des éléments nutritifs tout en inspirant de nombreux délices culinaires. Dieu a pourvu la terre et la mer d'une abondance d'aliments ; nous devrions lui en rendre grâce en nous nourrissant quotidiennement des bienfaits de sa providence.

Les œufs, le fromage et le poisson sont les aliments les plus simples et pourtant les plus parfaits. Leur valeur nutritive, surtout en tant que source de protéine, est très élevée. Ils s'ajoutent très bien à toute salade, précisément en raison de leurs éléments nourrissants. En ajoutant des œufs, du fromage ou du poisson à une salade de légumes mixtes, nous obtenons un repas complet qui comprend tous les ingrédients essentiels à un régime équilibré.

Durant les mois d'été, lorsque la température nous empêche de passer trop de temps près de la cuisinière, ces mariages de légumes, d'œufs, de fromage et de poisson en salade sont une solution de rechange au repas à longue préparation. Un bol de verdure, de tomates rouges succulentes, d'oignons, de concombres, avec l'ajout à la toute fin d'un œuf dur, d'un fromage bleu émietté ou de miettes de saumon fumé, créera un repas qui restera dans la mémoire longtemps après avoir été dégusté.

Aujourd'hui, le 25 juillet, le calendrier liturgique commémore la fête de saint Jacques, un apôtre du Seigneur et un martyr de la foi. Le repas principal du souper de ce soir est une salade simple comprenant cinq ingrédients : avocats, œufs, poivrons rouges, oignons et laitue romaine. Cette salade convient à la fois aux végétariens et aux non végétariens, car elle contient suffisamment de protéines pour satisfaire les deux camps.

*Une salade et des
œufs, et des plats
plus légers,
Accordent la
guitare de l'étincelle
italienne.*

Matthew Prior

# Salade aux œufs et aux avocats de la Saint-Jacques

2 œufs, bouillis 10 min puis tiédis

2 poivrons rouges moyens, bouillis 5 min, pelés et coupés en dés

1 petite tête de laitue romaine, lavée, égouttée et coupée en bouchées

1 oignon rouge moyen, coupé en demi-lunes

2 c. à soupe de jus de citron, fraîchement pressé

2 avocats moyens, pelés et coupés en dés

4 c. à soupe (ou plus) de mayonnaise maison ou du commerce

Sel et poivre du moulin, au goût

Retirer les jaunes d'œuf. Hacher les blancs et les mettre dans un grand bol. Ajouter les poivrons, la laitue et les oignons et mélanger délicatement.

Mettre les dés d'avocat dans un bol plus petit et arroser de jus de citron. Mélanger délicatement et ajouter à la salade. Ajouter la mayonnaise, le sel et le poivre au goût. Mélanger délicatement.

Cette salade peut être servie dans un grand bol à salade ou sur un grand plateau. Réfrigérer au moins 1 h avant de servir. Au moment de servir, émietter les jaunes d'œuf sur la salade en garniture.

6-8 portions

# Fête de sainte Marthe

*On doit en se levant d'un repas être en mesure de s'appliquer à la prière et à l'étude.*

Saint Jérôme

Les salades de pâtes, à la maison ou au restaurant, sont extrêmement populaires pendant les journées chaudes de l'été. Les salades de pâtes sont non seulement appétissantes mais économiques ; elles sont donc très attrayantes pour la personne ou la famille à petit budget. Elles sont également idéales pour une communauté de moines, car il faut trouver le moyen de satisfaire le bon appétit de ces derniers.

Les salades de pâtes s'apportent bien en pique-nique ou à des buffets informels. Leur préparation simple leur confère un attrait particulier. Souvent, on fait cuire les pâtes à l'avance, parfois même la veille. On combine ensuite celles-ci avec les autres ingrédients et on refroidit le tout avant de servir. Plus tard dans la journée, ou pendant les jours qui suivent, la salade est prête à manger au moment où on en a besoin. Bien entendu, cela n'est pas vrai pour une salade de pâtes servie à la température de la pièce : dans ce cas, les pâtes doivent être cuites à la dernière minute, al dente, puis préparées et servies.

Dans tous les cas, il faut à tout prix éviter de trop cuire les pâtes. Les pâtes doivent toujours être servies al dente. Sinon, elles perdent en fermeté et en croquant, leurs meilleures qualités. Lorsque je choisis mes pâtes au marché, je m'assure qu'elles sont faites à partir de céréales pures et entières. La différence en termes de goût et d'apport nutritionnel est énorme.

L'été, la plupart d'entre nous n'avons pas envie de trop nous attarder dans une cuisine surchauffée. La plupart des gens préfèrent effectuer d'autres tâches plutôt que de cuisinier longuement. Je les comprends très bien et je suis sympathique à leur cause. Après tout, il y a un temps et une saison pour tout. Je remarque que durant les longs mois d'hiver, il nous paraît naturel de se détendre autour d'une cuisinière qui chauffe. Mais durant les mois d'été, c'est une tout autre histoire ! Et pourtant, tous ceux parmi nous qui aimons cuisiner pour les autres doivent tout de même trouver un moyen inventif de garnir la table et d'offrir des repas appétissants.

La préparation des repas, qu'ils soient simples ou élaborés, est une occupation sans fin à tout moment de l'année. En été, en hiver, au printemps et à l'automne, les gens doivent manger et nous devons en tant que cuisiniers satisfaire leur appétit. C'est là que les salades de toutes sortes peuvent nous tirer d'affaire, surtout lors de ces journées humides et souvent suffocantes. Une des deux salades que je prépare pour ce soir est à base de pâtes et elle devrait suffire pour une bonne part à nourrir adéquatement les invités qui partagent notre table. En plus d'être appétissante, elle est rapide à préparer et ne demande qu'un minimum d'effort.

*La laitue et toute autre salade renferme une fraîcheur qui rétablit l'équilibre : son toucher nous calme, son cœur est pur.*

Louis Untermeyer

# Salade de pâtes et de champignons

480 g (1 lb) de rotelles (ou autres pâtes,
   au goût)
2 c. à soupe d'huile d'olive
Une pincée de sel de mer
3 échalotes, coupées en dés (ou un oignon
   rouge moyen, haché finement)
12 têtes de champignons moyens, lavées et
   coupés en tranches de 0,5 cm (1/2 po)
1 boîte de 180 ml (6 oz) d'olives noires moyennes, dénoyautées et égouttées
2 brins de persil plat italien, hachés finement

*Vinaigrette*
80 ml (1/3 tasse) d'huile d'olive vierge
4 c. à soupe de vinaigre de vin rouge
1 gousse d'ail, émincée
Sel et poivre du moulin, au goût

Mettre les pâtes dans une grande casserole
remplie d'eau bouillante. Ajouter l'huile d'olive
et le sel de mer et laisser bouillir en suivant les
indications sur l'emballage. Égoutter adéquatement à l'eau courante froide, puis mettre les
pâtes dans un grand bol.

Ajouter les échalotes, les champignons, les
olives et le persil. Mélanger délicatement.

Préparer la vinaigrette à l'avance afin que
les saveurs se marient. Bien mélanger les ingrédients. Verser sur la salade. Remuer délicatement. Couvrir et réfrigérer au moins 1 h. Servir
froid.

6-8 portions

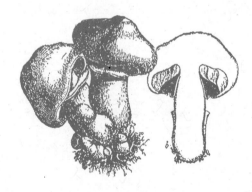

Loût

# Salades mixtes toutes simples

*C'est étrange de constater à quel point un bon dîner et une fête réconcilient tout le monde.*

Samuel Pepys

Août est ce temps de l'année où le parfum sucré des fleurs, des herbes et des légumes frais embaume tout notre jardin. J'aime réfléchir à la compatibilité parfaite entre nos jardins et notre cuisine. Ils se complètent l'un l'autre à la perfection : l'un fait pousser et produit les légumes à servir, l'autre les combine avec art et doigté pour le plus grand bonheur du palais.

Je trouve toujours que les légumes d'été se reconnaissent aisément à leurs couleurs vives, à leurs saveurs bien développées et, bien sûr, à leur texture et à leur fraîcheur exquises. Tous ces facteurs réunis sont autant de raisons de préparer des salades plus souvent lors de ces journées chaudes et brûlantes. Depuis que je suis tout petit, j'ai toujours raffolé des saveurs et du croquant des légumes à ce temps-ci de l'année. C'est la période, par exemple, où on récolte les tomates les plus exquises, gorgées de la chaleur du soleil et saturées de vitamines. Il en va de même pour les autres légumes frais. En général, la préparation des salades n'est pas compliquée. Les ingrédients de base peuvent facilement être réunis au dernier moment, ce qui permet d'économiser beaucoup de temps. Et à la toute der-

nière minute, avant de servir, la vinaigrette se prépare rapidement à la main ou au mélangeur, comme le font bien des cuisiniers de nos jours. J'ai tendance à être vieux jeu et je continue de les préparer à l'ancienne, sauf à quelques rares occasions où il faut l'aide d'un mélangeur pour bien réussir une vinaigrette particulière.

La préparation de ces recettes de base peut nous alléger grandement la tâche. Dans bien des cas, on peut les préparer en quelques minutes, alors que l'arrivée inattendue à la table d'un ami ou d'un membre de la famille nous oblige à faire vite. Un repas principal peut être attrayant en soi mais il prend beaucoup plus de temps à préparer. On peut se réjouir de pouvoir toujours rehausser le plat principal par une salade simple, saine et attrayante. À peu de frais, une salade improvisée de dernière minute peut hisser un repas ordinaire à des sommets culinaires. Bien sûr, cela est particulièrement vrai lorsqu'on utilise les ingrédients les plus frais, comme c'est le cas durant l'été.

La salade que je prépare pour le repas de ce soir en est une que je qualifierais de « simple comme bonjour ». Elle s'inspire de la production actuelle au jardin du monastère. La simplicité du nom explique tout. Deux heures avant le souper, je me rends au jardin, à quelques pas de la cuisine, portant un vieux panier, et je commence à cueillir les ingrédients de la salade. Le choix est grand mais je me contente de quatre ou cinq ingrédients. C'est plus que suffisant pour la salade que je veux servir ce soir. Je crois fermement que les salades fraîches, un cadeau du Seigneur qui fait fructifier nos jardins, font une énorme différence dans notre régime quotidien. Il est si facile de prendre ces ingrédients simples et de les transformer de telle façon que les gens apprécieront ce qu'ils ont mangé. Les légumes que nous récoltons de nos propres jardins sont une source de nourriture saine, biologique, fraîche, sans pesticides, additifs ou autres produits chimiques. De tels ingrédients donnent un sens à la cuisine qui, par-dessus tout, doit se préoccuper d'abord non seulement de plaire mais de nourrir les gens avec les produits les meilleurs et les plus sains à notre disposition. La qualité des aliments devrait toujours être la considération première de tout chef, qu'il travaille dans un bistro, dans un restaurant ou à la maison.

*Seigneur, tu es mon amant,*
*Mon désir,*
*Mon ruisseau coulant, mon soleil,*
*Et je suis ton reflet.*

MECHTILDE DE MAGDEBURG (1220-1280)

# Salade du jardin du monastère

1 laitue frisée feuille de chêne (ou autre de saison)

1 botte de roquette, parée

1 concombre frais moyen, lavé mais non pelé et coupé en tranches fines

24 tomates cerises, lavées

1 oignon rouge moyen, coupé en fines rondelles

### *Vinaigrette*

5 c. à soupe d'huile d'olive vierge

3 c. à café (3 c. à thé) de jus de citron, fraîchement pressé

2 c. à café (2 c. à thé) de cassonade ou de sucre roux

1 c. à café (1 c. à thé) de moutarde crémeuse, de préférence de Dijon

Sel et poivre du moulin, au goût

Laver et sécher complètement tous les ingrédients de la salade. Si les feuilles de laitue sont trop grosses, les couper en bouchées.

Combiner tous les ingrédients de la salade dans un grand bol.

Fouetter la vinaigrette dans une tasse ou un petit bol 1 ou 2 min, jusqu'à consistance homogène. Au moment de servir, verser la vinaigrette sur la salade et bien mélanger. (Habituellement, je sers cette salade après le repas principal ou une assiette de pâtes. Elle est légère et rafraîchissante!)

4-6 portions

# Salade aux trois poivrons

*Une autre de mes recettes de salade « simple comme bonjour » est composée surtout de poivrons. Elle est toujours attrayante pour un buffet ou un pique-nique en été. Il y a deux jours, je l'ai préparée et elle a eu beaucoup de succès auprès des convives.*

1 gros poivron vert, coupé en dés
1 gros poivron rouge, coupé en dés
1 gros poivron jaune, coupé en dés
1 concombre moyen, pelé et coupé en dés
1 oignon rouge, coupé en petits morceaux
1 boîte de 250 ml (8 oz) d'olives noires
   dénoyautées, égouttées et coupées en deux
1 c. à café (1 c. à thé) de jus de citron, fraîchement pressé
1 petite botte de persil frais, lavée et émincée

### Vinaigrette
6 c. à soupe d'huile d'olive extravierge
2 c. à soupe de jus de citron, fraîchement
   pressé
Sel et poivre noir du moulin, au goût

Mettre tous les légumes dans un grand bol à salade sauf le persil. Ajouter le jus de citron et bien mélanger. Réfrigérer environ 2 h ou plus avant de servir.

Au moment de servir, sortir la salade du réfrigérateur. Bien mélanger les ingrédients de la vinaigrette et verser sur la salade. Ajouter le persil. Bien mélanger. Servir cette salade comme plat d'accompagnement au repas principal. Elle s'harmonise bien avec tout plat de poisson, de viande, de volaille ou d'œufs ainsi que les plats végétariens. Par-dessus tout, savourez les saveurs de l'été !

6 portions

# Fête de la Transfiguration

*Chaque aperçu de Dieu est un cadeau, qui nous amène à désirer encore davantage sa présence hautement sacrée, toujours désirée, toujours satisfaisante, qui sera le bonheur de l'éternité.*

Edward B. Pusey (1800-1882)

Aujourd'hui, au monastère, nous célébrons la fête de la Transfiguration du Seigneur, une fête éminemment monastique et une des plus belles du calendrier chrétien. Les moines à travers les âges se sont toujours identifiés à ce mystère, car la Transfiguration du Christ est d'une certaine manière le symbole de la transformation qui doit avoir lieu dans nos propres vies. Au moment de la transfiguration, le voile couvrant la divinité du Christ est levé brièvement, et tout à coup nous apercevons Jésus dans toute sa lumineuse beauté et toute sa splendeur. Il devient translucide, infiniment beau et resplendissant d'une divinité sublime. Et du Très-Haut, on entend les paroles mystérieuses : «Celui-ci est mon Fils bien-aimé, qui a toute ma faveur : écoutez-le ! » (Mathieu 17,5).

En sondant le mystère de la Transfiguration dans les profondeurs de mon cœur, je vaque à mes tâches dans la cuisine. Pour respecter l'esprit de la fête, j'ai décidé hier de présenter une salade festive à la table, une de celles qui est profondément ancrée dans la tradition culinaire italienne.

Au fil des siècles, les Italiens ont créé d'innombrables salades imaginatives qui ont toujours fait la fierté de leur cuisine. Il n'y a rien d'étonnant à cela ; après tout, l'Italie est le pays de l'huile d'olive et du vinaigre balsamique, le pays où les habitants croient fermement au pouvoir rajeunissant des salades.

La plupart des régions de l'Italie, comme celles de France et d'Espagne d'ailleurs, ont leurs propres recettes de salade qui font la fierté de la cuisine régionale. Contrairement aux habitudes françaises, où la salade est habituellement servie entre deux plats ou après le plat principal, les Italiens préfèrent la servir en entrée comme antipastis. Les antipastis sont composés principalement de légumes marinés arrosés d'huile d'olive.

Les salades croquantes et crues aussi bien que les antipastis de légumes cuits aiguisent l'appétit et annoncent les plats attrayants à venir.

Dans ce livre, je donne une ou deux recettes tirées de l'impressionnante gamme de salades régionales italiennes. Elles sont très variées, allant de la plus simple à la plus raffinée. De toute manière, elles proviennent d'une cuisine naturelle et saine, comme le pays d'où elles proviennent. Les recettes suivantes peuvent être servies non seulement l'été mais toute l'année durant. La salade lombarde est une de celles dont je ne me lasse jamais ; par conséquent, je la prépare à quelques reprises au cours de l'année. Mon seul regret est le prix élevé des endives belges ici, aux États-Unis, même si elles sont faciles à trouver.

*Les salades sur les fermes italiennes ne sont pas souvent au menu, et leur rareté les rend d'autant plus attrayantes… Même ce qui ne semble être qu'une salade verte toute simple est en fait un mélange épicé et percutant, réunissant par un soupçon d'huile d'olive extravierge et une pincée de sel des saveurs débridées.*

Susan Hermann Loomis

# Salade de Lombardie aux endives et au gorgonzola

6 endives belges moyennes, les feuilles séparées

50 g (½ tasse) de noix écalées, hachées

60 g (½ tasse) de fromage gorgonzola, coupé en petits morceaux

1 oignon rouge moyen, pelé et coupé en 2 puis en fines demi-lunes

### Vinaigrette

4 c. à soupe d'huile d'olive extravierge

2 c. à soupe de crème épaisse ou légère, selon la préférence

2 c. à soupe de vinaigre de vin blanc (ou autre)

1 c. à soupe de cerfeuil, haché finement

Sel et poivre blanc, au goût

Mettre les feuilles d'endive dans un grand bol. Si les feuilles sont trop grosses, les casser en bouchées ou en moitiés. Ajouter les noix, le fromage, les oignons et bien mélanger.

Au moment de servir, mélanger à fond tous les ingrédients de la vinaigrette, y compris le cerfeuil, jusqu'à obtention d'un mélange lisse et crémeux. Verser la vinaigrette sur la salade et bien mélanger de nouveau. Servir à la température ambiante. C'est une excellente salade à servir après le plat principal.

6-8 portions

# Salade sicilienne aux oranges
## Insalata di arance

*Une autre salade italienne classique dont je raffole vient de la Sicile et s'appelle insalata di arance. Elle représente la cuisine unique de la Sicile, où divers légumes et fruits sont réunis pour créer de profonds contrastes appétissants. Dimanche soir dernier, j'ai préparé cette salade pour un groupe d'invités du monastère. Ils se sont régalés et l'un d'eux m'a suggéré de l'inclure dans mon livre de recettes. La voici dans toute sa simplicité et son charme siciliens.*

1 petite pomme de chicorée frisée, lavée, séchée et coupée en bouchées

5 oranges juteuses moyennes, pelées et séparées en quartiers

1 oignon rouge, pelé et coupé en tranches fines

30 g (1 tasse) de persil plat italien frais, haché grossièrement

120 g (1 tasse) d'olives noires siciliennes, dénoyautées

Une pincée de sel de mer, au goût

**Vinaigrette**

7 c. à soupe d'huile d'olive extravierge

2 c. à soupe de vinaigre de vin rouge

1/2 c. à café (1/2 c. à thé) de paprika

1 petite gousse d'ail, émincée

Mettre la chicorée, les oranges, les oignons, le persil, les olives et le sel de mer dans un grand bol à salade et mélanger délicatement.

Dans un petit bol, bien mélanger tous les ingrédients de la vinaigrette. Laisser reposer 1 h. Au moment de servir, verser la vinaigrette sur la salade et mélanger légèrement. Servir immédiatement.

6-8 portions

# Jour de saint Laurent

*Ne me donne ni pauvreté,
ni richesse,
Accorde-moi le pain qui
m'est nécessaire.*

Proverbes (30,8)

Le calendrier monastique, comme le séculier, se répète d'année en année. Il n'attend personne et arrive toujours à temps. Il est basé sur les saisons liturgiques et nous donne l'occasion de nous rappeler chaque jour les amis de Dieu et nos intercesseurs : les saints. Il ne faut donc pas s'étonner que tant de recettes portent le nom d'un saint. Ça m'est tout à fait naturel ; chaque jour, je prie et je pense au saint dont on honore la mémoire ce jour-là. Je me tiens en la compagnie de la Mère de Dieu et des saints et je m'inspire de leurs paroles et de leur exemple.

Quelqu'un m'a déjà demandé s'il y avait une signification « mystique » aux recettes qui portaient des noms de saint. Cette personne pensait que la recette était une création du saint auquel on l'attribuait. Elle était mystifiée et presque déçue par ma réponse simple. Je lui ai expliqué qu'il y a bien des façons d'honorer les saints et d'entretenir leur mémoire. Baptiser des recettes en leur nom est une de mes nombreuses façons de rappeler leur héritage aux autres.

Il y a quelques années, on me demanda de faire une conférence et une séance de signature de livres au profit d'une bibliothèque locale. Après la conférence, les responsables de la bibliothèque m'invitèrent à souper dans leur domicile. C'était des gens charmants et j'appréciai grandement ma visite chez eux. Lorsque arriva le moment de passer à table, ils me surprirent en servant un repas préparé à partir de mes propres recettes. Au moment du service, mon hôte annonça : « Voici la salade de saint Joseph. » Tout le monde rit et quelqu'un demanda qui était saint Joseph et pourquoi j'avais donné son nom à la recette. Cette question était facile à répondre car saint Joseph m'est très cher. Je commençai à expliquer à tout le monde que Joseph était le mari de Marie et le beau-père de Jésus, et qu'il m'était particulièrement cher en raison de la protection infaillible qu'il témoigna envers sa famille ; la recette n'était qu'une façon de lui dire « Merci ».

Au moment de prendre congé, quelqu'un s'approcha de moi et dit : « Merci de nous avoir parlé de saint Joseph. Je n'en n'avais jamais entendu parler. » Bien entendu, je dois expliquer qu'il n'y avait pas de catholiques ni d'orthodoxes à cette table ce soir-là. Quand je rentrai enfin au monastère et entrai dans la chapelle pour chanter les complies, je fixai l'icône de saint Joseph avec un amour et une dévotion renouvelée. Je crus apercevoir une aura particulière pulsant autour de l'icône, comme si le saint voulait me dire quelque chose. Peut-être était-ce simplement un remerciement pour avoir honoré sa mémoire.

Aujourd'hui, le 10 août, nous célébrons la mémoire de saint Laurent, un martyr de l'église primitive. C'était également un diacre et il est devenu depuis lors le saint patron des diacres. Au cours de sa vie, il était reconnu pour ses attentions et son dévouement envers les pauvres, les aînés et les veuves. La salade préparée pour le souper de ce soir, baptisée de façon tout à fait appropriée «Salade de saint Laurent», est colorée et fait usage de tomates rouges pour nous rappeler le martyre de ce saint. Que ce fidèle ami du Christ, un jeune témoin et martyr pour la cause des Évangiles, continue de bénir quotidiennement toutes nos entreprises culinaires. Les saints sont non seulement des amis de Dieu mais les nôtres également. Je compte beaucoup sur leur secours, leur exemple de vie chrétienne et surtout sur leur intercession au cours de notre propre voyage terrestre vers Dieu.

*Et tes fidèles te béniront. Ils diront la gloire de ton règne, Et ils proclameront ta puissance.*

PSAUMES *(145,10-11)*

# Salade de saint Laurent

1 petite pomme de laitue romaine, lavée, égouttée et coupée en bouchées

20 tomates cerises, lavées et coupées en deux

10 champignons, en lamelles

1 boîte de 180 ml (6 oz) d'olives noires dénoyautées, rincées et égouttées

1 petit oignon, haché finement

Quelques feuilles de basilic frais, hachées grossièrement

## Vinaigrette

8 c. à soupe d'huile d'olive vierge

60 ml (1/4 tasse) de jus de citron fraîchement pressé

1 jaune d'œuf

1/4 c. à café (1/4 c. à thé) de muscade

1 c. à café (1 c. à thé) de sucre

Sel et poivre du moulin au goût

Combiner dans un grand bol profond la laitue, les tomates, les champignons, les olives et les oignons. Hacher le basilic et réserver. Mélanger délicatement. Réfrigérer au moins 1 ou 2 h avant de servir.

Dans un mélangeur, combiner tous les ingrédients de la vinaigrette et mélanger jusqu'à épaississement et consistance uniforme. Réfrigérer jusqu'au moment de servir.

Disposer la salade sur des assiettes individuelles et arroser de vinaigrette. Au moment de servir, garnir de basilic. Cette salade peut être servie en entrée ou après le repas principal.

6-8 portions

# La glorieuse fête de la Dormition et de l'Assomption de la Mère de Dieu

*Dieu, qui créa la terre,*
*L'air, le ciel, la mer,*
*Qui donna naissance à la lumière,*
*Veille sur moi.*

Sarah Betts Rhodes (1829-1904)

Au cours de ces jours d'été tranquilles d'août, le jour se prolonge très tard. En fait, il fait encore jour quand nous chantons les complies à 20 h. En France, on disait jadis que le milieu de l'été est le mitan de l'année ; en effet, à la splendide fête de l'Assomption, nous semblons avoir atteint un moment de plénitude et d'achèvement. Ce sentiment de plénitude convient bien aujourd'hui alors que nous fêtons l'achèvement et le couronnement de la vie terrestre de Marie, la Mère de Dieu. Aujourd'hui, en honneur de la fête de Marie, je parcours humblement mon modeste répertoire de salades « exotiques » pour inspirer mon menu. Rien n'est plus appétissant et calmant par une chaude soirée estivale qu'une salade fraîche, dont les principaux ingrédients proviennent de notre propre jardin. Ces salades soi-disant « exotiques », dont la préparation et le lieu d'origine sortent de l'ordinaire, nous changent agréablement de notre répertoire habituel de salades.

La diversité des salades dans le monde va de la plus simple et la plus humble à la plus sophistiquée et la plus exotique. Les salades provenant de la tradition culinaire française, par exemple, sont connues pour leur originalité et leur raffinement. Je dois avouer que ces salades exotiques ne constituent pas notre régime monastique habituel, qui a des tendances plus ascétiques. Mais en tant que cuisinier, je ne peux en ignorer l'existence ; alors, de temps en temps, je fais des expériences avec les moins compliquées. J'ai tendance à me limiter délibérément aux quelques salades auxquelles j'ai été exposé d'une façon ou d'une autre au fil des années.

Les salades exotiques sont uniques ; elles nous révèlent non seulement la culture dissimulée derrière des traditions culinaires étrangères mais également les possibilités infinies dans la préparation des salades. Une chose à retenir de tous ces choix est l'ouverture au changement et à la transformation. Ce qui commence parfois simplement avec des ingrédients de base peut devenir, par des altérations subtiles, un mets très exotique. L'art de préparer les salades renferme bien des secrets et il incombe au chef talentueux de découvrir leurs multiples possibilités.

J'apprécie les mois d'été parce qu'ils nous offrent amplement de temps d'expérimenter de nouvelles salades. Le mois d'août en particulier, qui ne nous incite pas à utiliser notre cuisinière, nous offre quantité d'occasions d'essayer des salades appétissantes. Parmi les salades soi-disant « exotiques », il y en a une qui est simple et vient du Maroc ; j'aime bien la préparer souvent. Elle est en effet un peu exotique, et je veux dire par là qu'elle comporte des saveurs inhabituelles, mais le résultat final est toujours délicieux. Au fil des ans, les gens qui l'ont appréciée m'ont demandé la recette. La voici dans sa forme la plus simple.

*Si vous pensez qu'une salade consiste en quelques feuilles de laitue hachées, garnies de tranches de concombre et de quartiers de tomates, lisez plus avant. La nourriture végétarienne trouve véritablement sa raison d'être avec la salade ; les possibilités ne sont limitées que par votre imagination.*

THE ESSENTIAL VEGETARIAN COOKBOOK

# Salade marocaine

1 pomme de laitue Boston, Bibb ou autre laitue à feuilles vertes, lavée et égouttée

240 g (1 tasse) de dattes dénoyautées, coupées en deux sur la longueur

5 clémentines, pelées et séparées en quartiers

4 betteraves moyennes, bouillies, pelées et coupées en dés

1 petit oignon rouge, haché finement

### Vinaigrette

4 c. à soupe d'huile d'olive extravierge

2 c. à soupe de jus d'orange, fraîchement pressé

2 c. à soupe de vinaigre de vin blanc

2 c. à soupe de sucre brut ou blanc

1/3 c. à café (1/3 C. à thé) d'assaisonnement liquide aux piments forts (ou poivre noir du moulin, au goût)

Couper la laitue en bouchées et la mettre dans un grand bol à salade. Ajouter les dattes, les clémentines, les betteraves et les oignons. Mélanger délicatement.

Une heure avant de servir, préparer la vinaigrette en mélangeant tous les ingrédients ensemble. Laisser reposer jusqu'au moment de passer à table. Au moment de servir, rectifier l'assaisonnement. Verser la vinaigrette sur la salade et mélanger délicatement, s'assurant que tous les ingrédients sont enrobés uniformément. Servir immédiatement.

Cette salade, une des rares qui n'utilisent pas de sel, est particulièrement remarquable en raison de son goût sucré.

6-8 portions

# Fête de saint Bernard

*Et le fruit du pays aura de
l'éclat et de la beauté.*

Esaïe (4 : 2)

Il fut un temps où on ne mélangeait jamais les fruits et les légumes dans le même saladier. J'ai été élevé avec cet interdit culinaire. C'est difficile à croire de nos jours, car de plus en plus de gens partout dans le monde combinent toutes sortes de produits pour créer des salades nourrissantes et saines.

Le mélange de fruits et de légumes dans la même salade comporte d'autres avantages pour le chef, mis à part le côté santé; il peut enrichir la salade de diverses textures, de saveurs subtiles et de couleurs attrayantes. Qui peut résister à l'attrait d'une telle variété de combinaisons?

Au fil des années, les salades de fruits sont devenues un des mets préférés à l'heure du midi pour bien des gens, surtout durant les mois chauds de l'été. Elles sont légères, goûteuses et toujours rafraîchissantes. Toutefois, il n'y a pas d'empêchement à inclure des fruits dans la salade du soir, en entrée ou en plat d'accompagnement au mets principal. De toute manière, il faut toujours choisir en saison les fruits les plus frais et éviter le recours aux produits en conserve ou surgelés, même au plus creux de l'hiver. Il faut également porter attention à la vinaigrette lorsqu'on

mélange les fruits et les légumes ou lorsqu'on ne fait usage que de fruits. La bonne vinaigrette est le secret d'une bonne salade, car elle peut ou bien l'améliorer ou bien la détruire.

Lors de ces jours d'été, je préfère les combinaisons de plusieurs sortes de fruits, souvent avec quelques variétés de laitue, pour créer une salade nourrissante et colorée. J'aime bien mélanger les diverses textures et les saveurs appétissantes des fruits avec le goût délicat des salades et autres légumes tels que les betteraves. Les agrumes, les pommes, les poires, les pêches, etc. se mélangent admirablement bien aux légumes-feuilles ou autres légumes, créant un contraste de saveurs. Voici quelques recettes inspirées mais simples qui proviennent de notre cuisine de monastère et sont souvent répétées pendant la saison. Aujourd'hui, alors que toute la famille des moines fête saint Bernard, un moine remarquable et un des personnages les plus influents du Moyen Âge, notre salade spéciale de légumes et de fruits sera nommée en son honneur.

*La bonté est une chose si
simple :
Vivre toujours pour les
autres, jamais en cherchant
son propre intérêt.*

Dag Hammarskjold

# Salade de fruits aux épinards de saint Bernard

480 g (1 lb) de jeunes pousses d'épinards, lavées et séchées

1 oignon rouge moyen, en tranches fines

6 grosses tangerines (ou clémentines), pelées et séparées en quartiers

4 pêches, pelées et coupées en tranches égales

1 mangue, dénoyautée, pelée et coupée en morceaux

### Vinaigrette

8 c. à soupe d'huile d'olive extravierge

4 c. à soupe de jus de citron, fraîchement pressé

2 c. à soupe de sucre

1 c. à café (1 c. à thé) de moutarde sèche

Sel au goût

Disposer les épinards et les oignons sur un plat de service ou dans des assiettes, selon la préférence.

Mettre les fruits dans un grand bol et mélanger délicatement.

Préparer la vinaigrette en mélangeant tous les ingrédients à fond. Au moment de servir, verser la vinaigrette sur les fruits et mélanger pour bien les enrober.

Disposer les fruits sur le lit d'épinards et servir. (Si la salade est préparée d'avance, les fruits mélangés se conservent au réfrigérateur.)

6-8 portions

# Salade aux kiwis et aux bananes

4 pommes, pelées, évidées et coupées en tranches fines

4 bananes, pelées et coupées en tranches

200 g (1 tasse) de raisins verts

6 kiwis, pelés et coupés en tranches égales sur la largeur

100 g (1 tasse) de noix

**Vinaigrette**

125 g (1/2 tasse) de yogourt nature

80 g (1/3 tasse) de mayonnaise

3 c. à soupe de miel

2 c. à café (2 c. à thé) de jus de citron, fraîchement pressé

1/2 c. à café (1/2 c. à thé) de muscade

Combiner tous les fruits et les noix dans un grand bol et réfrigérer jusqu'au moment de passer à table.

Au moment de servir, préparer la vinaigrette en mélangeant tous les ingrédients dans un bol. Bien mélanger et verser sur la salade de fruits. Remuer délicatement et servir.

6-8 portions

# Vinaigrettes

*Ton Dieu t'a oint
d'une huile de joie.*

Psaumes (45,7)

Il est intéressant de constater que quelques-uns des éléments principaux qui entrent dans la composition d'une vinaigrette ont des origines bibliques profondes. Le sel, l'huile et le vinaigre se retrouvent partout dans l'Ancien et le Nouveau Testament. Le sel et l'huile symbolisent la vie et sont utilisés dans le rituel des sacrements du baptême et de la confirmation. Le sel, l'huile et le vinaigre sont non seulement des aliments de base mais également de riches symboles de goût, de pouvoir et d'onction; en tant que tels, ils sont vivifiants. Il n'est donc pas étonnant de voir ces éléments entrer dans la composition de toute vinaigrette de base.

Les Français ont un dicton: «Toute bonne salade commence par une bonne vinaigrette». Les vinaigrettes doivent améliorer à la fois le goût et la présentation de la salade. Elles concourent grandement à atteindre un résultat parfait, c'est-à-dire une salade qui reste dans la mémoire longtemps.

Les vinaigrettes de base sont peu nombreuses mais ont des variantes à l'infini. Par exemple, la vinaigrette française de base, qui est composée d'une bonne huile d'olive et de vinaigre de vin (le mariage de l'huile et du vinaigre), auxquels on ajoute une pincée de sel et de poivre au goût, offre des possibilités illimitées dès qu'on commence à ajouter d'autres ingrédients, que ce soit de l'ail émincé, une cuillère à café de moutarde de Dijon, une poignée de fines herbes fraîches hachées finement ou une combinaison de miel et de moutarde. Les déclinaisons sont infinies. Il en va de même pour la mayonnaise: ajoutez quelques gousses d'ail émincées et vous obtenez de l'aïoli; ajoutez un peu de moutarde de Dijon ou de Meaux et vous avez une sauce rémoulade. Tout chef inspiré peut modifier une recette de vinaigrette et ajouter une touche magique à une salade.

On trouve toute une variété de vinaigrettes dans le commerce. Certes, ces produits simplifient la tâche du cuisinier mais elles ne peuvent en aucun cas se comparer au goût d'une vinaigrette ou d'une sauce maison. Les vinaigrettes commerciales ne doivent servir qu'en cas d'urgence, par exemple pour nourrir une foule importante.

Pour préparer une bonne vinaigrette, il faut toujours commencer avec les meilleurs ingrédients: une huile d'olive de première qualité, un vinaigre raffiné, du sel de mer et du poivre fraîchement moulu. Les ingrédients additionnels doivent également être de la première fraîcheur: de bons citrons acidulés, des œufs frais pour la mayonnaise, des herbes fraîches au besoin ou des herbes séchées de bonne qualité lorsque le produit frais n'est pas disponible.

Toute vinaigrette peut être préparée à l'avance puis réfrigérée. On peut passer les vinaigrettes au mélangeur ou les fouetter à la main dans un bol profond. Il n'y a rien de mystérieux dans la préparation d'une bonne vinaigrette : le chef n'a qu'à faire preuve de créativité et d'ingéniosité pour préparer une salade raffinée qui autrement représenterait une dépense inutile. Bon nombre des recettes de vinaigrettes accompagnent les salades proposées dans ce livre. Celles qui suivent sont les recettes de base les plus courantes et peuvent servir à en inspirer d'autres.

*Telle est la vinaigrette, tel est l'appétit.*

Proverbe letton

*Vous êtes le sel de la terre. Mais si le sel perd sa saveur, avec quoi la lui rendra-t-on ?*

Matthieu (5,13)

# Sauce au roquefort

60 ml (¹/4 tasse) de crème sûre, de crème aigre
    ou de yogourt nature faible en  gras
60 ml (¹/4 tasse) de crème épaisse
2 c. à soupe d'huile d'olive
2 c. à soupe de vinaigre de vin blanc
Sel et poivre blanc, au goût
60 g (2 oz) de roquefort, émietté

Combiner tous les ingrédients sauf le fromage dans un bol profond. Mélanger à l'aide d'un batteur à main jusqu'à obtention d'une sauce lisse et crémeuse. Ajouter le fromage et bien mélanger à l'aide d'une fourchette ou d'une cuillère. Réfrigérer plusieurs heures avant de servir.

Rendement : 160 ml (²/3 tasse)

# Aïoli

2 jaunes d'œuf très frais
4 gousses d'ail, émincées
1 c. à soupe de jus de citron, fraîchement
    pressé ou de vinaigre à l'estragon
1 c. à café (1 c. à thé) de moutarde de Dijon
Sel et poivre blanc, au goût
250 ml (1 tasse) d'huile d'olive légère ou
    d'huile végétale

Mettre les jaunes d'œuf dans un bol profond. Ajouter l'ail, le jus de citron et la moutarde ; assaisonner et mélanger à l'aide d'un fouet ou d'un batteur à main, jusqu'à ce que le mélange soit uniforme et crémeux (il est plus simple et plus rapide d'utiliser un batteur).

Ajouter l'huile, une cuillerée à la fois, en fouettant ou en mélangeant jusqu'à épaississement de l'aïoli. Conserver l'aïoli au réfrigérateur jusqu'au moment de servir. (Le préparer le jour du repas.)

Rendement : 250 ml (1 tasse)

# Vinaigrette classique

1 c. à café (1 c. à thé) de sel
¹/2 c. à café (¹/2 c. à thé) de poivre noir du
  moulin
2 c. à soupe de vinaigre de vin rouge
6 c. à soupe d'huile d'olive extravierge

Mettre le sel et le poivre dans une tasse à
mesurer ou un bol. Ajouter le vinaigre et remuer
à fond. Ajouter l'huile et remuer de nouveau jusqu'à ce que tous les ingrédients soient mélangés.

Rendement : environ 125 ml (¹/2 tasse)

**Vinaigrette à la moutarde :** Préparer la vinaigrette classique, puis incorporer 1 c. à soupe
de moutarde de Dijon, de Meaux ou une autre
moutarde française en fouettant à fond.

**Vinaigrette aux fines herbes :** Préparer la vinaigrette classique en remplaçant le vinaigre par
du jus de citron fraîchement pressé. Ajouter 7 g
(¹/4 tasse) de fines herbes fraîches hachées finement (telles que persil, estragon ou coriandre)
ou des oignons verts. Mélanger à fond.

# Sauce à salade César

1 œuf
60 g (¹/2 tasse) de fromage romano ou de
  parmesan, râpé
4 c. à soupe de jus de citron, fraîchement
  pressé
2 gousses d'ail, émincées
1 c. à café (1 c. à thé) de sauce Worcestershire
Sel et poivre, au goût
12 c. à soupe d'huile d'olive

Combiner dans un mélangeur tous les ingrédients sauf l'huile d'olive. Bien mélanger. Avec
le moteur en marche, ajouter l'huile d'olive en
filet jusqu'à ce qu'elle soit bien mélangée. Réfrigérer jusqu'au moment de servir.

Rendement : environ 250 ml (1 tasse)

# Septembre

# Un pique-nique pour la fête du Travail

*L'homme est un être
complexe ;
Il fait fleurir les déserts –
et mourir les lacs.*

GIL STERN

À l'approche du week-end de la fête du Travail, nous prenons profondément conscience que les jours d'été commencent à décliner et que la saison tire à sa fin. En définitive, c'est une période de transition. Il y a de la magie dans l'air à ce temps-ci de l'année. La senteur de l'air nous rappelle les jours d'été que nous avons vécus et les lieux que nous avons fréquentés. À notre insu, notre psychisme en est affecté. Nous retournons en pensée à nos vacances à la plage et ce souvenir nous fait presque respirer de nouveau la brise de la mer. Nous nous rappelons à des pique-niques à la campagne, à la montagne ou dans les bois avec, à la mémoire, une odeur particulière humée dans un endroit précis ou le goût frais croquant d'une bonne baguette remplie de fromage et partagée avec la famille et les amis. Nous revivons aussi l'enchantement d'une musique entendue une fois dans un concert en plein air, la mélodie s'entremêlant délicieusement au parfum de l'air. En y repensant, nos souvenirs vifs des jours d'été sont pour une grande part vécus à l'extérieur, chacun de nous entrant en contact avec la majestueuse beauté de la nature. Aujourd'hui, nous gardons silencieusement ces précieux moments contre nos cœurs. Nous nous souvenons, et ainsi nous poursuivons notre découverte de la beauté du transcendant, la mystérieuse présence de l'Auteur de toutes les beautés que nous avons connues au cours de ces journées d'été magiques. Il n'y a aucun doute dans mon esprit que ces longs moments en contact direct avec la nature nous renouvellent intérieurement et nous aident dans notre recherche de Dieu.

Chaque week-end de la fête du Travail nous donne l'impression que l'été s'est envolé plus rapidement que l'année précédente. On entend ce commentaire chaque année, il est vrai, mais c'est tellement vrai, surtout en vieillissant. La fête du Travail marque de nombreuses réalisations et quelques commencements. Les activités traditionnelles de l'été, comme la détente à la plage, sont définitivement terminées en raison de la fermeture des plages après le week-end de la fête du Travail. Les jeunes qui retournent à l'école ou qui commencent leur scolarité font face à de nouveaux défis excitants. C'est une période exigeante pour eux. En tant que moines qui devons employer une bonne partie de notre temps chaque jour en travaux manuels, il convient d'honorer la main-d'œuvre nationale et internationale – tous ceux qui œuvrent quotidiennement pour mettre de la nourriture sur la table et amener la prospérité à leurs familles et à leurs communautés. Que serait notre monde aujourd'hui sans leur contribution ? Nous sommes tellement redevables envers les hommes et les femmes qui travaillent dans ce pays et partout dans le monde. Ils coopèrent à leur façon avec le Créateur pour rendre le monde meilleur et plus sûr. Que le Seigneur dans sa bonté continue de bénir le travail de leurs mains.

Ici, au monastère, nous célébrons ce week-end traditionnel de la fin de l'été par un pique-nique appétissant sur notre véranda. De là, la vue de la grange, des jardins et des champs environnants est splendide. En plus de cela, il y a un barbecue sur la véranda dont nous faisons amplement usage. Un pique-nique simple comme le nôtre est si gratifiant ; c'est une bonne occasion de nous réunir avec quelques-uns de nos amis intimes et de partager avec eux de précieux moments. C'est également une occasion de célébrer ensemble l'abondance des produits de notre jardin ; les légumes tardifs ont en effet commencé à produire leur récolte. Nous avons des aubergines, des féveroles, des courges, des pommes de terre, et des tomates en grande quantité cette année en raison des pluies abondantes de l'été.

La nourriture pour cette occasion est unique et informelle. Elle va à l'essentiel, fuit les complications et possède un caractère frais et appétissant. Elle n'a pas l'élégance d'un dîner formel mais plutôt le contraire. C'est une nourriture préparée avec une grande simplicité et une grande créativité, nous invitant à un repas convivial agrémenté de conversations agréables. La nourriture pour un pique-nique provient du cœur, de la saison, du jardin et de l'heureux hasard d'une température clémente. Elle nous invite à nous détendre en bonne compagnie. On la partage habituellement en famille ou entre amis, presque jamais en présence d'étrangers ; elle conserve alors son caractère intime, sa convivialité sans contraintes, sa bonne humeur et sa simplicité. La nourriture est préparée en fonction des convives. Et lorsque le pique-nique se déroule à la maison, comme c'est le cas ici, le barbecue peut jouer un rôle clé dans la préparation du repas. Changez un élément de l'ensemble et vous changez la notion même de pique-nique. Voici des recettes de trempettes et autres aliments qui font partie de notre merveilleux pique-nique de la fête du Travail de cette année. Je n'ai inclus que les recettes préparées ici même au monastère ; les savoureux plats apportés par nos amis sont passés sous silence.

*Sans travail, toute vie pourrit. Mais avec un travail sans âme, la vie étouffe et meurt.*

Albert Camus

*Règle générale, un pique-nique à la française est tout simple – à peu de chose près un pichet de vin, une miche de pain, et vous.*

Craig Pyes

# Caviar d'aubergine

1 grosse aubergine

125 ml (1/2 tasse) d'huile d'olive extravierge

1 gros oignon espagnol ou vidalia, émincé

2 poivrons verts moyens, hachés en petits morceaux

4 gousses d'ail, émincées

1 feuille de laurier

Sel et poivre du moulin, au goût

3 c. à soupe de vermouth blanc ou de vin blanc sec

1 c. à soupe de jus de citron, fraîchement pressé

Cuire l'aubergine au four environ 45 min à 180 °C (350 °F). Laisser tiédir, peler et hacher grossièrement.

Verser l'huile dans une poêle, ajouter l'aubergine et tous les légumes restants. Faire revenir à feu moyen-doux jusqu'à tendreté.

Ajouter la feuille de laurier, du sel et du poivre au goût, le vin et le jus de citron et laisser mijoter doucement à feu doux environ 12 à 15 min jusqu'à ce que le mélange soit épaissi et homogène. Retirer la feuille de laurier. Réfrigérer au moins 2 h avant de servir.

Note : Cette trempette est délicieuse à tout moment de l'année, en particulier l'été lorsque les aubergines sont en saison. En Provence, cette trempette est appelée « le caviar du pauvre » en raison de son coût modique. Habituellement, je sers cette trempette appétissante en tartine sur des tranches de baguette. On peut également la servir sur des craquelins.

8-10 portions

# Salade aux pommes de terre, aux pommes et au céleri

900 g (2 lb) de petites pommes de terre nouvelles, pelées et coupées en deux

480 g (1 lb) de pommes macintosh, pelées et coupées en tranches fines

3 branches de céleri, en tranches fines

1 oignon rouge moyen, haché finement

Quelques brins de persil frais, hachés finement

### Vinaigrette

125 ml (½ tasse) d'huile d'olive extravierge

4 c. à soupe de vinaigre de vin blanc

3 c. à soupe de crème épaisse ou de crème moitié-moitié (11,5 % M.G.)

1 c. à café (1 c. à thé) de jus de citron, fraîchement pressé

Sel et poivre du moulin, au goût

Faire bouillir les pommes de terre dans de l'eau salée environ 15 min ou jusqu'à tendreté. Rincer et égoutter à l'eau courante froide. Les mettre dans un grand bol. Ajouter les pommes, le céleri, les oignons et le persil.

Bien mélanger les ingrédients de la vinaigrette à l'aide d'un mélangeur, dans un bocal ou dans un petit bol. Verser sur la salade et mélanger. Rectifier l'assaisonnement. Réfrigérer au moins 2 h avant de servir. Servir froid.

8-10 portions

# Courges d'été et courgettes grillées

**Marinade**

125 ml (1/2 tasse) d'huile d'olive de bonne
  qualité

1 c. à soupe de romarin frais, émincé

1 c. à soupe de thym frais, écrasé

3 gousses d'ail, émincées

1 c. à soupe de jus de citron, fraîchement
  pressé

3 c. à soupe de vinaigre balsamique

Sel de mer et poivre du moulin, au goût

4 courgettes moyennes, coupées en deux sur la
  longueur

4 courges d'été moyennes, coupées en deux sur
  la longueur

Combiner tous les ingrédients de la marinade dans un bol profond et bien mélanger.

Tremper les moitiés de courge dans la marinade, ou mieux, les enrober des deux côtés à l'aide d'un pinceau.

Faire griller environ 3 à 4 min par côté ou jusqu'à ce qu'elles soient légèrement cuites. Servir immédiatement avec le repas principal, que ce soit du poisson, de la viande ou autre chose.

Note : Cette recette convient parfaitement aux aubergines. J'utilise habituellement la même quantité de marinade pour l'équivalent de 4 à 6 aubergines moyennes, appelées aubergines japonaises, qui sont plus petites et plus faciles à griller lorsque coupées en deux.

6-8 portions

# Pitas grillés aux tomates et à la mozzarella

6 tomates moyennes, coupées en dés

60 g (1/2 tasse) d'olives noires dénoyautées, hachées

1 gros oignon rouge, haché grossièrement

6 c. à soupe d'huile d'olive extravierge

6 c. à soupe de basilic frais, haché

Sel de mer, au goût

6 pitas au blé entier

80 g (2/3 tasse) de fromage mozzarella, coupé en petits morceaux

Préparer le feu pour le barbecue. Mettre les tomates, les olives, les oignons, 3 c. à soupe d'huile d'olive, le basilic et le sel dans un grand bol. Remuer pour bien mélanger.

À l'aide d'un pinceau, enduire 1 côté de chaque pita d'huile d'olive. Mettre les pitas sur la grille en commençant par le côté huilé. Cuire environ 2 à 3 min sans les brûler. Retourner mélange aux tomates et aux oignons et étendre uniformément avec le jus de cuisson sur toute la surface. Saupoudrer de fromage. Fermer le couvercle du barbecue et griller les pitas jusqu'à ce que le dessus soit légèrement cuit et le fromage fondu. Mettre les pitas dans des assiettes individuelles et servir.

6 portions

# Fête de la Nativité de Marie

*La nature ne fait rien en vain.*

PROVERBE ANGLAIS

Jusqu'à maintenant, les pluies de l'été ont été abondantes. Il a tellement plu que certains fruits et légumes, ceux qui requièrent un supplément d'eau pour une croissance réussie, ont grandement profité de la pluie. La tomate, ce fruit modeste, en est un exemple. Je suis ravi de l'abondance de la récolte des nombreuses variétés de tomates de notre jardin. Nous les servons à la table tous les jours, apprêtées de maintes façons créatives. Nous en avons également vendu au marché local de Millbrook à l'occasion. Nous avons fait des conserves, nous en avons congelé en sauce et nous avons préparé une grande quantité de salsa pour vendre au marché et pour consommer. Nous espérons avoir suffisamment de bocaux de notre salsa maison pour en vendre à la vente annuelle de Noël.

Rien ne parvient à capturer la saveur de l'été aussi bien qu'une tomate bien mûre. Les tomates ont toujours été le symbole de la réussite pour laquelle la plupart des jardiniers travaillent l'été

durant. Contrairement aux tomates cultivées dans les serres ou ailleurs, celles cultivées dans nos jardins ont un goût authentique du terroir. Une tomate cultivée à la maison extrait davantage de saveur du sol ; elle possède un goût, une douceur et une texture inégalables et incomparables. C'est un régal de travailler dans le jardin ces jours-ci ; le moment est venu de récolter les fruits de nos labeurs de l'été. C'est aussi une période spéciale dans la cuisine du monastère : un temps intense de préparation et de conservation pour l'hiver qui vient. Bien que je sois ravi des résultats de la récolte, je dois avouer que je suis parfois débordé par la quantité énorme de travail que cela représente. Une fois que les tomates sont récoltées, il ne faut pas tarder à les cuisiner. Si on souhaite en faire de la sauce tomate ou les congeler, il faut le faire immédiatement pendant que le fruit est sain, frais et mûr. C'est la seule façon de conserver le goût magique de l'été jusqu'à l'hiver. Lors de la mise en conserve des sauces, coulis et autres préparations à base de tomates, j'ajoute toujours une quantité supplémentaire de basilic frais juste avant de sceller les bocaux afin d'améliorer le goût de la préparation et la conserver pour l'utiliser à bon escient pendant tout l'hiver.

Aujourd'hui est également la belle fête de la Nativité de Marie, une fête qui me ramène en Provence et aux nombreux mois de septembre que j'y ai passés au fil des ans. Ah! la Provence… Elle évoque tant de souvenirs pour moi. Je peux presque toucher et sentir le sol provençal, les herbes aromatiques que l'on rencontre en marchant ou en randonnée. La bonne récolte de tomates de cette année me rappelle d'autres souvenirs de Provence, car les Provençaux, à l'instar de nombreux Méditerranéens, comptent énormément sur la tomate pour nombre de leurs délices culinaires. La cuisine régionale de Provence est plutôt légère, ses saveurs et ses textures sont caractéristiques et elle est considérée comme l'une des plus saines au monde, d'où l'importance que les Provençaux accordent à la tomate. Pour eux, les plats aux tomates se dégustent chauds ou froids: on n'a qu'à ajouter un peu d'oignon frais, d'ail, d'huile d'olive et quelques-unes des herbes de Provence de renommée mondiale, en particulier le basilic, et on obtient un plat succulent sans pareil!

Un des produits à base de tomates que je mets aujourd'hui en conserve pour l'hiver est mon coulis de tomate, semblable à la sauce tomate italienne ou espagnole mais avec ses caractéristiques propres. Le coulis se rapproche davantage de la compote que de la sauce. On obtient sa consistance et sa saveur en combinant des tomates, de l'huile d'olive extravierge, des échalotes ou des oignons, de l'ail, du sel de mer, du poivre moulu, une pincée de sucre et de persil et une feuille de laurier comme seule herbe aromatique. (La feuille de laurier est jetée avant la mise en conserve du coulis.) Contrairement à ce que l'on peut penser, les herbes de Provence (romarin, thym, etc.) que l'on retrouve typiquement dans tant de plats régionaux sont absentes ici. Les Provençaux utilisent leurs herbes à d'autres fins. Le coulis a des utilisations multiples: il peut, par exemple, remplacer la sauce tomate typique ou peut être ajouté aux soupes, aux omelettes, aux pâtes et aux plats de riz.

*Le mot italien pour tomate, pomodoro, fut introduit par le botaniste italien Piero Andrea Maltoli, qui en fit mention pour la première fois en 1544, les appelant pomi d'oro ou «pommes dorées».*

Susan H. Loomis

# Coulis de tomate

10 c. à soupe d'huile d'olive extravierge

5 échalotes ou 1 gros oignon espagnol ou vidalia haché

5 gousses d'ail, pelées et émincées

24 tomates moyennes mûres, pelées, épépinées et hachées grossièrement

Quelques brins de persil, hachés finement

1 feuille de laurier

Sel de mer et poivre du moulin, au goût

1 c. à soupe de sucre

Verser l'huile dans une poêle assez grande. Ajouter les échalotes ou les oignons et faire revenir doucement à feu moyen-doux environ 4 à 5 min en remuant sans cesse, jusqu'à tendreté. Ajouter les tomates, le persil et la feuille de laurier. Couvrir et cuire environ 15 à 20 min à feu moyen en remuant de temps en temps pour empêcher que le mélange colle.

Assaisonner le coulis de sel, de poivre et de sucre. Poursuivre la cuisson 1 ou 2 min de plus en remuant souvent. Retirer le coulis du feu. Retirer la feuille de laurier. Verser le coulis dans deux bocaux stérilisés de 1 litre (4 tasses) et visser fermement le couvercle. Faire bouillir les bocaux environ 20 à 30 min. Retirer du feu, laisser tiédir environ 24 h et entreposer pour l'hiver.

Rendement: environ 2 bocaux de 1 litre (8 tasses)

# Sauce vierge à la provençale

*Une autre recette provençale aux tomates, la sauce vierge, est également très appré-*
*ciée dans notre cuisine de monastère ces jours de récolte où nous devons composer*
*avec l'abondance de tomates du jardin. Cette sauce en particulier est fraîche et âpre. Elle*
*est très utile les derniers jours de l'été, surtout avec des pâtes. On peut également l'utiliser*
*avec bonheur pour napper certains poissons comme le thon ou une bonne omelette. Cette*
*dernière idée me rappelle la piperade du pays basque dans les Pyrénées.*

7 c. à soupe d'huile d'olive extravierge

10 tomates mûres moyennes (de type poivron
    par exemple), pelées, épépinées et hachées
    grossièrement

4 gousses d'ail, émincées

1 petit oignon ou échalote, émincé

2 c. à soupe de jus de citron, fraîchement
    pressé

10 olives noires dénoyautées, hachées grossiè-
    rement

Sel de mer et poivre du moulin, au goût

12 feuilles de basilic frais, hachées

2 brins de persil italien, hachés

Dans une casserole en acier inoxydable ou
un grand bol, combiner l'huile, les tomates, l'ail,
les oignons ou les échalotes, le jus de citron,
les olives et le sel et le poivre au goût. Laisser
reposer 3 à 4 h pour amalgamer les saveurs. Au
moment de servir, ajouter le basilic et le persil.
Bien mélanger. Servir sur des pâtes, du poisson
ou une omelette.

6-8 portions

# LE MARCHÉ DES PRODUCTEURS

Septembre est un merveilleux mois de l'année. Ceux d'entre nous qui cultivons la terre passons un temps considérable à cueillir les fruits de notre labeur du printemps et de l'été. Quand je me rends au potager de légumes tous les jours, j'apporte toujours plusieurs gros paniers pour ramasser les tomates mûres que j'aperçois dans les vignes, les haricots et les betteraves, les poivrons et les aubergines, les concombres et les oignons qui sont prêts pour la récolte. Nos cultures cette année sont d'une excellente qualité; avec la bénédiction du Seigneur, la terre nous a donné une bonne récolte. J'espère et je prie que nous ne subissions pas un gel hâtif, de manière à pouvoir continuer notre récolte jusqu'en novembre et même tôt en décembre!

Une de nos activités régulières en septembre est d'offrir nos produits et conserves au marché local des producteurs. Pendant des années, nous avons eu notre étal le samedi pour vendre des produits frais et des conserves: confitures, trempettes, vinaigres, fines herbes et sauces. Pour plusieurs raisons, nous avons dû cesser d'aller au marché toutes les semaines et nous y allons seulement à l'occasion, ou quand le directeur nous en fait la demande. Toutefois, c'est toujours une joie chaque fois d'y retourner et d'y voir nos amis les fermiers et la clientèle chaleureuse; nous y partageons des idées et des trouvailles avec tous ceux intéressés par l'agriculture et la nourriture en général. Récemment, avec l'aide des étudiants du Collège Vassar, qui nous donnent un coup de main, nous sommes retournés au marché des producteurs deux samedis de suite, chargés de légumes et de provisions de la cuisine. Louise Seamster, d'origine californienne, étudiante aux études supérieures au Collège Vassar, nous aide dans notre travail depuis des années, en particulier pour la production alimentaire: la fabrication de vinaigres et de salsas, le séchage et l'entreposage des fines herbes. Voici comment dans ses propres mots elle relate son expérience du marché ces deux dernières semaines: « Après un été particulièrement doux, l'automne semble s'approcher à grands pas, amenant du temps plus frais et, dans notre cas, une abondante récolte de légumes. Devant cet état de fait, Frère Victor a demandé à deux d'entre nous de l'accompagner au marché des producteurs de Millbrook où il doit dédicacer des livres de recettes. Il a pensé que cela serait une excellente occasion pour nous de vendre quelques fines herbes, des vinaigres et des conserves que nous avons préparés cet été, ainsi que les produits en trop du jardin – des tomates et des haricots pour la plupart. La récolte de tomates est particulièrement abondante et nous avons décidé d'en profiter pour préparer de la salsa aux tomates et aux haricots.

« Le marché est fortement associé à la tradition française. En France, chaque village a son jour de marché où fermiers et vendeurs installent leurs étals sur la place publique. Dans ces marchés, on trouve à peu près tout ce qui se cultive et se produit dans la région : vous pouvez littéralement goûter les saveurs locales. Il semble que tout le village se présente à cet événement hebdomadaire. En Amérique, le marché devient de plus en plus répandu comme moyen de se procurer des produits locaux frais. En plus de manger sainement, vous appuyez les fermiers et les vendeurs locaux qui luttent pour concurrencer nos supermarchés et le système national de transport des denrées à grande échelle. Mis à part les avantages alimentaires, le marché est toujours un endroit qui permet de se faire connaître, en apprendre davantage sur les gens qui cultivent la terre dans la vallée de l'Hudson (comme nous le faisons au monastère) et rencontrer quelques-uns des résidants de Millbrook. Au marché, nous avons engagé la conversation avec notre voisin qui vendait du savon et des produits frais. Comme nous, Ed vendait tout ce qu'il pouvait récolter de son jardin : tomates, fines herbes, fleurs et poivrons. Naturellement, Frère Victor s'est mis à parler cuisine et en particulier de la popularité de la salsa et des trempettes au marché. Peu de temps après, j'étais en train d'écrire la recette de salsa que nous venions d'inventer pour que Ed tente sa chance en la vendant à son étal la semaine suivante. Nous n'allions pas revenir au marché avant longtemps et il était donc permis de transmettre quelques secrets du monastère. »

*Comme la fleur devant le fruit, la foi se tiendra devant les bonnes œuvres.*

RICHARD WHATELY

# Salsa fraîche du monastère

*La salsa était notre meilleur vendeur, peut-être parce que le goût estival de la salsa, avec tous ses ingrédients frais de la saison, aide à faire la transition vers l'automne. Bientôt, les tomates fraîches seront parties mais pour l'instant, nous savourons leur fraîcheur. Cette recette ne comporte pas de cuisson, juste une grande quantité d'ingrédients frais ; il faut donc la consommer rapidement (ce qui ne devrait pas faire problème).*

6 tomates, hachées très finement

1 oignon blanc moyen, coupé en petits dés

1 petite boîte de haricots noirs, rincés et
    égouttés

1 épi de maïs cuit ou si non disponible une
    petite boîte de maïs, égouttée

1 petit piment jalapeño (facultatif)

1 petit bouquet de persil

1 petit bouquet de coriandre

1 petit bouquet de cerfeuil (si disponible)

1 c. à café (1 c. à thé) de cumin

1/2 c. à café (1/2 c. à thé) de poivre de Cayenne

Flocons de piment fort rouge, au goût

Sel et poivre, au goût

Dans un grand bol, combiner les tomates, les oignons, les haricots noirs, le maïs et le piment jalapeño si désiré.

Dans un petit robot de cuisine ou un mélangeur, hacher finement le persil, la coriandre et le cerfeuil jusqu'à consistance d'un pesto. Ajouter les fines herbes au bol. Ajouter le cumin, le poivre de Cayenne, les flocons de piment fort, le sel, le poivre et bien mélanger. Goûter et rectifier l'assaisonnement selon la préférence.

Verser la salsa dans de petits contenants propres avec couvercles. Conserver au réfrigérateur jusqu'au moment de servir.

Rendement : environ 1 litre (4 tasses)

# Soupe de la récolte

*Seigneur, fais de moi un instrument de ta paix.*

Saint François
d'Assise

En me réveillant ce matin, et lors de l'office du matin, je ne pouvais m'empêcher de remercier Dieu pour l'inestimable cadeau de la vie. Notre monde contemporain traverse une période si sombre ces jours-ci que la vie, ce précieux cadeau de Dieu, est presque tenue pour acquise. Comment expliquer autrement et endurer cette guerre obscène qui a lieu en Irak ces jours-ci, une guerre non provoquée, préventive, le caprice et le souhait d'un irresponsable au pouvoir qui veut laisser sa marque dans l'histoire en introduisant une soi-disant «démocratie» dans un pays qui ne l'a pas demandée ? Après tout, qui sommes-nous pour imposer nos propres valeurs à d'autres cultures ? Et comment osons-nous envoyer des troupes pour tuer et se faire tuer inutilement : chacune de ces vies n'est-elle pas précieuse aux yeux de Dieu ? Ne sont-ils pas tous des enfants de Dieu ? Comment quiconque, que ce soit le président ou le Congrès, peut-il donc ordonner à quiconque d'aller tuer ?

En tant que moine chrétien, je m'oppose totalement à la guerre, quelle qu'elle soit, et je n'y trouverai jamais aucune justification. L'Évangile auquel je crois est un Évangile de la paix qui s'oppose à la guerre, à la violence, à la torture et aux tueries de tous ordres. Alors que je récitais les Psaumes ce matin et que je méditais le mystère du don de la vie, j'ai trouvé une grande consolation dans les paroles récentes de Jean-Paul II : Chaque jour, des nouvelles rapportant de la violence, des attentats terroristes et des opérations militaires nous parviennent. Le monde est peut-être en train d'abandonner l'espérance d'atteindre la paix ? On a parfois l'impression de prendre progressivement l'habitude de la violence et du sang innocent répandu… Il faut avoir le courage de mondialiser la solidarité et la paix… le bien aimé peuple irakien est au centre de mes préoccupations. Chaque jour je prie Dieu en invoquant la paix que les hommes ne savent pas se donner… la voie de la paix… ne passe jamais par la violence mais toujours par le dialogue… la violence engendre toujours la violence. La guerre ouvre grand les portes au gouffre du mal. Avec la guerre tout devient possible, même ce qui n'a aucune logique. C'est pourquoi la guerre doit toujours être considérée comme un échec pour la raison et pour l'humanité.

Saint François, dont nous allons célébrer la fête dans quelques semaines, priait quotidiennement : «Seigneur, fais de moi un instrument de ta paix». Il n'était pas politicien et moi non plus. Saint

François a appris des Évangiles à être un messager de la paix. C'était un véritable chrétien et un disciple de Jésus, un pacifiste convaincu et un artisan de la paix. Il encourageait tout un chacun à renoncer à la violence à tout prix, à chaque occasion et sous toutes ses formes. Pour suivre le pacifisme radical de Jésus, saint François puisait sa force dans les paroles consolatrices de l'Évangile : « Heureux ceux qui procurent la paix, car ils seront appelés fils de Dieu. » En tant que moine chrétien, je sais que je dois non seulement prier pour que la paix prévale dans le monde, mais je dois également agir à l'occasion et dénoncer toute forme de violence ici ou à l'étranger. Je sais également que je dois m'efforcer de demeurer pacifique et éviter les conflits, ou du moins chercher une résolution pacifique à tout conflit autour de moi et dans mon entourage. La violence ne commence pas toujours à des kilomètres de nous, mais parfois tout près dans nos maisons, dans nos propres cœurs. L'artisan de la paix doit toujours être conscient dans son existence quotidienne que tout ce qu'il ou elle fait encouragera les autres à suivre la voie de la paix. En réfléchissant au cours de ma journée à la réalité de la paix et à la brutalité de la violence, au mépris pour la dignité de chaque vie humaine, je commence aussi à remarquer ce qui est devenu évident depuis quelques jours : la rapidité avec laquelle les feuilles commencent à changer tout autour de la propriété du monastère. Quelques-uns de nos érables affichent déjà des couleurs étincelantes, un avant-goût de ce qui s'en vient. Ces changements dans le feuillage coïncident toujours avec la saison des récoltes, une tâche à laquelle il faut assurément s'atteler sérieusement ces jours-ci. La cueillette des fruits et des légumes mûrs dans nos jardins et dans nos vergers se poursuit. Depuis trois jours, je récolte des pommes de terre avec application et je suis loin d'avoir terminé. J'ai également cueilli des pommes au verger d'un ami qui me permet de ramasser les pommes tombées par terre. Quelques-unes sont un peu abîmées mais néanmoins utilisables pour les compotes d'hiver. Les festivals des récoltes se tiennent dans le comté de Dutchess et dans les comtés environnants, car tous ont envie de fêter la fécondité de la terre. Aujourd'hui, je concentre mes efforts dans la cuisine à préparer de grandes quantités de soupe que je mettrai en conserve plus tard pour l'hiver. J'appelle cette soupe la « Soupe de la récolte du monastère », car elle contient presque tous les légumes qui poussent actuellement dans le potager : pommes de terre, bette à carde, poireaux, carottes, tomates, ail, courgettes, potirons, choux-fleurs, haricots à rames, céleri et des tonnes de persil. C'est un travail jamais achevé qui me tient occupé à la cuisine pendant des heures et des heures. La soupe elle-même est assez simple et facile à faire. C'est la préparation des légumes qui est longue. Ces légumes sont frais du jardin et doivent être soigneusement nettoyés et lavés. J'utilise toujours une brosse pour m'assurer d'enlever toute la terre. Ensuite, il faut couper les légumes selon les indications données. C'est essentiel pour la mise en conserve. Une fois terminée, la soupe est traitée adéquatement et entreposée dans un endroit sûr pour consommation ultérieure. Je présente ici la recette de base.

*La verge d'or est jaune,*
*Le maïs brunit,*
*Les arbres des vergers*
*Sont surchargés de fruits…*
*Avec tous ces jolis signes,*
*Les jours de septembre sont arrivés,*
*Avec la plus belle température de l'été*
*Et les plus belles réjouissances de l'automne.*

HELEN HUNT JACKSON

# Soupe de la récolte du monastère

10 c. à soupe d'huile d'olive

8 tomates moyennes, hachées grossièrement

7 gousses d'ail, hachées

9 litres (36 tasses) d'eau

2 poireaux, les parties blanches et vert tendre, en tranches fines

5 branches de céleri, en tranches fines

3 pommes de terre, pelées et coupées en dés

4 carottes moyennes, pelées et coupées en dés

2 courgettes, coupées en dés

1 potiron, pelé et coupé en dés

4 feuilles de bette à carde, hachées grossièrement

1 petit chou-fleur, coupé en petits morceaux

24 (ou plus) de haricots à rames, écossés

Un bouquet de persil, haché finement

Sel de mer et poivre du moulin au goût

Verser l'huile dans une grande casserole de plus de 9 litres (36 tasses). On peut également diviser la préparation en deux casseroles de plus de 4 litres (16 tasses).

Mettre les tomates et l'ail dans un mélangeur ou un robot de cuisine. Bien mélanger 1 à 2 min. Verser ce mélange dans l'huile et faire chauffer à feu moyen-doux environ 2 à 3 min en remuant sans cesse. Ne pas laisser coller.

Ajouter l'eau et augmenter le feu à moyen-vif. Ajouter tous les légumes et le persil et porter l'eau rapidement à ébullition. Après environ 20 min d'ébullition, réduire la chaleur à feu à moyen (ou moyen-doux si trop chaud), couvrir et laisser mijoter environ 30 min. Ajouter du sel de mer et du poivre moulu au goût. Rectifier l'assaisonnement. Quand la soupe est prête, on peut la servir chaude ou la mettre dans des grands bocaux stérilisés et traiter à l'eau bouillante pour la conservation. Garder les bocaux dans un endroit sûr.

Rendement : environ 9 litres (36 tasses)

# LE DÉBUT DE L'AUTOMNE

*L'année commence à être ancienne. À cette époque où l'été n'est pas encore expiré, où l'hiver transi n'est pas né non plus…*

W. SHAKESPEARE, « CONTE D'HIVER »

L'équinoxe d'aujourd'hui marque officiellement le premier jour de l'automne. En réfléchissant aux derniers mois, je me rends compte que les mois de l'été ont été difficiles. Il y a eu ce travail intense à la ferme, dans les jardins, l'inquiétude au sujet des récoltes, la tonte des pelouses, la coupe du bois à grande vitesse pour utilisation pendant les longues nuits d'hiver. Chacun de nous ici au monastère, moines et invités, avons vaqué à nos occupations quotidiennes en prévision de l'hiver. Malgré le côté agréable de l'été et la beauté et l'ambiance chaleureuse de l'automne, la pénombre de l'hiver plane au-dessus de nous. Tôt ou tard, la réalité se fait sentir et nous devons affronter l'arrivée non lointaine de l'hiver. À partir du printemps, nous travaillons et allons de l'avant, toujours en prévision de nos hivers parfois rudes du nord-est. Ici au monastère, notre vie quotidienne est en grande partie réglée sur le déroulement des saisons. Je perdrais mes moyens dans des lieux où les saisons sont inversées ou réduites à deux seulement. Je serais confus et perdu…

Lorsque l'automne fait son entrée, j'apprécie ces moments de tranquillité et de réflexion qu'il met à notre disposition. Avec la saison estivale derrière nous, les jours raccourcissent et les soirées deviennent belles, fraîches et claires. La pleine lune brille à l'horizon, annonçant tranquillement l'arrivée d'une saison qui couronne l'année, entraînant de saisissants changements et un spectacle de couleurs.

Dans les monastères, comme dans les fermes et les maisons du voisinage, l'automne annonce une nouvelle série d'activités saisonnières qui comprend surtout des travaux liés à la récolte et les préparatifs pour les mois froids à venir. Il y a des boisseaux de pommes de terre nouvelles, de courges, d'oignons et de pommes à entreposer dans nos celliers pour être utilisés pendant l'hiver. Il y a également les travaux continuels de mise en conserve et de congélation des fruits de la récolte auxquels nous nous affairons depuis quelques semaines. À cela s'ajoute la récolte et le séchage des fines herbes utilisées à la cuisine durant l'hiver, la production de vinaigre pour les vignobles de Millbrook et une quantité additionnelle que nous produisons pour vendre dans quelques commerces et à notre petite boutique du monastère. Dernièrement, un grand restaurant new-yorkais qui a découvert la qualité de notre vinaigre, nous en commande. Les moines, par la nature même de leur vie monastique, se consacrent au travail et à l'intendance de la terre. Ils vivent tous les jours selon les rythmes immuables des saisons et sont donc obligés de mettre de côté d'autres occupations méritoires pour se concentrer uniquement sur les exigences de la récolte.

Le travail dans la cuisine est également teinté par le parfum de l'automne. De nombreux plats préparés durant cette période reflètent une sorte de maturité, fidèle en cela au caractère de la saison. Nombre de mes recettes s'inspirent de mon expérience d'automnes passés en Provence, où j'ai vécu bien des septembres et bien des octobres. Une de mes soupes préférées de ce temps de l'année, à part la précédente, est d'origine provençale et s'appelle « soupe d'épeautre ». Elle est principalement à l'orge et aux pois chiches, et agréablement aromatisée aux saveurs de la Provence. La recette originale exige une variété de viandes. J'évite délibérément la viande ici et je modifie la recette pour qu'elle soit végétarienne. C'est la façon de la préparer dans les monastères provençaux et je pense que cette variante est plus saine que l'originale. Pour l'orge et les pois chiches, je recommande fortement de les faire tremper pendant une nuit dans deux casseroles séparées. Si la soupe est préparée à la dernière minute, on peut remplacer les pois chiches secs par des pois chiches en conserve, comme je le fais moi-même à l'occasion.

*Septembre est le mois de la migration des oiseaux, de la fin des récoltes, de la cueillette de noix, de la production de cidre et, vers la fin, du changement de couleurs dans les arbres...*
*Sa nature la plus noble est de fournir à toute la création une abondance festive.*

LEIGH HUNT

# Soupe d'épeautre à l'orge et aux pois chiches

280 g (1 ½ tasse) d'orge (ou blé concassé si disponible)

185 g (1 tasse) de pois chiches

240 g (2 tasses) de citrouille, pelée et coupée en dés (ou autre courge)

2 carottes moyennes, pelées et coupées en dés

3 branches de céleri frais, en tranches fines

3 échalotes, hachées grossièrement

3 gousses d'ail, émincées

4 feuilles de sauge séchée, écrasées et émiettées

½ c. à café (½ c. à thé) de thym séché

1 cube de bouillon de légumes

Sel de mer et poivre du moulin au goût

Huile d'olive au besoin

Quelques brins de persil italien, hachés finement, en garniture

Verser 3 litres (12 tasses) d'eau dans une grande casserole ou un faitout. Ajouter l'orge, les pois chiches et les légumes restants, les échalotes, l'ail, les fines herbes, le bouillon, et le sel et le poivre au goût. Porter à ébullition lentement à feu moyen-vif. La soupe doit cuire lentement.

Après 10 min d'ébullition, réduire la chaleur à feu à moyen-doux, remuer 1 ou 2 fois, couvrir et laisser mijoter doucement environ 2 h. Ajouter de l'eau ou du bouillon de légumes au besoin. Rectifier l'assaisonnement.

Lorsque la soupe est prête, servir chaude avec une giclée d'huile d'olive sur chaque portion et une pincée de persil haché en garniture. C'est une soupe idéale pour ce temps de l'année quand les soirées sont fraîches et l'arôme d'une soupe bouillante est si tentant !

4-6 portions

# Fête de saint Michel

*Si vous mangez de l'oie à la Saint-Michel,*
*Vous ne manquerez pas d'argent de toute*
*l'année.*

VIEUX PROVERBE ANGLAIS

Aujourd'hui, une journée radieuse et ensoleillée, je remarque que le paysage d'automne le long de nos routes de campagne est plus clair, plus intense. Les coloris d'automne sont avancés : les ormes deviennent couleur rouille, les érables sont enflammés de rouge, d'orange et de jaune, les clématites blanches (appelés *paniculata*) près de l'entrée du monastère sont en fleurs, les centaurées et les asters sont au faîte de leur splendeur. L'automne ravive également de vieux souvenirs. Personnellement, il accentue en quelque sorte le mystère du temps. Le temps et l'espace sont dans le moment présent. Tout est toujours déjà présent. L'éternité est commencée, elle est maintenant. Le moment présent fait déjà partie de l'éternité. Si l'automne a tendance à refléter la maturité de l'année, il nous rend également conscient de notre propre maturité. Le passé s'entremêle au présent et l'avenir ne semble pas si lointain. En poursuivant mes tâches quotidiennes aujourd'hui, je prie que ces années à venir soient satisfaisantes pour la vie de l'esprit, qu'elles

soient dirigées par Dieu et vers Dieu. Comme saint Paul l'a si bien dit en décrivant notre existence : en lui nous avons la vie, le mouvement et l'être.

Le travail dans le jardin se poursuit chaque jour, quoique plus lentement que durant l'été. L'automne est habituellement le meilleur temps pour diviser les annuelles et les transplanter. C'est aussi le temps de planter les bulbes pour le printemps. Et dans notre cas, ici au monastère, c'est également le temps de rentrer certaines plantes et fines herbes, telles que le laurier sauce, le romarin et le basilic, dans la serre pour l'année prochaine. Nous conservons également bon nombre de géraniums, d'agapanthes, de cactus et autres plantes fragiles à l'intérieur. Durant l'hiver, la serre devient un refuge de verdure et d'arômes.

La liturgie a également son propre rythme de fêtes, de saisons et de célébrations. Aujourd'hui, alors que les jours de septembre tirent à leur fin, nous célébrons la fête de saint Michel et de tous les archanges. Ces archanges sont souvent mentionnés dans les Écritures saintes ; le Seigneur les utilisa souvent comme messagers pour son peuple élu. En tant que véritables témoins et adorateurs de Dieu, ils nous rappellent la transcendance et la sainteté infinies de Dieu, en nous invitant au culte et à l'adoration du Dieu éternel. Aujourd'hui étant une fête monastique, j'ai décidé d'honorer saint Michel, saint Gabriel et saint Raphaël par un repas spécial qui profitera de l'énorme quantité de tomates récoltées dans le jardin : un plat de pâtes avec une sauce arrabiata. Notre sauce arrabiata de ce soir est épicée ; elle contient un piment jalapeño ou serrano. C'est une sauce que l'on ne prépare pas sou-

vent à moins de savoir que les convives apprécient les mets épicés. Le dessert, bien entendu, s'inspire de la grande récolte de pommes et de poires qui se déroule en ce moment dans la vallée de l'Hudson. Les pommiers dans toute la vallée sont remplis de délicieux fruits rouges, jaunes et verts de toutes tailles, jusqu'à la pommette. Récemment, j'ai visité un ami du coin qui m'a généreusement permis de cueillir toutes les pommes tombées que je voulais. « Cueille autant de paniers qu'il te faut, m'a-t-il dit. Je sais que tu en feras bon usage. » Qui peut refuser une telle offre ? Certainement pas un moine et un cuisinier aux convictions frugales !

*Vous trouverez quelque chose de plus grand au milieu des bois que dans les livres.*
*Les arbres et les rochers vous enseigneront ce que vous ne pourrez apprendre d'aucun maître.*

SAINT BERNARD DE CLAIRVAUX

# Pâtes, sauce arrabiata

**Sauce**

1,5 kg (3 lb) de tomates prunes, coupées en
    deux

1 piment jalapeño ou serrano frais,
    haché finement

1 petite échalote ou 1 oignon blanc, haché
    finement

2 gousses d'ail, émincées

125 ml (½ tasse) de feuilles de basilic frais,
    hachées

8 c. à soupe d'huile d'olive extravierge

Sel de mer et poivre du moulin, au goût

**Pâtes**

480 g (1 lb) de penne ou autres pâtes

2 c. à soupe d'huile d'olive

Sel de mer, au goût

**Sauce**

Mettre tous les ingrédients sauf le basilic dans
une casserole assez grande. Faire mijoter à feu
moyen-doux environ 30 min en remuant de
temps en temps jusqu'à épaississement.

Lorsque la sauce est prête, ajouter le basilic
et poursuivre la cuisson 1 min de plus. Passer
la sauce au mélangeur ou au robot de cuisine.
Conserver au chaud jusqu'au service.

**Pâtes**

Cuire les pâtes dans une grande casserole d'eau
bouillante salée. Faire bouillir quelques minutes jusqu'à tendreté en s'assurant que les pâtes
sont al dente. Lorsque les pâtes sont cuites, les
égoutter. Au moment de servir, mélanger les
pâtes et la sauce arrabiata et servir immédiatement. Faire circuler un bol de fromage parmesan
ou autre, fraîchement râpé, pour garnir chaque
assiette.

6-8 portions

# Le dessert de l'archange : Pommes et poires pochées au vin et au cidre

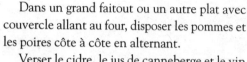

5 pommes fermes, pelées mais intactes
5 poires d'Anjou, pelées mais intactes
500 ml (2 tasses) de cidre de pomme
500 ml (2 tasses) de jus de canneberge
500 ml (2 tasses) de porto ou autre vin
    semblable
220 g (1 tasse) de sucre
8 clous de girofle
1 bâton de cannelle
1 petit morceau de gingembre frais
1 lanière de zeste de citron ou d'orange

Dans un grand faitout ou un autre plat avec couvercle allant au four, disposer les pommes et les poires côte à côte en alternant.

Verser le cidre, le jus de canneberge et le vin dans une casserole assez grande. Ajouter le sucre et porter rapidement à ébullition. Remuer sans cesse pour dissoudre le sucre complètement. Réduire le feu à moyen-doux et ajouter toutes les épices. Couvrir et laisser mijoter doucement environ 15 min.

Verser ce liquide, y compris toutes les épices, sur les pommes et les poires. S'assurer que les épices baignent dans le liquide. Couvrir le faitout et mettre au four préchauffé à 180 °C (350 °F) environ 25 à 30 min. Vous assurer de temps en temps que le liquide ne s'évapore pas complètement. Lorsque les fruits sont cuits, il devrait rester 3 ou 4 cm (1 ou 2 po) de sirop, tout au plus.

Jeter toutes les épices avant de servir. Servir les poires et les pommes à la température de la pièce. Veiller à ce que les fruits ne s'écrasent pas en les louchant dans chaque assiette. Servir un fruit par personne et verser un peu de sirop par-dessus. C'est un dessert délicieux, idéal pour une nuit fraîche d'automne !

10 portions

…Seigneur, je crains
Que tu n'aies fait le monde trop beau
cette année ;
Mon âme est presque hors de moi —
Ne laisse tomber aucune feuille
flamboyante ; je t'en prie, ne laisse
aucun oiseau chanter.

EDNA ST. VINCENT MILLAY

Octobre

# La récolte d'ail

*Le cuisinier provençal affirme qu'un mortier et un pilon devraient toujours sentir l'ail.*

DICTON PROVENÇAL

À mon réveil tôt ce matin, le jour de la douce fête des anges gardiens, j'ouvre la porte qui donne sur la véranda pour laisser entrer un peu d'air frais dans la cuisine. Il y a bien de la joie et de la beauté ces premiers jours d'octobre. L'air est si pur, le ciel est si clair et le houx dans nos arbres devient rouge flamboyant. Peu importe où je porte le regard, j'aperçois la beauté tranquille et radieuse d'octobre. Dans les marécages au loin, les érables se teintent de jaune, d'orange et de rouge et les asters pourpres sont en fleur dans tout le paysage. Nos collines environnantes sont un spectacle d'une rare beauté, surtout au coucher du soleil. Ces jours sont véritablement privilégiés dans l'année.

Le travail quotidien de la récolte se poursuit à un rythme constant dans notre potager. Je sais qu'un gel précoce peut sévir à tout moment. Aujourd'hui, je concentre mes efforts à récolter les bulbes d'échalote et d'ail qui seront utilisés

pendant l'hiver. Il y a des années, une famille italienne de la région nous a fait cadeau de bulbes qu'elle avait rapportés de la Toscane. Ces gens ont cultivé cette variété pendant des années dans leur jardin non loin d'ici avec beaucoup de succès ; ils m'ont donc offert un peu de cet ail pour voir si le monastère ne pourrait pas en faire pousser à son tour. J'ai volontiers accepté leur offre ; comment en effet ne pas accepter un tel cadeau, si modeste et si merveilleux ? Depuis, l'ail toscan cultivé ici au fil des ans a produit en abondance. Et pas seulement dans nos jardins : en effet, après des années de plantations réussies, nos bulbes d'ail se retrouvent non seulement chez des jardiniers du comté de Dutchess mais également dans le nord de l'État de New York, en Nouvelle-Angleterre, en Pennsylvanie et au New Jersey. Tous les amis qui en ont fait la demande ont reçu suffisamment de bulbes d'ail pour les faire pousser dans leur propre jardin. Ils ont tous obtenu de magnifiques résultats, à leurs dires.

L'ail est en effet un magnifique cadeau de Dieu. Il est devenu incontournable dans toutes les cuisines et il est tellement populaire qu'un village de la vallée de l'Hudson appelé Saugerties organise chaque année un festival de l'ail. Des milliers de gens des États et des comtés environnants participent à ce festival et passent la journée à déguster des produits aillés, non seulement des plats traditionnels, bruschetta, légumes et viande à l'ail, mais également des produits novateurs comme la crème glacée parfumée à l'ail ! Un de nos amis qui a participé récemment au festival a rapporté l'enthousiasme du public pour notre ail cultivé localement dans la vallée de l'Hudson. Le petit bulbe aux prétentions jadis modestes est devenu un aliment de base dans bien des demeures, un incontournable dans la cuisine de tous les bons restaurants. D'après un récent article du *New York Times*, les cultivateurs de l'État de New York attribuent la popularité, le succès et le nouvel engouement pour la culture et la consommation de l'ail de la région, au fait que la vallée de l'Hudson possède « le bon climat, la bonne quantité de précipitations et un sacré bon sol » qui favorisent sa croissance. Lorsqu'on plante les petites gousses d'ail pour la première fois, il faut compter presque un an et demi avant de pouvoir le récolter. À part un bon sol et la bonne température, la culture de l'ail exige un peu de patience de la part du cultivateur. Premièrement, le sol doit être soigneusement préparé. Ensuite, les gousses doivent être plantées en rangs, une par une, les racines vers le bas. Certains cultivateurs de la vallée de l'Hudson préfèrent récolter les bulbes un peu plus tôt dans la saison, autour de la fin de juillet, pour leur donner une chance de « mûrir » et les conserver au sec pendant l'hiver. J'ai plutôt tendance à commencer ma récolte au besoin à partir du début d'août jusqu'à la fin de la saison. Je trouve que si je les laisse un peu plus longtemps sous terre, ils poursuivent leur croissance et prennent un goût encore plus prononcé. Ils conservent également ce goût unique de jus frais jusqu'à la fin.

*La beauté dorée et lustrée de la récolte se répand en luminosité à travers un grand pays en croissance ; se reflète de façon radieuse et amoureuse sur le visage de l'homme.*

ELIZABETH SEARLE LAMB

*O soleils et ciels et nuages de juin,*
*Et fleurs de juin réunis,*
*Vous ne pouvez rivaliser ne serait-ce qu'une heure*
*Avec la température bleu vif d'octobre.*

HELEN HUNT JACKSON

# Soupe à l'ail à l'allemande

*Notre souper ce soir, inspiré par les trésors d'ail que nous récoltons en ce moment dans le jardin et par les œufs frais dont nos poules nous ont fait cadeau, consistera en une soupe à l'ail à l'allemande. La préparation est différente de la soupe à l'ail traditionnelle du sud de la France que je prépare ici quelques fois par année. Cette recette allemande m'a été donnée par une amie chère qui a récemment visité l'Allemagne. Elle a goûté à la soupe là-bas et a demandé la recette au chef. Depuis, j'ai hâte de l'essayer ici, et ce soir est l'occasion rêvée. La soupe sera suivie d'un simple buffet de légumes frais accompagnés d'aïoli provençal. C'est un repas modeste, sain et délicieux que nous préparons et servons ici au monastère quelques fois par année : durant l'été, bien sûr, pour des pique-niques informels ou des fêtes, et toujours à la fin de la saison quand nous avons tant de légumes frais à notre disposition. Pour le cuisinier, c'est toujours un soulagement de servir une assiette de légumes frais à tremper dans l'aïoli ; en effet, la seule préparation à faire dans la cuisine, à part laver et parer les légumes, consiste à préparer l'aïoli. Rien de plus simple !*

3 gros oignons, pelés et hachés grossièrement
6 branches tendres de céleri, en tranches fines
2 bulbes d'ail moyens, pelés et hachés
1/2 bâton de beurre
500 ml (2 tasses) d'eau
500 ml (2 tasses) de lait
250 ml (1 tasse) de crème ou de crème moitié-moitié (11,5 % M.G.)
Sel et poivre blanc, au goût

Faire sauter les légumes dans le beurre 3 à 4 min tout au plus dans une casserole assez grande en remuant sans cesse. Ajouter l'eau, le lait et la crème. Laisser mijoter doucement à feu doux environ 12 à 15 min. Assaisonner et laisser tiédir.

Réduire en purée dans le mélangeur ou à l'aide d'un batteur à main. Réchauffer et servir chaud. Si vous parvenez à utiliser de l'ail frais de votre propre jardin, savourez le goût particulier de l'ail nouvellement récolté !

6 portions

# Salade des récoltes du monastère à l'aïoli

## Aïoli

2 jaunes d'œuf très frais
1 c. à soupe de jus de citron, fraîchement
    pressé ou de vinaigre à l'estragon
1 c. à café (1 c. à thé) de moutarde de Dijon
Sel et poivre blanc, au goût
250 ml (1 tasse) d'huile d'olive légère ou
    d'huile végétale
4 gousses d'ail, émincées

## Salade

1 chou-fleur moyen, paré, les fleurons soigneu-
    sement séparés
4 betteraves, lavées et parées, coupées en mor-
    ceaux ou en gros dés
6 œufs durs, écalés et coupés en deux sur la
    longueur
6 tomates poivrons, coupées en quatre sur la
    longueur
1 avocat, pelé, coupé en quatre sur la longueur,
    puis en deux
12 radis frais, parés
2 concombres moyens, pelés et coupés en gros
    dés
12 olives noires dénoyautées

### Préparation de l'aïoli

Mettre les jaunes d'œuf dans un bol profond. Ajouter le jus de citron et la moutarde, assaisonner et mélanger au batteur électrique ou au fouet jusqu'à consistance crémeuse et homogène.

Ajouter l'huile, une cuillerée à la fois, en fouettant ou en mélangeant jusqu'à épaississement. Ajouter l'ail et mélanger jusqu'à consistance homogène. Garder au réfrigérateur quelques heures jusqu'au moment de servir (à préparer le jour même).

### Préparation des légumes

Faire bouillir les fleurons de chou-fleur dans de l'eau salée 3 min précisément. Égoutter à l'eau courante froide et réserver. Dans une autre casserole, faire bouillir les betteraves dans de l'eau salée 3 min. Égoutter à l'eau courante froide et réserver.

Sur un grand plateau, ou deux au besoin, disposer les œufs durs et tous les légumes regroupés par variété. Au centre, laisser une place pour le bol d'aïoli. Servir immédiatement.

Note : Pour déguster ce plat à la provençale, le grand plateau doit être au centre de la table, chaque personne disposant d'une petite assiette pour se servir. Utilisez des fourchettes pour tremper les légumes dans l'aïoli ou versez une portion de sauce dans chaque assiette pour les trempettes, selon la préférence. N'oubliez pas d'ajouter une bonne quantité de pain baguette à la table pour nettoyer le délicieux aïoli qui reste dans l'assiette !

6-8 portions

# L'échalote : un bulbe fabuleux

*Voici l'automne
sympathique
qui arrive,
Le Sabbat
de l'année.*

A. Logan

La période de la fin de septembre et du début d'octobre est un temps extraordinaire dans l'année. C'est un moment de transition, quand l'été rejoint l'automne et s'y entremêle presque imperceptiblement. Les champs de maïs encore verts des fermes environnantes semblent s'être effacés ; à leur place se trouvent des tonnes de citrouilles rouges et oranges. Les fermiers locaux sont fous de joie devant la récolte, semble-t-il prolifique, et exposent fièrement leurs denrées le long des chemins. Ces étals, la contrepartie du marché hebdomadaire, regorgent de produits frais offerts aux passants. On y trouve non seulement les citrouilles et des courges nouvellement cueillies mais aussi plusieurs variétés de pommes, des poires, des pommes de terre nouvelles, des oignons, de l'ail, des tomates, des betteraves, de la bette à carde, des poivrons, des aubergines, des choux et tous les légumes tardifs. Aux étals, on peut également trouver de ravissants bouquets des dernières fleurs de la saison : zinnias, tournesols, sans oublier les chrysanthèmes nouveaux aux coloris d'automne. On offre aussi parfois du cidre frais provenant de la ferme ou d'une cidrerie locale.

Aujourd'hui, la journée a été longue et ardue. Il gèlera très probablement cette nuit ; nous avons déjà eu il y a quelques jours un gel léger (Dieu merci !) qui n'a pas fait trop de ravages. J'ai couvert le basilic et quelques-unes des plantes plus fragiles et aucune n'a subi de dommages. J'ignore les conséquences qu'aura le gel de la nuit prochaine et je récolte donc, en plus de l'ail et des échalotes, les dernières aubergines, les piments, les haricots à rames, quelques betteraves et une bonne quantité de tomates presque mûres (mais pas toutes). On ne sait jamais vraiment ce qui va geler : cela dépend de l'intensité du gel. En rapportant les paniers pleins de tomates et autres denrées, je remarque la splendeur du coucher de soleil aujourd'hui. Les derniers rayons de soleil scintillants me rendent nostalgique. Sans pouvoir l'expliquer, je deviens profondément conscient que les longues heures du soleil d'été sont terminées. En pratique, le décompte jusqu'à l'hiver est déjà commencé. En jetant un dernier coup d'œil dehors avant de rentrer dans la cuisine, je vois un long rang d'arbres hauts et silencieux, comme en admiration devant la majesté tranquille du coucher de soleil. Les arbres et l'air frais ont leur propre façon de donner congé au soleil et au jour, et d'accueillir le soir avec anticipation.

En me dirigeant vers la cuisine, chargé de paniers, je prends un moment pour me reposer en silence. Le calme est une façon de se recueillir et de comprendre à un niveau plus profond ce qui survient dans le moment présent. Le calme me permet de décortiquer le mystère de la journée : les heures magiques d'une autre journée d'automne en dépit de la fatigue causée par un travail sans relâche. Le calme me permet également de demeurer bien ancré et reconnaissant, et de goûter un peu de cette paix monastique, un des plus grands cadeaux de Dieu pour nous ici au monastère. Reconnaissant de ce moment de grâce, je commence à murmurer les mots du poète Garnett Ann Schultz, une véritable prière en soi :

> *Pour le soleil de l'été et l'or de l'automne*
> *Pour les pluies printanières et le froid hivernal,*
> *Pour l'aube si belle et les étoiles la nuit*
> *Pour l'obscurité qui amène la lumière du matin,*
> *Cher Dieu, nous te remercions, pour l'espoir*
> *Si souvent évoqué dans les prières que nous t'adressons,*
> *Pour la paix qui règne au sein de notre cœur*
> *En raison de la place que tu y occupes.*

L'échalote est souvent une composante importante de ma cuisine. J'avoue ne pas en faire un usage quotidien mais je l'utilise fréquemment en raison de sa douceur particulière. Il y a des plats pour lesquels l'ail et les oignons sont trop forts et une bonne échalote peut alors faire l'affaire. Ayant été élevé dans une cuisine où l'échalote traditionnelle était toujours à portée de la main comme c'est le cas dans les Pyrénées, je n'ai pas eu besoin d'encouragement pour commencer la culture de ces bulbes aromatiques dans notre jardin du monastère. Il y a environ 10 ans, j'ai rapporté des bulbes d'échalote de Valence et j'ai commencé à en expérimenter la culture ici. À la fin de la première récolte, les quelques cinquante bulbes d'échalote avaient produit plus de trois cents bulbes. J'ai donc utilisé les deux tiers de cette récolte durant l'hiver et le printemps et j'ai gardé le dernier tiers pour les prochaines plantations. Ce système a bien fonctionné pour nous et chaque année, nous en récoltons suffisamment pour les partager à l'occasion avec nos amis et voisins.

Les échalotes récoltées aujourd'hui seront entreposées dans notre cellier sur du papier journal pendant environ 10 à 12 jours pour les faire sécher. Lorsqu'elles seront séchées, je vais délicatement séparer les bulbes et les mettre dans de petits paniers de bois pour être utilisés pendant l'hiver. Il est essentiel de les conserver dans un endroit sec, comme ils font en France. Dans les mois qui suivront, ces mêmes échalotes seront utiles pour parfumer nos soupes, nos salades et nos sauces, grâce à leur saveur douce et subtile. Moi-même, je les aime bien dans une salade verte ou une salade de pommes de terre, en remplacement des oignons. Souvent, je hache et émince un bulbe d'échalote, je le mets dans une vinaigrette vite faite et je laisse le tout reposer quelques heures avant de préparer la salade. J'utilise également l'échalote pour donner du goût à un plat de betteraves ou de haricots, comme c'est le cas dans la recette pour l'entrée de ce soir. La douceur de l'échalote se marie bien à ces légumes et remplace avantageusement les oignons habituellement utilisés dans ce cas.

# Betteraves et vinaigrette crémeuse à l'échalote

8 betteraves moyennes, lavées, pelées et coupées en dés ou en julienne

60 ml (1/4 tasse) de jus de citron, fraîchement
pressé

1 pomme de laitue

### Vinaigrette à l'échalote

2 c. à soupe de vinaigre de vin à l'estragon

8 c. à soupe d'huile d'olive extravierge

1 c. à café (1 c. à thé) de moutarde de Dijon

Sel et poivre du moulin, au goût

4 c. à soupe de crème épaisse

2 échalotes moyennes, hachées grossièrement
puis émincées

Quelques brins de persil frais, hachés finement, en garniture

Faire cuire les betteraves dans une grande casserole d'eau bouillante salée environ 5 minutes jusqu'à tendreté. Égoutter, rincer à l'eau courante froide puis égoutter de nouveau. Mettre les betteraves dans un bol profond, ajouter le jus de citron, bien mélanger, puis réfrigérer au moins 2 h.

Préparer la vinaigrette en mettant au mélangeur tous les ingrédients sauf la crème, les échalotes et le persil. Ajouter la crème et mélanger jusqu'à obtention d'une sauce lisse. Au moment de servir, ajouter les échalotes. Bien mélanger à l'aide d'une fourchette ou d'une cuillère. Verser cette sauce sur les betteraves et bien mélanger.

Préparer un lit de laitue dans chaque assiette de service (3 ou 4) et ajouter les betteraves au centre. Garnir de persil et servir froid en entrée.

6 portions

# Ratatouille

*Ceux qui sèment
avec larmes
Moissonneront
avec chants
d'allégresse.*

Psaumes (126:5)

Presque tout d'un coup au cours des derniers jours, nous semblons avoir atteint le faîte de la splendeur automnale. Aujourd'hui, nous contemplons le paysage pour apercevoir les couleurs du feuillage flamboyant d'automne. Ici, dans le Nord-Est américain, le feuillage semble à son meilleur autour de Columbus Day, c'est-à-dire maintenant. Des hordes de touristes venus de partout débarquent tout à coup dans le décor, se promènent çà et là dans les fermes et les vignobles, se rendant aux villages pittoresques de Rhinebeck, de Millbrook, de Kent et de Salisbury à la recherche des meilleures prises de vue pour leurs photos. Durant ces jours d'automne, tout semble plus intense et plus intime. Nous assistons au zénith puis au déclin d'une saison magnifique et nous nous préparons pour ce que l'hiver nous réserve. Nous savons avec certitude que les températures vont baisser, que le jour va rétrécir et qu'une obscurité précoce va nous envelopper tous. À partir de maintenant, en entrant dans la chapelle du monastère tous les jours autour de

17 h 30 pour chanter les vêpres, il ne fera plus complètement jour ; ce sera l'heure où les derniers rayons dorés du soleil scintilleront comme des joyaux en disparaissant derrière l'horizon. Dans mon esprit, la lueur incomparable des rayons agonisants du soleil baigne le monde dans une ambiance de paix et de réconfort, pendant que la nuit tombe et que nous les moines commençons à entonner nos louanges au Seigneur.

Ce matin d'automne, j'attendais la visite d'un couple de Long Island. Ils avaient entendu parler du vinaigre produit de façon artisanale au monastère et voulaient en acheter. Je leur ai demandé ce qui les avait attirés dans ce coin de pays et la jeune femme m'a répondu sur-le-champ : « Le paysage à ce temps-ci de l'année est vraiment spectaculaire ». J'ai volontiers acquiescé : « Oui, le comté de Dutchess et les comtés environnants, d'Ulster, de Columbia et de Litchfield, offrent des panoramas magnifiques durant la saison automnale. Nos arbres affichent une gamme de couleurs variées à cette période : les érables d'un rouge flamboyant, les trembles jaune et or, les chênes et les bouleaux de couleur bronze, le tout entremêlé de pins et autres conifères pour créer une tapisserie de couleurs. Un spectacle inégalable ! » Le couple s'intéressait également à certains de nos livres de cuisine. Je leur ai montré le plus récent titre, *Les bonnes salades du monastère*, et ils m'ont semblé séduits. Ils ont tenté des expériences avec les recettes du livre *Les bonnes soupes du monastère* avec des résultats fabuleux, selon eux. La femme affirmait avoir essayé environ 24 recettes du livre et s'attendait à les essayer toutes au moins une fois dans sa vie. Je n'en doutais pas, car elle était plutôt jeune et était mariée depuis seulement trois ans. En parlant de nourriture, ils se sont intéressés à mes préparatifs pour le repas du soir. Je leur ai montré le jardin avec son abondance de tomates, de poivrons et d'aubergines non encore récoltés. En désignant les aubergines japonaises que j'apprécie énormément, la première chose qui me venait à l'esprit était de faire une grande casserole de ratatouille provençale. J'ai expliqué au jeune couple que la récolte et la mise en conserve des tomates se poursuivaient depuis des semaines déjà, mais qu'il y en avait une telle abondance cette année qu'il était impossible de les récolter toutes à la fois, et que cela m'obligeait tous les jours à trouver différentes façons de les apprêter dans ma cuisine, mis à part l'évidente salade de tomates.

La ratatouille est sans doute l'un des plats les plus connus de la cuisine provençale. C'est également l'un des plats les plus mal compris et, par conséquent, les plus mal préparés. Contrairement à ce que bien des gens croient, une bonne ratatouille exige une longue préparation. Ce n'est pas aussi simple que l'on croit. Souvent, les légumes doivent être préparés à l'avance, les aubergines et les courgettes en l'occurrence, en les salant d'abord pour les faire dégorger. Cette technique est souvent mise de côté par de nombreux cuisiniers amateurs avec comme résultat une piètre ratatouille. Ratatouille vient du mot touiller. Le mot en lui-même illustre l'art de préparer la ratatouille : elle doit être remuée sans cesse pendant plusieurs heures et demande beaucoup de patience. Il y a autant de recettes de ratatouille que de cuisiniers en Provence. Chacun prétend en détenir le secret, que ce soit dans la quantité de légumes utilisés ou l'utilisation de certaines herbes de Provence. À mon avis, il y a des principes de base à respecter, tels que la préparation des légumes et le remuage continuel. Pour le reste, je pense qu'il faut l'accommoder selon les préférences du chef. Voici notre recette de base, tout droit de Provence, qu'un ami attentionné m'a jadis appris à la préparer.

Le soleil d'automne
Étend ses doigts de Midas
Touche les tagètes, et s'attarde
Pour orner davantage les chrysanthèmes
Ajouter du pourpre aux prunes
Et tacheter d'or les feuilles tombées
En saupoudrant les arbres de poussière d'or,
Et revêt d'un scintillant feu doré
Ces précieux jours d'automne.

AUTEUR INCONNU

# Ratatouille à la provençale

450 g (1 lb) d'aubergines japonaises,
    en tranches
Sel de mer
Huile d'olive vierge au besoin
480 (1 lb) de courgettes, en tranches
1 poivron rouge, en tranches fines
1 poivron jaune, en tranches fines
1 poivron vert, en tranches fines
2 oignons vidalia moyens à gros, hachés
10 tomates italiennes, pelées, épépinées et
    hachées grossièrement
6 gousses d'ail, pelées et émincées
2 c. à café (2 c. à thé) de sucre
1 feuille de laurier
Une poignée de feuilles de basilic et de brins
    de thym, hachés
Une poignée de persil italien, haché
Poivre du moulin, au goût

Mettre les aubergines sur un grand plateau, saupoudrer de sel et laisser reposer au moins 1 h ou plus. À la fin, égoutter tout le liquide.

Verser environ 10 c. à soupe d'huile d'olive (ou plus au besoin) dans une grande poêle ou casserole. Ajouter les tranches d'aubergine et les faire dorer des deux côtés à feu moyen. Retirer et égoutter avec du papier absorbant. Ajouter un peu d'huile à la poêle et faire cuire les courgettes de la même façon. Retirer et égoutter. Faire cuire les poivrons de la même façon pendant un court moment et retirer. Il n'est pas nécessaire de les égoutter comme précédemment.

Ajouter un peu d'huile et faire revenir les oignons jusqu'à ce qu'ils soient ramollis sans être dorés. Ajouter les tomates, l'ail, le sucre, le laurier, le basilic et le thym, le persil et le poivre. Laisser mijoter environ 30 min en remuant de temps en temps. Ajouter le reste des légumes et remuer 5 à 10 min, jusqu'à ce que la ratatouille soit prête. Rectifier les assaisonnements. Retirer la feuille de laurier et servir chaude ou tiède ; ou réfrigérer et servir froide en été.

6-8 portions

# Nourriture réconfortante

*Il était une fois une cuisine où*
*La fumée du feu sentait si doux,*
*Projetait des étincelles si survoltées*
*Que les courants d'air et la chaleur rougeoyante*
*et joyeuse*
*Remplissaient de joie la pièce rustique*
*Au-delà de toute mesure moderne.*

Ruth B. Field

La saison poursuit sa métamorphose : une alternance de journées ensoleillées et de journées froides et pluvieuses où le vent nous saisit jusqu'à l'os. Aujourd'hui, nous avons une journée froide et pluvieuse. La première chose que j'ai faite ce matin a donc été d'allumer le poêle à bois situé dans le coin est de la cuisine. Nos cinq chats, Misty, Ebony, Fluffy, Nicole et Margot, ont tous adopté ce coin qui dégage une chaleur réconfortante. Durant les froides nuits d'hiver, ils se pelotonnent tous les cinq près du poêle sans se bagarrer ! Je savoure toujours le moment où on rentre de l'extérieur : le poêle est juste là avec sa chaleur accueillante et son doux arôme pour nous offrir du réconfort. L'odeur du bois qui brûle est presque enivrante : « Aussi doux qu'un beau rêve », dis-je souvent. C'est une journée comme ça, où il vaut mieux ne pas travailler dehors, sauf pour les tâches inévitables, par exemple nourrir les animaux de la ferme. Je vais plutôt passer mon temps à préparer d'autres vinaigres pour le vignoble local et le restaurant de New York qui a récemment découvert l'attrait de nos vinaigres artisanaux. J'en prépare également une certaine quantité pour les amis du monastère et pour notre vente de Noël. Il faut compter environ trois mois pour faire fermenter le vinaigre et le transformer en un produit de qualité ; je suis donc un peu pressé pour cette préparation de Noël. Le vignoble de Millbrook vend notre vinaigre localement et par catalogue. Il est offert dans un joli panier de Noël avec une excellente huile d'olive qui est produite en Toscane.

Une des raisons pour lesquelles j'aime travailler aujourd'hui dans le confort de notre cuisine est que cela me permet d'écouter de la belle musique, ce qui m'aide et me stimule dans mon travail. Je maintiens que la bonne musique n'interrompt pas le silence monastique mais au contraire l'améliore. Dans de nombreux monastères d'Europe, on fait maintenant jouer de la musique au réfectoire pendant que les moines, les nonnes et leurs invités mangent. La musique s'écoute toujours religieusement et parfois, durant ces précieux moments, on peut presque palper l'intensité du silence. Aujourd'hui, c'est la fête de saint Luc, un des quatre évangélistes. C'est d'ailleurs son Évangile que l'on utilise cette année pour nos lectures liturgiques du dimanche. J'aime bien réfléchir à saint Luc, dont j'apprécie particulièrement l'Évangile, en écoutant la sonate pour violoncelle en sol mineur de Chopin. C'est un bijou, une pièce qu'il a composée vers la fin de sa vie avec cette maturité qui ne vient qu'avec l'âge. Chopin est surtout connu pour ses pièces pour piano et peu savent qu'il a également écrit pour d'autres instruments et pour orchestre. Cette sonate fut une de ses dernières compositions ; il y travailla alors qu'il passait l'été à Nohant, la propriété de George Sand dans le massif central de la France, une région que je connais bien. La tuberculose de Chopin évoluait rapidement et une partie de cette souffrance est communiquée dans cette pièce. La sonate au complet est superbe, mais je suis particulièrement ravi d'écouter les parties pour violoncelle, dans lesquelles s'épanchent de ravissantes mélodies qui expriment une émotion que seul le violoncelle peut transmettre. Le violoncelle est un instrument qui me parle d'une façon très personnelle. Je le trouve presque irremplaçable. L'enregistrement que j'écoute ce matin est la version de Jacqueline Du Pré, qui comme Chopin, mourut tragiquement à un jeune âge. Il y a vraiment une partie de la vie de Chopin dans sa propre vie, son art, sa musique.

Tout en préparant les vinaigres (et quelques marinades à temps perdu) et en écoutant la musique de Chopin, je réalise que le menu pour le repas de ce soir doit se matérialiser assez rapidement. Avec les multiples tâches dans la cuisine, y compris rentrer du bois et alimenter le poêle, il ne reste que peu de temps aujourd'hui pour préparer le repas. Par conséquent, notre repas sera confectionné à la dernière minute, presque un repas-partage pour ainsi dire, rassemblant tout ce qui est disponible et facile à préparer. Depuis des années, en de telles occasions, j'ai toujours recours à des pâtes ou à une omelette rapide. Un bon ami de New York nous a récemment fait cadeau d'une boîte de figues, un fruit qui m'était familier dans ma jeunesse et que j'apprécie particulièrement. J'en fais rarement usage ici dans ma cuisine en raison de son prix élevé, qui dépasse ce qu'on est prêt à dépenser dans un monastère. Nous tentons de nous en tenir à nos valeurs de simplicité, de modération et de frugalité en toutes choses. Mais puisqu'il s'agit d'un cadeau, comment le refuser ? Tout ce que je peux dire c'est *Deo gratias* ! Les figues proviennent de Californie et sont peut-être moins chères que celles importées d'Europe, qui sait ? Les figues étant saines, nutritives, faciles à digérer, faibles en gras et riches en fibres, j'ai conçu une recette où je n'y ajoute qu'un peu de fromage et des noix pour en faire un repas complet. Ce plat, accompagné d'une salade verte et d'une pomme au four, est tout ce qu'il nous faut pour nous soutenir et réconforter nos corps fatigués. Il est certain que l'air frisquet commande ce qu'on appelle communément la « nourriture réconfortante ». Et ce repas fera certainement l'affaire.

À l'automne de ma foi
Quand mes feuilles
Sont teintées de couleur
Utilise la beauté, Seigneur,
Pour élever un cœur auprès de toi.
Laisse mes feuilles virevoltantes
Tapisser les violettes
Jusqu'au printemps.

DEE ARMSTRONG

# Pâtes aux figues et au fromage cheddar

4 c. à soupe d'huile d'olive

30 g (¹/₃ tasse) de pignons

375 ml (1 ¹/₂ tasse) de crème épaisse ou de crème moitié-moitié (11,5 % M.G.)

105 g (³/₄ tasse) de fromage cheddar de l'État de New York ou du Vermont, coupé en très petits morceaux

60 g (¹/₂ tasse) de fromage parmesan, râpé

Quelques brins de persil ou cerfeuil frais, haché finement

720 g (1 ¹/₂ lb) de fettucine ou autres pâtes

10 figues fraîches (ou séchées si non disponibles), coupées en quartiers

Sel et poivre du moulin, au goût

Verser l'huile dans une poêle, ajouter les pignons et remuer à feu moyen-doux environ 2 à 3 min. Réserver.

Verser la crème dans une casserole, ajouter le fromage, le persil et continuer de remuer à feu moyen-doux jusqu'à ce que tout le fromage soit fondu pour obtenir une sauce épaisse.

Tout en préparant la sauce, cuire les pâtes dans une autre casserole dans de l'eau salée selon les indications de l'emballage pour une cuisson al dente. Égoutter les pâtes, ajouter les pignons et les figues et verser la sauce sur les pâtes. Saupoudrer de poivre. Bien mélanger et servir chaud. On peut ajouter un peu de fromage parmesan sur les pâtes ou servir dans un bol à la table selon la préférence des invités.

4-6 portions

# Le cadeau de nos vergers

*Vous ne pouvez espérer profiter de la récolte Sans avoir d'abord labouré les champs.*

Auteur
inconnu

Je remarque ce matin que les couleurs des feuilles s'estompent et s'acheminent donc rapidement vers leur déclin annuel. À la mi-octobre, elles ont atteint leur sommet comme dans un crescendo et les couleurs vives se sont maintenues jusqu'à maintenant. Mais avec les fortes pluies et les vents des derniers jours, les arbres perdent rapidement leurs feuilles. Après le coucher du soleil, les nuits sont plus froides et plus longues également. Bientôt, nos horloges retourneront à l'heure normale de l'Est, ce qui prolongera d'autant les heures sombres. Tous ces signaux laissent présager l'arrivée de l'hiver. L'automne est bien engagé dans ce coin de pays et les préparatifs pour l'hiver vont bon train au monastère, mais la récolte n'est pas encore complètement terminée. Contrairement à l'année dernière, cette année a été une très bonne année pour les pommes et autres fruits dans la vallée de l'Hudson. Et puisque plusieurs cultivateurs des

environs nous ont gentiment offert et proposé de venir cueillir les pommes tombées par terre avant l'arrivée des cerfs ou la destruction par le gel, j'ai décidé ce matin que j'irais faire un tour du côté des vergers.

C'est toujours une expérience rafraîchissante et joyeuse quand, vers la fin d'octobre, j'ai la chance de me diriger vers le nord pour visiter ces vergers des alentours et cueillir les dernières pommes tombées. Les cueilleurs ont terminé leur saison et il nous revient de récolter ce qui reste. Les pommes, bien entendu, ont de multiples usages au monastère ; elles ne servent pas uniquement pour les desserts mais également pour le beurre de pomme, la gelée et les confitures. Je mélange également souvent des pommes avec certains légumes comme la courge cuite, les patates douces, les endives ou les betteraves dans nos salades. La pomme est un fruit modeste mais très pratique. En outre, lorsque cueillies et manipulées correctement, celles-ci se conservent pendant des mois dans notre cellier. *Deo gratias!* Je n'ai de cesse de remercier le Seigneur de m'avoir permis de vivre dans cette riche région agricole où toutes sortes de fruits sont cultivées des deux côtés de la rivière : pommes, poires, pêches, baies, prunes, sans mentionner les raisins splendides utilisés pour faire les désormais célèbres vins de la vallée, et que nous utilisons pour faire notre vinaigre. Ma seule inquiétude, mon plus grand regret, est de constater depuis quelques années l'arrivée de promoteurs immobiliers sans scrupule qui exploitent la terre. Ces manipulateurs voient la terre en termes de profits, rompant le pacte que les cultivateurs locaux avaient jadis conclu avec celle-ci. Ils violent la terre pour faire rapidement de l'argent. Les promoteurs, tels que je les vois (à l'exception de quelques-uns), menacent la stabilité de l'agriculture locale, y compris quelques-uns de nos précieux vergers. Hélas, de nombreux vergers ont déjà disparu de la carte du comté de Dutchess. Ceux qui à la fin en sont responsables devraient avoir à rendre des comptes ! Personnellement, dans les trente années que j'ai vécues ici, j'ai vu un tel gaspillage de la terre que toute la question est devenue abominable à mes yeux ! Ils sont oubliés depuis longtemps les jours où les gens de la place, fiers de leur intendance de la terre qu'on leur avait confiée, pouvaient goûter un poème comme celui de Lee Avery :

> *Nous allâmes aux pommes un jour de pluie,*
> *Pluie d'octobre, et brillaient dans la brume,*
> *Des feuilles écarlates plus écarlates, et l'or*
> *Plus dorée parsemait la campagne détrempée.*
> *Sur le chemin des pommes nous tournâmes,*
> *un chemin de campagne*
> *Davantage sentier que chemin, mais menant*
> *à la ferme.*
> *Là dans une remise ouverte usée par le temps,*
> *Des paniers de rougeurs rondes et vives*
> *captaient l'œil.*
> *Et le parfum des pommes, s'installant dans*
> *l'air doux*
> *Et humide, devint liquide. À l'intérieur,*
> *Bac après bac de globes couleur rubis, avec*
> *des noms*
> *Piquants comme les échantillons juteux que*
> *nous reçûmes.*

> *Nous rentrâmes sous une pluie à saveur de*
> *pomme,*
> *Récitant à nous-mêmes les étranges noms*
> *Nouvellement appris des pommes, comme*
> *une*
> *Rime ancienne.*

Au retour de notre excursion dans les vergers du nord de l'État de New York, j'étais content d'avoir cueilli six boisseaux de pommes. Certaines sont un peu abîmées et devront être consommées rapidement. Les autres sont en bon état et se conserveront longtemps dans notre cellier. La tâche demain (car aujourd'hui il est trop tard) sera de séparer les pommes en deux catégories distinctes. Habituellement, je les dispose sur de grands plateaux où je peux facilement repérer celles à utiliser en premier. Je fais la même chose avec les dernières tomates récoltées dans le jardin ; je les sépare selon le degré de mûrissement et je les laisse mûrir doucement, choisissant chaque jour celles qui passeront à table.

Après le long après-midi passé à cueillir des pommes, je suis un peu découragé d'avoir à m'occuper des préparatifs du repas de ce soir. De plus, il y a les vêpres à chanter avant le repas. Je me décide en un éclair pour des œufs brouillés avec une bonne dose de persil frais que j'accompagnerai (comme il convient aujourd'hui) d'un plat au four combinant des pommes et de la courge cueillie récemment. Simple et rapide, ce plat cuira au four pendant la célébration des vêpres à la chapelle. J'utilise souvent cette astuce, économisant ainsi une demi-heure de préparatifs. C'est une question de menu et de temps de cuisson. Ces deux plats composeront le plat principal du souper, et nous compléterons par un dessert aux pommes simple mais délicieux.

Les cieux, ils étaient de cendre et graves ;
Les feuilles, elles étaient crispées et mornes,
Les feuilles, elles étaient périssables et mornes.
C'était nuit en le solitaire Octobre
De ma plus immémoriale année.

EDGAR ALLAN POE
(TRADUCTION DE MALLARMÉ)

# Courge musquée et pommes au four

2 courges musquées, pelées, épépinées et coupées en dés

5 pommes, pelées et coupées en tranches fines

2 c. à café (2 c. à thé) de jus de citron, fraîchement pressé

75 g (½ tasse) de cassonade ou de sucre roux

Une pincée de cannelle

4 c. à soupe de beurre

125 ml (½ tasse) de cidre ou jus de pomme

3 c. à soupe de raisins secs

Faire cuire les courges dans de l'eau bouillante salée environ 12 à 15 min, jusqu'à ce qu'elles soient cuites. Égoutter et réserver.

Mettre les pommes dans de l'eau bouillante, ajouter le jus de citron et cuire environ 4 à 5 min. Égoutter en réservant l'eau. Cette eau peut remplacer le cidre ou le jus de pomme en cas de besoin. (Je le fais souvent avec les jus de légumes ou de fruits !)

Mettre les courges et les pommes dans un grand bol. Les écraser et bien mélanger. Ajouter le sucre, la cannelle, le beurre, le jus de pomme ou l'eau de cuisson des pommes et les raisins secs. Bien mélanger.

Beurrer généreusement un plat de cuisson rectangulaire assez grand et y verser le mélange aux courges et aux pommes. Égaliser à l'aide d'une spatule. Saupoudrer de cassonade et déposer quelques morceaux de beurre çà et là. Cuire au four à 180 °C (350 °F) 30 min précisément. Servir chaud pour accompagner le plat principal, qu'il soit végétarien ou non.

6-8 portions

# Pommes au calvados à la normande

5 grosses pommes acidulées, pelées
3 c. à soupe de beurre doux
125 ml (1/2 tasse) de calvados, ou plus au
   besoin
110 g (1/2 tasse) de sucre
1 c. à café (1 c. à thé) d'extrait de vanille
Crème glacée à la vanille en garniture

Couper les pommes en petites boules à l'aide d'une cuiller parisienne (petite ou moyenne).

Faire chauffer le beurre dans une grande poêle, ajouter le calvados, le sucre et l'extrait de vanille et bien remuer à feu moyen-doux environ 1 ou 2 min. Ajouter les boules de pomme et cuire en remuant et en secouant la poêle souvent, jusqu'à ce que les pommes soient cuites et tendres. Ajouter un peu plus de calvados au besoin. Il faut compter 3 à 4 min tout au plus pour cuire les pommes.

Servir immédiatement en garnissant de crème glacée à la vanille. Ce dessert simple et rapide est idéal pour une soirée d'automne quand les pommes sont en saison. C'est également un dessert qu'on peut préparer à la dernière minute avant de servir ; on n'a qu'à préparer les pommes à l'avance et les arroser de jus de citron pour conserver leur fraîcheur.

6-8 portions

# Une abondance de pommes

*Les feuilles tombent*
*patiemment*
*Aucun souvenir ni peine ;*
*La rivière charrie à la mer*
*La traînée jaune de*
*feuilles.*

Sara Teasdale

L'automne avance et on est de plus en plus conscient de la particularité de la saison. Il n'est plus simplement une prolongation de l'été ni un prélude à l'arrivée de l'hiver, même si ces deux aspects sont présents. À un moment précis de la saison, quand le feuillage automnal est à son apogée et le paysage rempli d'orange vif, de rouge écarlate et de jaune or, on a clairement l'impression que l'automne est autosuffisant, qu'il est distinct des autres saisons et possède une beauté et un éclat qui lui sont propres. Souvent, en marquant une pause pour profiter de la beauté de la saison, je deviens conscient à quel point l'automne est un temps de transition, un entre-deux. La luxuriance, l'exubérance et l'excitation des jours d'été sont passées. Suivant le cours du temps, ces jours se sont mêlés à l'humeur plus contemplative de l'hiver qui approche à grands pas. Bientôt, nous serons en novembre où nous fêterons la Toussaint, une

fête que j'anticipe avec plaisir. Il y aura des jours gris en novembre comme à l'habitude, mais aussi des jours plus clairs à l'occasion. L'air frais nous revigorera durant le jour ; la nuit, en revanche, les longues heures deviendront plus fraîches, peut-être même froides, souvent humides, et la nuit tombera en un clin d'œil. Comme la poétesse Florence DeLong le décrit :

*C'est maintenant que les feux de joie*
*rougeoient doucement,*
*Dans la lueur du soir,*
*Et l'haleine fraîche de l'automne*
*Émeut le cœur, alors qu'au plus profond*
*Une image vive perdure*
*Peinte par une main divine*
*D'un village de campagne à l'automne*
*Et de jours de novembre qui brillent !*

Le travail à l'extérieur, qui consiste surtout à se préparer pour l'hiver, continue à une cadence fixe. Aujourd'hui, nous avons planté un certain nombre de bulbes de tulipe pour le printemps prochain. La cueillette des dernières fines herbes du jardin s'est ajoutée aux travaux d'aujourd'hui. Il y a des tas de menthe de toutes sortes, ainsi que de la citronnelle, du persil, du cerfeuil, du thym, de l'origan, de la ciboulette et autres « objets de collection » dans notre jardin. Elles ne vont pas durer longtemps si elles ne sont pas rentrées et doivent être cueillies rapidement dans les derniers jours d'octobre. Il y a d'autres travaux : ratisser les feuilles, nettoyer la cour, charrier et corder le bois de chauffage, tailler les dernières annuelles en fleur, enfin nettoyer et entreposer nos outils de jardin à la manière de saint Benoît. Il y a encore tant à faire, tant de tâches à accomplir et apparemment peu de temps pour le faire. Pourtant, chaque année à cette période, l'histoire se répète. Personne ne doute de la quantité de travail requis pour entretenir un monastère. En tant qu'intendants de la terre, les moines ont maintenu ces traditions pendant des siècles et continueront de le faire aussi longtemps que les monastères existeront. Comme le dit si bien le psaume 106 :

> Ils ensemencent des champs, plantent des vignes,
> Et ils en recueillent les produits.
> Dieu les bénit, et ils deviennent très nombreux,
> Et il ne diminue point leur bétail.

En raison de l'abondance des pommes en ce moment, elles sont de rigueur dans la composition de nos repas. Ces pommes fraîches locales ont un goût qui leur est propre auquel je me suis habitué. Je sais toujours quand une pomme provient de l'extérieur de la vallée de l'Hudson. Dans la préparation des desserts aux pommes, j'aime alterner des recettes nouvelles et novatrices avec des recettes plus anciennes et plus traditionnelles. Je cherche des idées dans les magazines récents et les journaux, et je puise mes traditionnelles recettes dans de vieux livres de cuisine et dans les recettes fournies par mes amis ici et en France. De temps en temps, je les change un peu, ajoutant ou retranchant des ingrédients selon mes goûts, mon inspiration ou les produits disponibles. Habituellement, le résultat est heureux et d'une nouveauté rafraîchissante. Dans tous les cas, j'essaie de maintenir le principe de la simplicité et de la retenue, incontournable aussi bien chez les moines que dans la cuisine française traditionnelle. L'idéal est de présenter un repas léger, appétissant, d'une simplicité élégante et, bien sûr, toujours nourrissant ! Pour le dessert de ce soir, j'aurai recours à une recette « à l'ancienne » qu'un ami du Minnesota m'a donnée. Elle est simple et je prie pour un bon résultat.

> Qu'ils louent l'Éternel pour sa bonté,
> Et pour ses merveilles en faveur des fils de l'homme !
> Car il a satisfait l'âme altérée,
> Il a comblé de biens l'âme affamée.
>
> PSAUMES (107, 8-9)

# Bourdelots à l'allemande

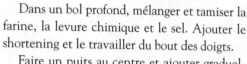

300 g (2 tasses) de farine
2 c. à café (2 c. à thé) de levure chimique
1/2 c. à café (1/2 c. à thé) de sel
160 g (2/3 tasse) de shortening
125 ml (1/2 tasse) de lait
7 pommes acidulées, pelées
1/2 c. à café (1/2 c. à thé) de cannelle
Une pincée de muscade
160 g (1 tasse) de cassonade ou de sucre roux
12 c. à soupe de beurre
110 g (1/2 tasse) de sucre blanc
500 ml (2 tasses) d'eau
2 c. à soupe de calvados (facultatif)

Dans un bol profond, mélanger et tamiser la farine, la levure chimique et le sel. Ajouter le shortening et le travailler du bout des doigts.

Faire un puits au centre et ajouter graduellement le lait. Remuer et mélanger. Pétrir légèrement pour faire une boule et abaisser en une pâte rectangulaire d'une épaisseur de 0,5 cm (1/4 po). Couper la pâte en six morceaux.

Couper les pommes en tranches et les répartir entre les six carrés de pâte. Mélanger la cannelle, la muscade et 120 g (3/4 tasse) de cassonade et en saupoudrer les pommes.

Mettre 1 c. à soupe de beurre en petits morceaux. Relever les coins et les pincer pour faire en une sorte de beignet.

Mélanger le reste de la cassonade, le sucre blanc, l'eau, le calvados et le reste du beurre et faire fondre à feu moyen-doux pour obtenir un sirop. Bien mélanger. Beurrer un plat de cuisson rectangulaire, y disposer soigneusement les bourdelots, verser le sirop également par-dessus et cuire au four à 150 °C (350 °F) environ 45 min à 1 h ou jusqu'à ce que les bourdelots soient cuits. Servir chauds. Ce dessert nécessite un peu de préparation, alors je le prépare quand j'ai suffisamment de temps, par exemple, un dimanche ou un jour de fête.

6 portions

# Novembre

# La Toussaint

*Maintenant les feux de joie rougeoient doucement*
*Dans la lueur du soir,*
*Et l'haleine fraîche de l'automne*
*Remue le cœur, pendant qu'au plus profond*
*Une image vive perdure*
*Peinte par une main divine*
*D'un village de campagne à l'automne*
*Et de journées de novembre qui brillent!*

FLORENCE DeLong

Novembre est un mois unique dans le calendrier culinaire. C'est le mois de la Toussaint, de la fête des Morts, de la fête de saint Martin de Tours et, bien sûr, le mois de la fête américaine de l'Action de grâce. Cette dernière arrive habituellement vers la fin de novembre, autour de la fin des récoltes. Ici, aux États-Unis, l'Action de grâce est peut-être la fête la plus importante du calendrier agricole. C'est un moment où nous célébrons les bénédictions de Dieu : une bonne récolte et des produits en abondance de nos jardins, de nos champs et de nos vergers, juste avant l'arrivée de l'hiver.

Lorsque je pense à une nourriture qui convient aux célébrations de novembre, ou simplement à un repas pour un jour de grisaille, je pense immédiatement aux potirons et à toutes sortes de courges fraîchement récoltés de nos champs. Le *cucurbita maxima*, le nom latin pour une grosse courge, est le légume le plus populaire à ce temps-ci de l'année. Dans les pays méditerranéens, le modeste potiron occupe une place à part dans le quotidien des monastères, des chaumières et même des restaurants élégants.

Le célèbre critique et gastronome italien, Costanzo Felici, écrit ceci: «La courge (ou potiron) est un ingrédient de base dans l'alimentation ordinaire des êtres humains. Cuit et utilisé dans les soupes, les tartelettes, les tartes, les beignets, avec ou sans viande, mélangé avec de l'huile d'olive ou des œufs, du lait ou du fromage, il peut être apprêté de multiples façons inventives comme on peut le constater dans la cuisine de nombreux grands chefs». Plus tôt au XVII<sup>e</sup> siècle, le cuisinier bien connu de Bologne, Bartolomeo Stefani, chantait les louanges du *cucurbita* dans son livre *L'Arte de ben cucinare* et affirmait: «L'on peut transformer ce légume en tant de plats différents qu'ils rempliraient tout un réfectoire ».

Évidemment, à partir de l'Antiquité jusqu'à nos jours, les pays européens et méditerranéens ont toujours tenu la courge polyvalente en haute estime. Elle était tout aussi appréciée par les premiers habitants des Amériques. Les recherches historiques ont démontré que la courge était un aliment de base dans les pays des Andes, en particulier le Pérou, le Chili, la Bolivie. Le *cucurbita* était déjà connu des autochtones 12 000 ans av. J.-C.!

Une de mes recettes de novembre préférées est la crème de potiron. Bien entendu, cette recette passe beaucoup mieux lorsqu'on utilise le potiron français, plus goûteux que la citrouille américaine, qui est souvent utilisée pour décorer. Dieu merci la variété française est maintenant cultivée ici et se trouve facilement dans les marchés américains. Je trouve toujours le

moyen de rapporter des graines de France pour les faire pousser dans notre jardin du monastère. Le goût doux de la soupe est rehaussé par l'ajout de crème fraîche et de béchamel. Un pur délice !

Il convient de commencer à utiliser les citrouilles nouvellement récoltées au moment où nous célébrons la grande fête de la Toussaint. La fête rappelle le profond mystère de la communion des saints. C'est donc la fête d'une grande multitude réunie autour du trône de Dieu, la fête de la famille de Dieu à laquelle tous ses enfants sont conviés. En travaillant dans la cuisine, je suis rempli de joie à l'idée que je suis près de tous les enfants de Dieu, ceux dont on se rappelle souvent et ceux oubliés depuis longtemps. Aujourd'hui, ils sont tous réunis et deviennent en quelque sorte présents alors que je me joins à eux dans le culte et l'adoration d'un seul Dieu véritable.

*La Toussaint est une fête de la plus haute noblesse, qui ne cède en rien aux autres fêtes, et une fête obligatoire. Elle est réservée comme il se doit à la période vers la fin de l'année ecclésiastique, en tant que récolte de la rédemption du Christ.*

RÉVÉREND P. HENRY, S.M.

# Crème de potiron

2,5 à 3 litres (10 à 12 tasses) d'eau

1 potiron français moyen, pelé et coupé en dés

4 poireaux, les parties blanches seulement, en tranches

5 pommes de terre moyennes, pelées et coupées en dés

Sel au goût

5 c. à soupe d'huile d'olive vierge

6 c. à soupe de crème fraîche, de crème sûre ou de crème aigre faible en gras

2 œufs, bien battus

Poivre , au goût

Persil, finement haché, en garniture

### Béchamel

3 c. à soupe de levure

2 c. à soupe d'amidon de maïs

375 ml (1 ½ tasse) de lait

Sel et poivre blanc, au goût

Muscade, au goût

Verser l'eau dans une grande casserole. Ajouter le potiron, les poireaux, les pommes de terre et le sel au goût. Porter l'eau à ébullition, puis réduire la chaleur à feu moyen et cuire environ 30 min.

Éteindre le feu et laisser tiédir. Passer dans le mélangeur, puis réchauffer doucement à feu moyen-doux. Ajouter l'huile, la crème et bien mélanger.

### Béchamel

Faire fondre 3 c. à soupe de beurre dans une casserole en acier inoxydable à feu moyen. Ajouter 2 c. à soupe d'amidon de maïs en remuant sans cesse. Ajouter doucement le lait en remuant. Ajouter le sel, le poivre blanc et la muscade au goût en continuant de remuer. Lorsque la sauce bouillonne, réduire le feu à doux et remuer jusqu'à épaississement.

Ajouter la sauce béchamel à la soupe et bien mélanger. Battre les œufs à fond et les ajouter à la soupe. Remuer pour bien mélanger tous les ingrédients. Rectifier l'assaisonnement.

Poursuivre la cuisson 20 min de plus en remuant. Servir chaud et garnir de persil.

6-8 portions

# Confiture de citrouilles

*Une des nombreuses utilisations de la citrouille au monastère est la préparation de notre propre confiture de citrouilles à la vanille, qui est toujours délicieuse. Notre recette nous vient de France et nous l'agrémentons d'épices que nous trouvons à la cuisine. Parfois, j'ajoute du jus d'orange pour donner à la confiture un délicieux goût mi-sucré mi-amer.*

1 bouteille de marsala

2 litres (8 tasses) de jus d'orange (ou plus au besoin)

1 citrouille assez grosse ou une courge verte Hubbard, pelée, épépinée et coupée en petits dés

1 gousse de vanille

10 pommes (ou poires), pelées, épépinées et coupées en tranches fines

1 bâton de cannelle

600 g (4 tasses) de cassonade (sucre roux) ou de sucre (ou plus au goût)

1 sachet de 49 g (1 3/4 oz) de pectine en poudre

Mettre tous les ingrédients dans une grande casserole et porter à ébullition. Faire bouillir environ 30 min, jusqu'à ce que le mélange soit très cuit. Réduire la chaleur à feu moyen et poursuivre la cuisson en remuant à l'aide d'une longue cuillère de bois. Cuire jusqu'à gélification (tester sur une soucoupe refroidie pour voir si le mélange durcit après quelques minutes).

Verser la confiture dans des bocaux stérilisés, visser les couvercles et mettre les bocaux dans une grande casserole d'eau bouillante. Laisser bouillir 20 à 30 min. Retirer les bocaux soigneusement et les laisser refroidir 24 h avant de les entreposer.

Rendement: 10 à 12 bocaux de 250 ml (8 oz)

# Une lasagne divine

*Pas de soleil – pas de lune ! Pas de matinée ! Pas de midi.*
*Pas d'ombre, pas de clarté, pas de papillons, pas d'abeilles,*
*Pas de fruits, pas de fleurs, pas de feuilles, pas d'oiseaux,*
*Novembre !*

Thomas Hood

Les pluies fortes des trois derniers jours ont secoué les feuilles de nos arbres, les laissant presque entièrement nus. Les splendides couleurs de l'automne qui jusqu'à récemment ornaient notre beau paysage de la Nouvelle-Angleterre s'estompent doucement jusqu'à l'année prochaine. Le temps des froides journées de novembre, notre lot quotidien semble-t-il ces jours-ci, est sûrement arrivé. Le poète William Hone écrivait :

*Ah ! l'année nous fuit*
*Blafard est le jour, et lugubre est la nuit.*

Je passe mon après-midi à la cuisine pour planifier le repas du soir. En arrière-fond, j'entends le quatuor, opus 74, numéro 10, de Beethoven qui remplit l'atmosphère de charme et de beauté. Cette musique est toujours édifiante pour l'esprit humain, peu importe l'état d'esprit dans le lequel nous nous trouvons ou la température qu'il fait à l'extérieur. Écouter Beethoven me permet de retrouver dans mon for intérieur la pulsation tranquille de notre cuisine de monastère par cette froide journée de novembre. La musique et le silence qui règnent dans cette cuisine me gratifient d'un sentiment de contentement pur, de calme et de paix intérieure. La musique me permet de m'ancrer et de me recueillir pendant que je travaille sans relâche, nettoyant la cuisine et le réfrigérateur, avant de plonger dans les détails du repas. Je dis toujours qu'une cuisine propre est un préalable à toute préparation de nourriture.

En cherchant dans mon répertoire de recettes d'automne et en parcourant les ingrédients à ma disposition pour le repas du soir, je décide de préparer ce que j'appelle des lasagnes au potiron. C'est une lasagne cuite au four farcie de citrouille en purée. Par une froide nuit de novembre, rien n'est plus appétissant qu'une lasagne *al forno*, comme on dit en Italie. En sortant du four, le plat dégage une chaleur et un arôme exquis qui ont tôt fait de nous nourrir et de nous réchauffer, avant même d'arriver à la table. Après la lasagne irrésistible, je servirai une simple salade, accompagnée d'un de nos fromages vieillis au goût marqué qui termine bien tout repas fait maison. J'aimerais bien pouvoir annoncer que la salade et fromage seront accompagnés d'un bon muscat, un Beaumes-de-Venise par exemple comme en Provence. La réalité me ramène à notre petit monastère du nord de l'État de New York où nous devrons nous contenter d'un vin simple, robuste et plutôt ordinaire – que Dieu soit loué en toutes choses !

# Lasagne au potiron

### Purée de citrouille

1 citrouille moyenne américaine ou 1 potiron
  français, pelé et coupé en dés
1 c. à café (1 c. à thé) de muscade

### Mélange aux épinards

720 g (1 ½ lb) d'épinards ou de bette à carde,
  hachés grossièrement
45 g (¼ tasse) de raisins secs dorés, hachés
  finement
1 gros oignon, haché grossièrement
2 œufs durs, hachés grossièrement
2 gousses d'ail, hachées finement
Poivre au goût

### Mélange à la ricotta

1 œuf
1 kg (2,2 lb) de fromage ricotta faible en gras
3 c. à café (3 c. à thé) de thym frais (ou séché)
Sel et poivre

12 lasagnes
Beurre ou huile d'olive au besoin
1 litre (4 tasses) de sauce tomate, maison de
  préférence

### Purée de citrouille

Faire bouillir les dés de citrouille environ 10 à
15 min dans de l'eau salée. Égoutter à fond et
remettre dans la casserole vide. Ajouter la muscade et réduire grossièrement en purée à l'aide
d'un pilon. Bien mélanger et réserver.

### Mélange aux épinards

Faire bouillir les épinards ou la bette à cardes dans
de l'eau salée environ 15 min ou jusqu'à tendreté.
Égoutter à fond et les remettre dans la casserole
vide. Ajouter les raisins secs, les oignons, les œufs
et l'ail. Ajouter du poivre du moulin au goût.
Bien mélanger tous les ingrédients. Réserver.

### Mélange à la ricotta

Préchauffer le four à 175 °C (350 °F).

Battre un œuf dans un bol profond, ajouter la
ricotta, le thym et une pincée de sel et de poivre.
Bien mélanger tous les ingrédients et réserver.

Faire bouillir les lasagnes dans une grande
casserole. Ajouter une pincée de sel et 1 c. à
soupe d'huile d'olive. Cuire environ 5 minutes
au plus. Prendre soin de cuire les pâtes al dente.
Égoutter.

Beurrer ou huiler un plat à lasagne de 23 x
23 cm (9 x 9 po). Verser 250 ml (1 tasse) de
sauce tomate au fond du plat et l'étendre avec
une spatule. Mettre 4 nouilles par-dessus la
sauce. Étendre une mince couche de purée de
citrouille sur les nouilles. Disposer une autre couche de nouilles par-dessus. Étendre une mince
couche uniforme du mélange aux épinards et
aux œufs par-dessus. Étendre une mince couche
du mélange à la ricotta par-dessus. Terminer par
4 nouilles et 250 ml (1 tasse) de sauce tomate.
Couvrir de papier d'aluminium et cuire au four
environ 35 à 40 min. Retirer le papier d'aluminium et poursuivre la cuisson 10 min de plus.
Retirer du four et servir chaud.

Des lasagnes succulentes et chaudes et un bol
de salade verte croustillante, c'est tout ce qu'il
faut pour créer un repas délicieux par une froide
nuit de novembre.

6 portions

# La modération en toutes choses

*Lucca mihi patria est. La courge est ma patrie.*

Teofilo Folengo

On reproche souvent aux chefs français d'utiliser copieusement le beurre, la crème, le lait et le fromage dans leur cuisine afin d'obtenir des résultats savoureux. Ceux qui critiquent les méthodes traditionnelles françaises prétendent que l'école française ne s'arrête devant rien pour rendre un plat goûteux, même au détriment de la santé.

Bien sûr, même s'il y a une part de vérité dans l'utilisation du beurre, de la crème et du fromage dans la cuisine française, je ne pense pas que ce soit exagéré comme l'affirment ses détracteurs. Un grand chef, qu'il soit français ou non, est celui qui arrive à d'excellents résultats

sans compter uniquement sur les gras. Je pense que les grands chefs français d'aujourd'hui font davantage usage d'ingrédients sains et s'inspirent des traditions culinaires du passé pour innover en les améliorant. Dans ma propre cuisine, j'ai tendance à suivre les conseils et à m'inspirer de la sagesse de saint Benoît, qui conseille la modération en toutes choses. Cette règle m'a toujours inspiré au fil des ans et m'a permis de créer des recettes qui cadrent avec la vie monastique et incarnent sa simplicité, sa pureté et sa frugalité inhérentes.

Le repas de ce soir poursuit sur le thème des courges et des potirons. Il y a bien des façons de les apprêter et le cuisinier créatif cherche toujours une présentation inédite d'aliments traditionnels. Le plat principal de notre repas frugal s'appelle *polenta e zucca* et s'inspire de la cuisine du Piémont en Italie. C'est la preuve que l'on peut préparer un repas appétissant sans avoir recours à des ingrédients gras. La recette utilise une petite quantité de fromage qui, en plus de donner du goût au plat, fournit une quantité suffisante de protéines pour équilibrer le repas.

# Polenta à la courge
## Polenta e zucca

2 litres (8 tasses) d'eau (ou plus au besoin)

2 courges musquées, pelées, épépinées et coupées en dés

Sel

1,8 litre (7 tasses) d'eau (ou plus au besoin)

200 g (2 tasses) de semoule de maïs à gros grains

Poivre du moulin, au goût

1 petit oignon, haché finement

1/2 c. à café (1/2 c. à thé) de romarin séché

1/2 c. à café (1/2 c. à thé) de sauge séchée

4 c. à soupe d'huile d'olive

Fromage parmesan, râpé au besoin

Huile d'olive au besoin

Porter l'eau à ébullition dans une grande casserole. Ajouter les dés de courge, une pincée de sel et faire bouillir environ 20 min. Égoutter toute l'eau, puis réduire la courge en purée à l'aide d'un pilon. Réserver.

Porter l'eau à ébullition dans une grande casserole. Verser graduellement la semoule de maïs. Remuer sans cesse pour empêcher la formation de grumeaux. Assaisonner au goût et continuer de remuer jusqu'à consistance uniforme et épaisse. Ajouter les oignons, le romarin, la sauge et l'huile. Remuer et bien mélanger tous les ingrédients.

Retirer la polenta du feu et ajouter la purée de courge. Ajouter environ 6 c. à soupe de parmesan. Bien mélanger tous les ingrédients.

Huiler généreusement un plat de cuisson rectangulaire. Étendre la polenta également avec une spatule. Saupoudrer de parmesan au hasard. Cuire environ 30 à 40 min dans un four préchauffé à 175 °C (350 °F). Retirer du four et laisser tiédir quelques minutes avant de servir. Servir chaud.

Note : Ce plat d'automne succulent, accompagné d'une bonne salade verte, est idéal par une froide soirée de novembre.

6-8 portions

# FÊTE DE SAINT MARTIN

Le bienheureux Abbot Columba Marmion, béatifié récemment, disait que « la joie est l'écho de la vie de Dieu en nous. » Aujourd'hui, il y a une grande joie au monastère alors que nous célébrons la fête d'un saint issu de la tradition monastique, Martin de Tours.

Ici, dans notre petit enclos monastique, sa fête arrive comme un rayon de soleil au milieu d'un mois de novembre sombre et parfois sinistre. La vie de saint Martin et son exemple ont eu une profonde influence sur ma propre vie de moine et je le considère donc avec beaucoup d'affection et de gratitude. Aujourd'hui, une fois de plus, je me rends à l'évidence qu'il était un moine à part entière.

Les débordements joyeux de la journée sont repérables en tout lieu, en particulier aux offices liturgiques, bien sûr, sans oublier la cuisine – surtout la cuisine ! Après tout, les moines ne sont pas des anges mais des êtres humains terrestres et ils ne sont pas plus insensibles que les autres à la qualité de la nourriture. Par opposition à notre sobriété habituelle de moines, la fête de saint Martin est l'occasion d'offrir un repas festif et fortifiant, conformément à la tradition française ; en effet, saint Martin n'est pas seulement un des saints les plus populaires en France mais également un de ses saints patrons.

Après l'office du matin où nous avons chanté les louanges de saint Martin, je planifie en toute hâte le repas du jour. C'est le moment de la journée que j'aime particulièrement, où je parcours dans mon esprit les différentes possibilités pour le repas spécial de ce soir. Après un petit-déjeuner léger et sans prétention, je commence à réunir les ingrédients. Dans mon esprit, j'anticipe depuis des jours de faire un de ces soufflés divins, comme on en fait à quelques reprises seulement dans l'année. L'autre plat, prévu des jours à l'avance, est le potage du jour. Le potage d'aujourd'hui est saisonnier : un potage à la courge. C'est une soupe rare qui réunit les saveurs délicieuses de la courge, du poireau et du céleri-rave. C'est une soupe qui vient du Midi de la France. Après le potage et le soufflé, une salade verte simple et fraîche et un dessert de poires au vin compléteront le menu festif.

J'aime tout particulièrement cette soupe, plutôt typique des mois de novembre et décembre, qui parvient à marier parfaitement des ingrédients rustiques et élégants pour arriver à un résultat des plus appétissants. Le goût subtil du céleri-rave rehausse la saveur de la soupe et lui donne une touche des grands jours. C'est dommage que nous n'ayons pas de céleri-rave dans notre jardin ; il est plutôt cher et difficile à trouver dans les supermarchés. Nous n'en achetons que deux ou trois fois par année pour des occasions spéciales comme celle d'aujourd'hui.

*Rempli de joie, Martin fut accueilli par Abraham. Martin quitta cette vie d'homme pauvre et humble et entra au ciel en homme riche, avec la faveur de Dieu.*

ANTIENNE DES LAUDES

# Potage à la courge, aux poireaux et au céleri-rave

1 courge verte Hubbard moyenne (ou potiron), pelée et coupée en dés

1 gros céleri-rave, paré, pelé et coupé en dés

3 pommes de terre moyennes, pelées et coupées en dés

3 poireaux, les parties blanches seulement, en
tranches minces

3 litres (12 tasses) d'eau (ou plus au besoin)

Sel et poivre du moulin, au goût

250 ml (1 tasse) de crème épaisse (ou un petit
contenant de crème sûre ou de crème aigre
faible en gras pour un repas plus léger)

Cerfeuil frais, haché finement

Combiner tous les légumes dans une casserole assez grande. Ajouter l'eau et porter rapidement à ébullition. Réduire la chaleur à feu moyen. Ajouter le sel et le poivre et cuire 50 à 60 min sans couvrir. Ajouter de l'eau au besoin.

Lorsque la soupe est prête, laisser tiédir et la passer au mélangeur. Retourner à la casserole et réchauffer à feu moyen-doux.

Ajouter la crème et continuer de remuer jusqu'à ce que le mélange ait une consistance uniforme. Quand la soupe est chaude, au bout d'environ 15 min, servir immédiatement dans des assiettes creuses et garnir de cerfeuil (ou du persil ou de la ciboulette).

Note : Cette soupe doit toujours être servie chaude.

6-8 portions

# Le cadeau de Dieu à la saison

Ce matin, nous nous sommes réveillés dans un froid de novembre, le genre de froid qui vous pénètre jusqu'aux os. Il est agréable de travailler dans la chaleur qui émane du poêle à bois. Lentement mais inexorablement, nous nous acheminons vers la fin de l'année. Un autre été est passé et une autre pleine lune a répandu sa lumière magique sur nos champs et nos arbres, faisant signe à l'hiver qui s'approche. Nous devons maintenant nous ressaisir pour l'arrivée du froid.

En réfléchissant aux réalités du mois, du jour et de la température qui s'abattent sur nous, je tire des forces et une inspiration du passage de la première épître de Pierre que nous avons lu aujourd'hui à l'un de nos offices. Saint Pierre, après nous avoir mis en garde que « Dieu résiste aux orgueilleux, mais il fait grâce aux humbles », termine par un texte profondément rassurant qui m'a toujours réconforté : « Déchargez-vous sur lui de tous vos soucis, car lui-même prend soin de vous ».

En effet, Dieu aime tous ses enfants et il prend soin de chacun de nous. Qu'y a-t-il à craindre quand nous savons cela ? La foi est un cadeau insondable du Très-Haut, et ce n'est que par la foi et la prière que nous obtenons la grâce d'une expérience personnelle et palpable des soins tendres qu'il prodigue à chacun de nous.

Mes réflexions pour le repas d'aujourd'hui tournent encore une fois autour des courges et des potirons. Ils sont le cadeau de Dieu à la saison et, par là même, le cadeau de la saison à nous. Du reste, je suis un cuisinier des saisons, ce qui signifie que je m'inspire des produits saisonniers pour concocter le repas du jour. Aujourd'hui, j'ai décidé de préparer une timbale de potiron, un plat bien connu et plutôt répandu à ce temps-ci de l'année dans les monastères français. C'est un repas simple, nourrissant et facile à préparer. Cela me donne également l'occasion d'utiliser ces plantureuses courges vertes Hubbard dont je raffole particulièrement.

*Dieu résiste aux orgueilleux, mais il fait grâce aux humbles. Humiliez-vous donc sous la puissante main de Dieu, afin qu'il vous élève au temps convenable ; et déchargez-vous sur lui de tous vos soucis, car lui-même prend soin de vous.*

PREMIÈRE ÉPÎTRE DE PIERRE (5,7)

# Timbale de potiron

1 courge verte Hubbard moyenne, pelée,
   épépinée et coupée en petits morceaux
Sel au goût

### Béchamel
4 c. à soupe de beurre
3 c. à soupe d'amidon de maïs
500 ml (2 tasses) de lait
Sel, poivre et muscade, au goût

3 œufs séparés, les blancs battus en neige et les
   jaunes fouettés
120 g (1 tasse) de gruyère, râpé (ou autre,
   selon la préférence)

Mettre les morceaux de courge dans une grande casserole et couvrir d'eau. Ajouter le sel et laisser bouillir au moins 20 min à feu moyen-vif. Égoutter à fond et retourner dans la casserole. Écraser avec un pilon et réserver.

### Béchamel
Faire fondre le beurre dans une casserole en acier inoxydable à feu moyen. Diluer l'amidon de maïs dans le lait. Ajouter graduellement ce mélange au beurre fondu et continuer de remuer. Ajouter le sel, le poivre fraîchement moulu et la muscade au goût. Continuer de remuer. Quand la sauce commence à bouillir, réduire le feu à moyen-doux et continuer de remuer jusqu'à épaississement.

Ajouter la sauce béchamel à la purée de courge et bien mélanger. Ajouter les jaunes d'œuf et bien mélanger. Ajouter 60 g (1/2 tasse) de fromage et mélanger de nouveau.

Beurrer généreusement un plat de cuisson rectangulaire et y verser le mélange à la courge. Répartir uniformément avec une spatule. Mettre les blancs d'œuf fermes par-dessus. Passer un couteau le long des parois pour les dégager, comme pour un soufflé. Saupoudrer légèrement avec le fromage restant et mettre au four préchauffé à 175 °C (350 °F) de 30 à 35 minutes. Laisser tiédir 3 min puis servir.

6-8 portions

# La composition des menus

L'humidité de novembre semble refroidir les températures en deçà de la température réelle affichée sur le thermomètre extérieur. En jetant un coup d'œil dehors par les fenêtres de la cuisine, je sens que la propriété est enveloppée d'une tranquillité profonde et brumeuse. L'hiver est encore à quelques semaines de là mais semble plus près.

Peu importe l'occasion, composer un bon menu pour la table est toujours un défi. C'est particulièrement vrai dans le cas d'un monastère mais aussi dans tout foyer ordinaire. Il faut toujours garder à l'esprit le repas principal de la veille pour ne pas être tenté de le répéter. Même si les restes sont abondants, comme c'est souvent le cas, je les garde pour une autre fois. Avec un peu d'ingéniosité, je les convertis en un autre plat, comme on fait souvent en France : « l'art d'utiliser les restes », comme ils disent.

Revenons à nos moutons : parfois, je suis tiraillé entre un plat simple et rapide et quelque chose de plus élaboré. Je suis conscient que ce deuxième choix demande plus de temps. Il faut d'abord calculer de façon réaliste le temps accordé par l'horaire monastique pour la cuisine et le temps de préparation d'un plat en particulier. La sagesse consiste à considérer la différence entre les deux et à trouver un équilibre.

Je commence toujours ma planification des repas en vérifiant ce qui est disponible et en saison dans la cuisine, dans le jardin et au cellier. Ensuite, j'essaie de voir comment on peut les combiner en un repas principal, selon l'enchaînement classique de la campagne française. Nous commençons toujours par une soupe, sauf l'été où elle est parfois remplacée par une entrée comme des tomates fraîches à l'huile d'olive ou des betteraves rémoulade. Après la soupe vient le plat de résistance. Puisque c'est le plat principal de la journée, il est le plus élaboré mais également le plus nourrissant. C'est cette partie du menu qui nous donne, nous les cuisiniers, le plus de fil à retordre. Le repas principal est suivi d'une salade verte. Enfin, il y a le dessert, le plus souvent des fruits frais ou une compote de fruits. Les gens qui ont visité des monastères français savent pour la plupart que la compote est une composante traditionnelle du menu quotidien. Un jour de fête, il nous arrive de nous permettre un dessert maison plus élaboré, comme il convient. Les fêtes liturgiques ou monastiques ne sont pas uniquement reléguées à la chapelle et à une expression liturgique : elles trouvent aussi leur expression à la table dans le sacrement de la nourriture.

Le repas principal de ce soir, en continuité avec le thème des courges que nous avons en abondance cette année, est un risotto à la courge musquée. Le risotto sous toutes ses formes est toujours le bienvenu, particulièrement durant les mois de l'hiver.

Pensez à cette journée !
Car elle est la vie, la véritable vie de la vie
Dans sa course brève reposent toutes les
vérités,
Toutes les réalités de l'existence :
Le bonheur de la croissance,
La gloire de l'action,
La splendeur de la beauté !

KALIDASA

# Risotto à la courge musquée

4 c. à soupe de beurre

2 oignons moyens, hachés et émincés

1 courge musquée moyenne, pelée, épépinée et coupée en cubes

400 g (2 tasses) de riz arborio

5 champignons, nettoyés et coupés en lamelles

1,3 litre (5 tasses) d'eau bouillante (ou de bouillon de poulet ou de légumes)

250 ml (1 tasse) de vin blanc sec

Sel et poivre du moulin, au goût

$1/2$ c. à café ($1/2$ c. à thé) de thym séché

60 g ($1/2$ tasse) de fromage parmesan, râpé

Faire fondre le beurre dans une grande casserole à fond épais. Ajouter les oignons et la courge. Faire revenir doucement à feu moyen-doux jusqu'à ce que les oignons commencent à fondre.

Ajouter le riz et les champignons. Remuer sans cesse 1 ou 2 min jusqu'à ce que le riz soit incorporé au mélange. Ajouter doucement l'eau bouillante (ou le bouillon) et continuer de remuer. Ajouter le vin, le sel et le poivre et le thym. Continuer de remuer.

Lorsque le riz est cuit et que tout le liquide est absorbé, ajouter le parmesan et remuer vigoureusement pour le faire fondre et l'incorporer au riz. Servir chaud en garnissant de fromage râpé à la table.

4-6 portions

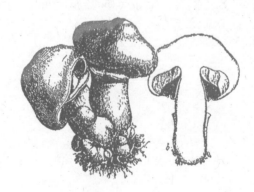

# LE VIN, LES MOINES ET LA CUISINE

*Boire du vin, c'est honorer Dieu.*

FÉNELON

En travaillant à la cuisine du monastère (là où j'écris le mieux), près du feu, avec en arrière-fond l'interprétation émouvante des sonates et partitas de Bach pour violon solo par Yehudi Menuhin, je me sens à l'abri de la mauvaise température du jour. Il pleut et nous avons eu les premiers grêlons de la saison – après tout, nous sommes à la mi-novembre. Il fait froid et humide et le vent semble filer à travers la propriété. Inconsciemment, je calcule combien il faudra rentrer de bois pour le reste de la journée et toute la nuit.

Ces derniers jours ont été exceptionnellement chauds: «l'été de la Saint-Martin», comme on dit en France, c'est-à-dire les journées chaudes autour de la fête de saint Martin (ici, on parle d'été indien). Il n'a donc pas été nécessaire de faire un feu et je n'ai pas pris la peine d'empiler du bois à l'intérieur. Je dois maintenant corriger cette petite négligence de ma part. En vérité, j'étais occupé à planter les derniers bulbes de tulipe autour de la grotte de Lourdes. Au printemps, si Dieu le veut, la Vierge et sainte Bernadette seront entourées par ces fleurs gracieuses plantées en leur honneur, qui les salueront gentiment. Plus tard dans la saison, des annuelles colorées remplaceront les tulipes. C'est assurément une joie de planifier un petit jardin tel que celui-ci. Je sais que cette amélioration sera particulièrement la bienvenue dans ce coin du jardin, en même temps qu'elle exprime notre dévotion pour la Mère de Dieu.

Les jours de mi-novembre, autour de la fête de saint Martin, me rappellent avec insistance que, dans le sud de la France, c'est le temps où les vignerons commencent à goûter le fruit de leur labeur.

> *Pour la Saint-Martin*
> *Tape ton tonneau*
> *Goûte ton vin.*

C'est une tradition bien établie et attestée que saint Martin importa et planta les premières vignes autour de Tours dans la vallée de la Loire. Il devint donc avec saint Vincent le saint patron des vignerons. Cela explique la quantité de dictons en français faisant allusion au rapport intime entre saint Martin et le vin:

> *Pour la Saint-Martin,*
> *Se boit le bon vin.*

En pensant au vin, je me rappelle qu'il y a toujours eu un lien étroit entre les moines et le vin. Un des bienfaits apportés à la civilisation

277

occidentale par l'institution monastique a été le développement durant le Moyen Âge d'une robuste industrie du vin qui a duré pendant des siècles jusqu'à aujourd'hui. Les vins et les eaux-de-vie produites dans les monastères ont acquis une telle renommée que même un athée comme Norman Douglas reconnaîtrait que : « Aucun homme du monde ne méprisera la liqueur des moines. »

Je pense que la plupart des moines chrétiens reconnaîtraient que le vin comporte un élément presque sacré et mystique. Les psaumes nous le rappellent chaque semaine : « Le vin qui réjouit le cœur de l'homme ». Lorsque bu avec modération, le vin est toujours un aliment de base dans le régime de la plupart des monastères français et méditerranéens. C'est une réalité tellement répandue que le catholique converti Hilaire Belloc, après avoir visité plusieurs monastères, écrivait :

> Mais les hommes catholiques qui vivent de vin
> Sont bien solides, et francs, et corrects ;
> Quand je voyage, je les trouve ainsi, alors
> Benedicamus Domino.

Saint Benoît, qui était un ascète complet mais également un homme sage et pratique, a permis dans sa *Règle* que les moines incluent le vin dans leur régime quotidien, en le limitant à 500 ml (2 tasses) par jour. Ce n'est pas étonnant de la part de saint Benoît pour qui le connaît, car l'accent n'est pas mis sur la quantité que les moines consomment mais sur la modération. Selon lui, il est suffisant d'en boire 500 ml (2 tasses) pour compléter et équilibrer un repas monastique autrement frugal.

On pense au vin principalement comme boisson mais, en tant que cuisinier, je pense aussi à l'utiliser de temps en temps dans mes recettes, surtout pour les desserts. Par exemple, pour la fête de saint Martin, un jour de fête et donc une occasion festive, j'ai utilisé une recette merveilleuse qu'une amie à Paris, Anne Hudson, critique gastronomique et animatrice à la radio, m'a donnée. Elle est très versée en cuisine française et adore intégrer le vin en cuisine. Elle a élaboré cette merveilleuse recette de poires pochées au sauternes. Le 11 novembre dernier, j'ai essayé sa recette avec, comme par le passé, des résultats plus que satisfaisants.

*Un automne mi-doux mi-amer ne bascule pas dramatiquement dans le tourbillon glacé de l'hiver ; il évolue imperceptiblement, au regard de la température, de l'ambiance et du menu, pendant que simultanément le besoin de réconfort se fait de plus en plus sentir.*

MOLLY O'NEILL

# Poires pochées au sauternes

8 poires fermes en bon état, pelées
1 demi-citron
1 bouteille de sauternes
1 gousse de vanille
8 cuillerées de crème glacée à la vanille
Quelques feuilles de menthe, en garniture

Peler les poires avec grand soin et les laisser intactes. Verser le jus du citron par-dessus et remuer délicatement.

Verser le sauternes dans une casserole, ajouter la pelure du citron et la vanille et porter doucement le vin à ébullition.

Pendant ce temps, ajouter soigneusement les poires à la casserole, réduire à feu moyen-doux et cuire doucement 8 à 10 min. Retirer les poires et laisser refroidir.

Répartir les poires sur des assiettes de service et arroser d'un peu de vin. Couronner chaque poire d'une cuillerée de crème glacée. Ajouter deux ou trois feuilles de menthe fraîche à chaque portion et servir immédiatement.

8 portions

# DE L'ÉCRITURE DES LIVRES DE RECETTES

J'ai écrit six livres de cuisine en vingt-sept ans et celui-ci, s'il mérite ce qualificatif, sera mon septième. Un de ces livres, *Les bonnes soupes du monastère*, m'a pris six ans à écrire, à partir du moment où j'ai commencé à consigner les recettes jusqu'au jour de sa publication. C'est une longue période dans la vie d'un cuisinier-écrivain !

L'écriture de livres de cuisine est devenue une profession pour bien des gens. Pour d'autres, c'est un passe-temps. Il y a des livres de cuisine qui font preuve de créativité dans lesquels on porte une attention particulière à la qualité des recettes ; il y en a d'autres qui préconisent tout ce qui est nouveau et à la mode, pour devenir rapidement « démodé » par la suite. Les modes changent si rapidement aux États-Unis, surtout en alimentation. En France, un pays avec une plus longue tradition culinaire, le phénomène existe jusqu'à un certain point ; mais en même temps, il y a la cuisine française classique qui agit comme rempart et antidote contre les modes passagères. Pour une recette solide, on peut toujours compter sur le répertoire de la cuisine traditionnelle. Ces recettes sont immortelles et ont été éprouvées pendant des siècles – pour les besoins de la créativité, on peut toujours ajouter une touche personnelle à chacune d'entre elles.

Certains des livres de cuisine plus récents se plaisent à nous montrer de nouvelles techniques, de nouveaux ingrédients et de nouvelles approches culinaires. Ils sont entièrement préoccupés par la nouveauté. Je leur demande ceci : que faites-vous de l'essentiel ? Est-ce suffisant de charmer les lecteurs avec des recettes nouvelles, exotiques et bien structurées ou des améliorations touchant l'apport en calories ou autres éléments semblables ? Tout cela est bien, mais la vraie cuisine se passe ailleurs. L'écrivain culinaire doit d'abord communiquer un message clair et caractéristique, et ce message doit être transmis par la cohérence de ses recettes, de sa philosophie et de son approche de la cuisine – une cohérence qui implique un style et un contenu, se révélera dans le résultat final.

Il y a beaucoup de place à l'amélioration et à l'innovation dans l'assemblage des recettes, mais ces éléments doivent toujours relever de ce que j'appelle une cohérence interne, qui rend chaque plat unique. En réalité, la plupart des centaines de livres de cuisine publiés chaque année comportent davantage de répétitions et de ressemblances que d'éléments distinctifs et créatifs. Les critiques eux-mêmes ajoutent à la confusion en basant leurs sélections sur des modes passagères ou la célébrité de l'auteur plutôt que sur la qualité et l'authenticité des recettes.

En parlant de recettes, le choix d'aujourd'hui pour le repas du soir est simple : une omelette à la courge. Elle me permet d'utiliser les œufs frais de nos quelques poules (Dieu merci, elles n'ont pas cessé de pondre !) et les produits saisonniers encore à notre disposition dans le jardin : poireaux, persil et courges récoltés récemment.

Une omelette est simple et rapide à préparer mais quel délice ! De plus, les omelettes sont toujours légères et nourrissantes.

*L'obscurité et la lumière divisent le haut ciel*
*Le roulement du tonnerre survole des montagnes éloignées.*
*La soirée est fraîche, et au-delà de la pluie qui s'étiole,*
*À travers des nuages brisés, une lune immaculée.*

ISHIKAWA JOZAN

# Omelette à la courge et aux poireaux

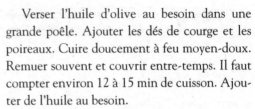

Huile d'olive, au besoin

1 courge musquée moyenne, pelée, épépinée et coupée en petits dés

2 poireaux, la partie blanche seulement, nettoyés et coupés en fines tranches

8 œufs

6 c. à soupe de lait

Sel et poivre du moulin, au goût

Quelques brins de persil, hachés finement

Verser l'huile d'olive au besoin dans une grande poêle. Ajouter les dés de courge et les poireaux. Cuire doucement à feu moyen-doux. Remuer souvent et couvrir entre-temps. Il faut compter environ 12 à 15 min de cuisson. Ajouter de l'huile au besoin.

Casser les œufs dans un bol profond. Ajouter le lait, le sel, le poivre et fouetter à fond. Ajouter la courge et les poireaux et bien mélanger.

Augmenter la chaleur à feu moyen et remettre la poêle sur le feu (ajouter de l'huile au besoin). Verser le mélange aux œufs et aux légumes dans la poêle et répartir également avec une spatule. Couvrir et réduire la chaleur à feu moyen-doux après 2 ou 3 min.

Lorsque l'omelette est presque prête, la dégager à l'aide d'une spatule, puis la retourner dans une grande assiette ou un plat de service. Remettre l'omelette inversée dans la poêle en la faisant glisser doucement. Couvrir et cuire environ 2 min.

Lorsque l'omelette est prête, la couper en 4 ou 6 portions égales et mettre dans des assiettes de service chaudes. Garnir de persil et servir immédiatement.

4-6 portions

# Jour de l'Action de grâce

*La gratitude est notre gloire suprême.*
*L'âme insensible à cette émotion n'a pas*
*la puissance vivifiante qui fait la différence*
*entre la vie et la mort. Nous devons*
*nous présenter devant le trône de Dieu*
*avec les fruits d'une âme heureuse et*
*reconnaissante, sinon nous nous présentons*
*devant lui les mains vides.*
  *Si nous arrivons sans les sourires*
*d'une appréciation reconnaissante, nous*
*marchons dans les ténèbres. Si nous ne*
*partageons aucunement le fardeau d'autrui,*
*nous serons peut-être tout de même*
*alourdis d'un poids écrasant. Si nous ne*
*tendons aucunement la main à un voyageur*
*ami, nous cherchons vainement l'amitié.*
*Si nous ne cédons aucunement notre place*
*pour donner à un être humain ami un*
*ancrage plus solide, nous trébuchons sur*
*nos propres pieds.*

Auteur inconnu

La fête annuelle de l'Action de grâce, où nous remercions le Seigneur pour ses nombreuses bénédictions sur notre récolte, arrive toujours vers la fin de novembre, au moment où l'automne tire lentement à sa fin et cherche à se mêler à l'hiver. L'automne est un temps de reconnaissance, le moment d'exprimer notre gratitude envers la terre, le pays, le monde et de partager. C'est le moment où nous prenons spécialement conscience de l'abondance des bonnes choses que nous recevons par la bonté et les attentions du Père, qui veille même sur nos plus petits besoins. L'abondance de la récolte à l'automne a commencé au printemps quand la terre a été ensemencée, puis nourrie par les rayons du soleil et la pluie du ciel. Maintenant, nous revivons le miracle annuel de la récolte. Il faut dire que cette année dame Nature nous offre un rendement fabuleux. Nos boisseaux regorgent de produits du potager. C'est ce miracle annuel de donner et de recevoir qui est commémoré par l'Action de grâce, alors que la vie quotidienne continue inlassablement son chemin, encadrée par le rythme cyclique des saisons.

En m'occupant des tâches quotidiennes à la cuisine, je réfléchis à la signification de la célébration d'aujourd'hui. La gratitude, célébrée par la fête de l'Action de grâce, est une attitude éminemment monastique. Puisque le moine vit entièrement de la providence du Père aimant, j'ai toutes les raisons de lui exprimer ma reconnaissance pour tout ce que je reçois de lui quotidiennement.

Je le remercie pour le soleil, la lune et la pluie qui ont fait pousser les légumes de notre potager, produisant une abondante récolte.

Je le remercie pour les couchers de soleil quotidiens pendant les vêpres, car ces derniers rayons de soleil remplissent le monde d'une beauté intemporelle et mon âme de sérénité.

Je le remercie pour les heures de clarté qui me donnent amplement de temps pour les diverses tâches et exigences qui me sont imposées.

Je le remercie pour ces heures, car elles sont remplies jusqu'à ras bord.

Je le remercie pour mes parents, mes amis, mes voisins et mes assistants – pour tous les êtres chers près ou loin de moi. Je pense à vous tous les jours en prière, surtout à la fin de la journée.

Je le remercie pour le cadeau de la bonne santé qui me permet de travailler jour après jour et de chanter les louanges du Seigneur.

J'ai des raisons d'être reconnaissant pour bien des choses ; l'espace et le temps me manquent pour faire mention ici de toutes mes grâces. Il suffit de dire que chaque moment de la journée me donne l'occasion d'être reconnaissant. Notre pèlerinage quotidien au monastère est rempli de grâce, de beauté et de cadeaux du Très-Haut.

Une des tâches dans la cuisine aujourd'hui consiste à peler et à couper les gros potirons récemment récoltés. Notre dessert festif d'aujourd'hui est une tarte au potiron. Le jour de l'Action de grâce est toujours le moment de l'année où nous savourons des tartes appétissantes à la citrouille, au mincemeat et autres. Leur goût riche et leur texture croustillante ajoutent une touche exquise au repas convivial du soir. Pour suivre cette tradition et en même temps utiliser les courges et les potirons que nous avons accumulés au mois de novembre, j'ai décidé de préparer le dessert d'aujourd'hui avec de la courge. La pâte à tarte est spéciale, une pâte plus élaborée pour l'occasion.

*Soyez remplis de l'Esprit ; cultivez sa présence par des psaumes, des hymnes, et des cantiques spirituels, chantant et célébrant de tout votre cœur les louanges du Seigneur ; rendez continuellement grâce pour toutes choses à Dieu le Père.*

ÉPHÉSIENS (5 : 18-20)

# Tarte au potiron

## Pâte

150 g (1 tasse) de farine tout usage
220 g (1 tasse) de sucre
80 g (1/3 tasse) de beurre, en dés
80 ml (1/3 tasse) d'eau glacée (ou un peu
    moins)
40 g (1/3 tasse) de noix, hachées finement
1/2 c. à café (1/2 c. à thé) de sel
4 c. à soupe de crème sûre, de crème aigre ou
    de yogourt nature

## Garniture

1 courge musquée (ou 1/3 de courge verte
    Hubbard ou potiron), pelée, épépinée et
    coupée en dés
1/2 bouteille de marsala
165 g (3/4 tasse) de sucre
8 c. à soupe de miel
1 écorce de citron, râpée
1 écorce d'orange, râpée
2 œufs, battus (ou plus si désiré)
3 c. à soupe de lait

Combiner dans un robot de cuisine la farine, le sucre et le beurre et mélanger brièvement jusqu'à obtention d'une consistance de semoule. Ajouter l'eau, les noix, le sel et la crème sûre, puis mélanger pour former une pâte. Travailler la pâte délicatement 1 ou 2 min, puis la refroidir au réfrigérateur au moins 2 h avant de la pétrir.

Mettre les dés de courge dans une casserole profonde, ajouter le marsala (vin doux produit en Sicile), le sucre, le miel et les écorces de citron et d'orange et cuire jusqu'à ce que la courge soit cuite. Laisser tiédir.

Mettre les œufs et le lait dans un mélangeur et mixer rapidement. Ajouter le mélange à la courge et mixer jusqu'à consistance uniforme.

Abaisser la pâte sur une surface farinée pour former un cercle environ 5 cm (2 po) plus grand que le moule à tarte. Beurrer généreusement le moule à tarte et y disposer la pâte. Canneler les bords de façon décorative.

Verser le mélange aux œufs et à la courge dans le moule en laissant un espace libre de 1,25 cm (1/2 po) sur le dessus. Cuire au four à 175 °C (350 °F) jusqu'à ce que la tarte soit dorée. Laisser tiédir. Couper soigneusement en parts égales et servir à température ambiante.

6-8 portions

# La composition de recettes

*Je crois au soleil même s'il ne brille pas.*
*Je crois en l'amour même quand je ne le*
*ressens pas.*
*Je crois en Dieu même lorsqu'il est*
*silencieux.*

Vieux dicton juif

Une critique gastronomique me demanda récemment comment je compose mes nouvelles recettes. Je lui répondis qu'en créant et en expérimentant de nouvelles recettes, j'essaie toujours de respecter quatre ou cinq principes de base :

**Le principe saisonnier :** « Il s'agit d'être en harmonie avec les cycles de la nature, de s'inspirer des saisons pour élaborer une cuisine saine », explique le Français Georges Blanc, ajoutant : « Les saisons sont un éternel recommencement que l'on découvre non seulement dans la diversité du paysage mais également dans les jardins et les marchés. »

À travers les siècles, le régime monastique a toujours été fondamentalement saisonnier, dépendant principalement des produits frais du jardin et du verger. La vie du moine lui-même s'ordonne autour du rythme des saisons et en est profondément marquée. Au quotidien, il cherche à intégrer toutes les interactions harmonieuses entre les rythmes saisonniers, la liturgie et enfin le cœur. De bien des façons, cela constitue précisément le mystère de la vie monastique.

**Le principe monastique :** La cuisine monastique est connue pour sa simplicité, sa sobriété, sa salubrité et son bon goût. Au fil des années, ceux qui ont bénéficié de l'hospitalité des monastères ont souvent remarqué le régime équilibré et sain des moines. Notre régime, comme j'ai mentionné, est fondé principalement sur les produits de notre ferme, de nos jardins et de nos vergers, et les plats sont présentés simplement avec goût. Bien sûr, ce que je dis ici s'applique également à des traditions monastiques extérieures au monde chrétien, le bouddhisme et le taoïsme, par exemple.

Le régime monastique ne se résume pas à une bonne nourriture simple et ordinaire. Quoique empreinte de frugalité et de simplicité, la cuisine monastique dépend pour beaucoup de la fraîcheur et de la qualité nutritive des produits pour s'assurer de l'excellence de chacun des plats préparés au monastère. Elle dépend aussi grandement de la sagesse des traditions locales, transmises de génération en génération, ainsi que du bon sens, et elle s'inspire de la spiritualité. Elle dépend également de la débrouillardise d'un moine chef imaginatif pour créer des repas économiques, délicieux, sensés et bien équilibrés pour la communauté des moines et les invités. Le régime monastique simple n'est pas dépourvu d'une sorte de raffinement, car la simplicité elle-même est synonyme de raffinement, (et une bonne dose de spiritualité est parfois le meilleur assaisonnement).

**Le principe végétarien :** Les légumes jouent un rôle fondamental dans la cuisine du monastère et donc dans ma cuisine. Le régime monastique est demeuré au fil des siècles essentiellement végétarien. Les produits laitiers, le fromage, le lait et les œufs ainsi que les fruits de mer sont permis, et donc incorporés dans mes recettes.

**Le principe santé :** Je m'efforce de combiner des aliments qui obéissent aux principes d'une saine alimentation et qui flattent le palais. Un repas simple, lorsque préparé et présenté de façon attrayante en plusieurs services, selon la tradition française, peut devenir en lui-même

une occasion merveilleuse de célébrer. Il va sans dire que les cuisines des monastères sont très fonctionnelles et très ordonnées, de manière à favoriser l'élaboration d'une nourriture saine et qui se renouvelle constamment.

**Le principe français :** En général, mes recettes ne sont pas représentatives de la haute cuisine française mais reflètent plutôt la cuisine française familiale et campagnarde avec laquelle j'ai grandi. Ce type de cuisine est rustique, honnête, simple et toujours savoureux. La cuisine française continue d'évoluer de nos jours : on explore de nouvelles techniques et de nouvelles méthodes de préparation. De nouveaux assaisonnements et des façons expérimentales de cuisiner sont mis à l'épreuve, dans l'espoir de créer une cuisine qui continue d'exalter les saveurs et le bon goût. Cette évolution sera, espérons-le, cohérente avec la cuisine traditionnelle classique de la France, où le résultat final doit être exquis et pour les yeux et pour le palais.

Ce sont ces principes de base qui m'orientent dans l'élaboration de mes nouvelles recettes. Ils demeurent ma source d'inspiration et le but que je poursuis.

En créant et en expérimentant de nouvelles recettes, j'essaie toujours de respecter quatre ou cinq principes de base.

# Purée de potiron à la ricotta

1 courge verte Hubbard moyenne, pelée, épépinée et coupée sur la longueur en longues tranches

7 c. à soupe d'huile d'olive

4 oignons blancs moyens, pelés et hachés finement

1 grosse carotte, pelée et coupée en tranches fines

125 ml (1/2 tasse) de vin blanc sec

1 contenant de 340 g (12 oz) de ricotta fraîche

Sel et muscade, au goût

6 c. à soupe de parmigiano reggiano

Beurre, au besoin

Préchauffer le four à 175 °C (350 °F). Mettre les tranches de courge dans une ou plusieurs plaques à biscuits en aluminium et cuire environ 30 min. Retirer du four et réserver pour tiédir, puis écraser à l'aide d'un pilon.

Verser l'huile dans une poêle et faire revenir doucement les oignons et les carottes environ 2 min à feu moyen-doux. Ajouter le vin, augmenter la chaleur à feu moyen et cuire 8 à 10 min de plus en remuant.

Verser ce mélange dans un grand contenant tel qu'un bol ou une casserole. Écraser à l'aide d'un pilon. Ajouter la courge écrasée, la ricotta, le sel, la muscade et le parmigiano reggiano. Bien mélanger. Beurrer généreusement un ou deux plats de cuisson profonds, rectangulaires. Verser le mélange à la courge et à la ricotta et le répartir également à l'aide d'une spatule. Cuire au four 25 à 30 min à 150 °C (300 °F).

Note : Servir ce plat chaud pour accompagner le plat principal de viande, de poisson ou d'œufs. C'est un excellent mets pour l'Action de grâce, idéal pour l'automne et le mois de novembre, moment de la récolte des courges.

6 portions

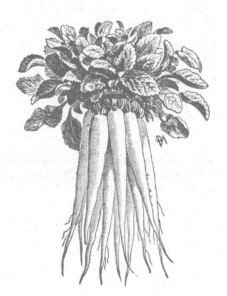

# Fête de saint André

> Pour Saint-Martin,
> La neige est en chemin.
> Pour Sainte-Catherine,
> Elle est à la courtine.

Vers la fin du mois de novembre, l'obscurité de l'hiver semble nous envahir et nous envelopper. Les vieilles âmes de la campagne savent que le froid glacial est à nos portes pour rester. Chaque jour est marqué par des changements dans la température et l'hiver avance à grands pas. La neige arrive invariablement autour de l'Action de grâce – ou plus précisément autour du 30 novembre, la fête de saint André. Il y a plusieurs vieux dictons français pour nous le rappeler :

> La neige de Saint-André
> Menace cent jours de durer.
> À la Saint-André
> L'hiver est prêt.

Parfois, vers la fin de novembre, au moment où nous célébrons le premier dimanche de l'Avent, je me lance dans la préparation d'aliments pour donner en cadeau à Noël. La préparation de cadeaux faits maison peut souvent devenir une expérience spirituelle édifiante ! Si on les compare à des cadeaux achetés au magasin, les cadeaux faits maison sont plus personnels et réchauffent le cœur de ceux qui les reçoivent. Le donneur et le destinataire apprécient le cadeau en tant qu'expression de leur amour ou de leur amitié. Ils sont conscients du temps et des efforts requis que l'argent ne peut acheter. En outre, les cadeaux maison deviennent souvent les plus appréciés, laissant des souvenirs impérissables autant à celui qui les reçoit qu'à celui qui les donne.

Quelques-unes des conserves que j'aime offrir en cadeau sont celles que l'on peut préparer simplement dans notre cuisine de monastère. Pour prendre de l'avance, j'ai déjà préparé des confitures, des marinades et des relishs en octobre et en novembre. Maintenant que l'Action de grâce est derrière nous, et avec le mois de décembre à nos portes, je me concentre sur les chutneys, les vinaigres, les salsas et la tapenade. J'aime particulièrement surprendre les gens en leur offrant une tapenade maison, car c'est une recette on ne peut plus provençale que l'on trouve difficilement dans les supermarchés américains. Une bonne tapenade évoque l'arôme et le goût du pays ensoleillé de la Provence. En plus, la tapenade a de multiples usages. Elle peut être tartinée sur du pain baguette ou des craquelins au moment de l'apéritif, ou utilisée pour farcir les œufs durs, les tomates et les avocats. Les Provençaux adorent la tartiner sur du pain de campagne frais.

L'automne regorge de choses qui font plaisir aux sens et à l'esprit. Les arbres affichent des couleurs luxuriantes. Les fruits mûrissent pour la consommation. La récolte issue des travaux de l'année est arrivée. Et la fraîcheur de l'air nous attire vers l'âtre, les fêtes et les rassemblements entre amis. C'est le temps de profiter de cette abondance qui est la nôtre et de la partager.

ESTHER YORK BURKHOLDER

# Tapenade

480 g (1 lb) d'olives noires, dénoyautées
6 gousses d'ail, émincées
120 g (¹/2 tasse) de câpres
250 ml (1 tasse) d'huile d'olive
6 c. à café (6 c. à thé) de jus de citron, fraîchement pressé
2 c. à soupe de moutarde de Dijon
2 c. à soupe d'herbes de Provence séchées
(thym, romarin, basilic, feuille de laurier)
Poivre du moulin, au goût

Hacher les olives et l'ail et les mettre dans un robot de cuisine ou au mélangeur. Ajouter les câpres, l'huile, le jus de citron, la moutarde, les herbes de Provence et le poivre. (Aucun sel n'est requis, car les olives sont déjà salées.)

Mélanger jusqu'à l'obtention d'un mélange lisse. Ajouter de l'huile d'olive au besoin et rectifier l'assaisonnement. Le mélange doit avoir la consistance d'un beurre foncé lisse.

Mettre la tapenade dans de petits contenants en plastique de 125 ml (4 oz) et réfrigérer jusqu'au moment de les offrir; ou stériliser des bocaux de mise en conserve de 125 ml (4 oz) et les remplir à ras bords de tapenade. Mettre dans l'eau bouillante environ 15 min pour les sceller.

Rendement: environ 6 ou 8 bocaux de 125 ml (4 oz).

Décembre

# Les chutneys

*Et après lui vint le froid décembre ;*
*Pourtant, grâce à ses joyeux festins*
*Et grands feux de joie, il oublia le froid*
*Son esprit tant réjoui par la naissance de*
*son Sauveur.*

Edmund Spencer

Le feu exubérant de notre poêle à bois dégage une chaleur confortable dans toute la cuisine et laisse échapper une fumée éparse par de la cheminée. Il n'est pas étonnant que certains écrivains aient affublé le mois de décembre du nom de « fumeux », en raison de l'abondante fumée qui monte des cheminées dans tout le paysage.

Le mois de décembre ouvre officiellement la saison de l'hiver et les températures sont habituellement très froides. C'est le mois du vent, du gel et des tempêtes de neige. C'est aussi le mois le plus sombre de l'année : à 16 h, les nuits d'hiver s'installent et il faut faire preuve de résilience et d'imagination pour tenir bon pendant les longues heures où l'obscurité règne. La cuisine où l'est un endroit agréable et chaleureux pour travailler grâce à sa chaleur et à l'effervescence qui y règne en prévision des festivités de Noël.

De bien des façons, je trouve que décembre est le prolongement naturel de quelques-unes de mes activités culinaires de novembre. En écoutant les magnifiques cantates de l'Avent de Bach en arrière-fond, je poursuis la préparation et la conservation d'aliments qui seront donnés en cadeau à Noël à nos généreux amis du monastère et vendus à notre foire d'artisanat qui a lieu avant Noël. On n'a qu'à songer au trésor qu'est l'amitié et à la signification que j'attribue à chacun de mes amis, pour comprendre le plaisir que j'éprouve à préparer longtemps à l'avance des aliments qui leur feront tant plaisir. J'organise quotidiennement mon temps à la cuisine de manière à pouvoir préparer la plus grande quantité possible de nourriture à l'avance. Après tout, au fur et à mesure que l'Avent progresse, je devrai me consacrer à d'autres tâches : la prière, le chant et l'installation de quelques décorations de Noël. C'est le moment de terminer mes conserves et prendre une longueur d'avance sur les préparatifs culinaires de Noël.

Il reste encore des citrouilles après la célébration de l'Action de grâce ainsi que des pommes et des poires. J'ai donc décidé hier de concentrer mes efforts culinaires de la journée sur la préparation de chutneys. Nos chutneys ont toujours beaucoup de succès auprès de nos amis (et à la foire), surtout ceux d'ascendance anglaise ou irlandaise. Pour eux, le chutney est un aliment de base qui se retrouve souvent sur la table.

En ajoutant doucement les épices au chutney, la cuisine entière exhale des parfums et des arômes qui se dégagent de la grande marmite en fonte. De temps en temps, je remue le mélange et j'ajoute un peu de vinaigre pour empêcher que le mélange brûle. La beauté et le mystère du chutney tiennent au fait qu'il admet toutes sortes de combinaisons. Tout ce qu'il faut, c'est une imagination inspirée.

# Chutney à la citrouille, aux pommes et aux poires

10 pommes acidulées, pelées et hachées

4 poires, pelées et hachées

1 petite citrouille, pelée, épépinée, coupée en dés, cuite et écrasée

2 oignons, en dés

2 poivrons rouges, en dés

400 g (2 1/2 tasses) de cassonade

2 c. à café (2 c. à thé) de cumin

2 c. à café (2 c. à thé) de piment de la Jamaïque

3 c. à soupe de graines de moutarde

2 c. à soupe de gingembre

3 piments chili, hachés

2 c. à café (2 c. à thé) de sel

3 gousses d'ail, émincées

1 litre (4 tasses) de vinaigre de cidre

Mettre tous les ingrédients dans une grande casserole. Faire mijoter environ 1 h jusqu'à épaississement. Remuer souvent pendant que le mélange épaissit pour éviter qu'il ne colle. Verser le mélange dans des bocaux chauds en laissant un espace libre de 0,5 cm (1/4 po). Couvrir les bocaux et les sceller en les plaçant dans de l'eau bouillante (pour couvrir) ; faire bouillir au moins 20 min. S'assurer que les couvercles sont bien scellés.

Note : On peut relever le goût si désiré en ajoutant plus d'épices (piments, moutarde, gingembre). Inversement, on peut atténuer le goût brûlant en épépinant les piments, car leurs graines ajoutent beaucoup de piquant.

Rendement : environ 10 bocaux de 500 ml (2 tasses)

# L'Avent

*Le froid en Avent
Fait claquer des dents*

Vieux dicton

Le froid hivernal et la saison de l'Avent arrivent presque toujours en même temps ici dans le Nord-Est américain. Au moment où nous entamons le mois de décembre et plongeons dans le mystère de l'Avent, nous devons profondément conscients des réalités de l'hiver : le froid, la neige et surtout les longues nuits. En décembre, très tôt le jour s'estompe et la nuit tombe brusquement. C'est comme si la dure réalité de l'hiver nous rappelait qu'une partie du pèlerinage de l'Avent consiste à braver les forces de l'obscurité et du péché pour aller vers la radieuse lumière de Dieu qui répand l'espoir et la grâce.

En entreprenant ce pèlerinage, on se sent instinctivement attiré par la présence divine, vers celui qui facilite le voyage en repoussant toutes les difficultés qui sont souvent notre lot quotidien : la peur, le désespoir, la dépression, l'insécurité, l'instabilité, le doute. Durant ces longues nuits hivernales de l'Avent, je puise un grand réconfort dans la prière toute simple de l'église orthodoxe : « À ceux qui sont pris dans la nuit, s'égarant dans les œuvres des ténèbres, accorde, O Christ, ta lumière et ta bénédiction. »

L'Avent et le Carême ont bien des points en commun. Les deux sont un temps de préparation et d'attente. La tradition annuelle de l'Avent affirme que nous, en tant que chrétiens, attendons la venue du Christ à Noël d'une façon toute particulière. C'est un symbole de son retour dans la gloire à la fin des temps. Alors que l'Avent nous fournit l'occasion de nous réjouir de la promesse de sa venue, il nous invite également avec sagesse de faire preuve de sobriété et de retenue dans nos vies de tous les jours. Saint Paul nous le rappelle dans une de ses épîtres : « Vivons dans la sobriété et l'amour en attendant patiemment notre espoir béni : la venue de notre Sauveur. »

Faire preuve de frugalité et de tempérance durant l'Avent n'implique pas pour autant le rejet pur et simple d'une nourriture savoureuse qui est, après tout, un bienfait du Seigneur. Cela signifie plutôt, du moins d'un point de vue monastique, de ne pas abuser des bonnes choses en mangeant et en buvant à l'excès. Le but doit toujours demeurer le même : faire preuve de simplicité, de tempérance et de modération dans l'usage quotidien des bienfaits de Dieu.

L'Avent fait son entrée en scène annuelle et l'hiver semble s'installer. Mes occupations à la cuisine sont fortement influencées par le retour cyclique de l'hiver. Aujourd'hui, après le gel intense des derniers jours, je tente de sauver ce qui reste de notre jardin : poireaux, choux, bettes à carde, betteraves, navets, carottes, persil et laitue. La laitue a survécu jusqu'à maintenant grâce aux couvertures de plastique que j'ai étendues la nuit pour les protéger du gel. Mais évidemment toute bonne chose a une fin, y compris les produits frais de nos jardins. Ce soir, je vais préparer une salade de notre jardin qui sera sans doute la dernière cette année. Ensuite, nous devrons attendre jusqu'au printemps.

Pour rester fidèle au thème de la sobriété de l'Avent, je vais préparer pour le repas de ce soir un potage crémeux fait à partir de pommes de terre, de poireaux, de carottes et de navets de notre jardin ; comme plat principal, une salade fraîche aux betteraves et aux œufs durs. Un repas simple comme celui-là, empreint de simplicité monastique et savoureux, comble non seulement le corps mais également l'esprit. Après un tel repas, on est rassasié tout en se sentant léger comme une plume. Les plaisirs de la table sont mis à l'honneur avec la conscience que nous sommes aussi des êtres spirituels et que cet aspect ne doit jamais être négligé.

*Long est notre hiver*
*Sombre est notre nuit*
*Viens, libère-nous*
*O lumière salvatrice.*

HYMNE DU XVᵉ SIÈCLE

# Potage berrichon

2,5 litres (10 tasses) d'eau
6 pommes de terre, pelées et coupées en dés
3 poireaux, la partie blanche seulement, lavés
   et en fines tranches
2 carottes moyennes, pelées et coupées en dés
2 navets moyens, lavés et coupés en dés
4 brins de persil, hachés finement
Sel et poivre au goût

*Garniture*
2 c. à café (2 c. à thé) de beurre
Pain tranché en croûtons, environ 5 par portion

Porter rapidement l'eau à ébullition. Réduire la chaleur à feu moyen et ajouter tous les légumes, le persil, le sel et le poivre. Couvrir et cuire doucement de 25 à 30 min (ajouter de l'eau au besoin).

Après 30 min, éteindre le feu et laisser reposer 15 min avec le couvercle. Passer ensuite au mélangeur pour obtenir une soupe crémeuse et homogène.

Faire fondre le beurre dans une poêle. Ajouter les croûtons et les tourner pour les dorer de tous côtés. Réserver.

Réchauffer la soupe et servir. Garnir de 5 ou 6 croûtons.

6-8 portions

# Salade campagnarde

1 botte de laitue (roquette, romaine, etc.)
3 betteraves moyennes fraîches, pelées, coupées en deux puis en tranches fines
2 pommes, pelées et coupées en tranches
1 petit oignon rouge, pelé et coupé en tranches fines
6 œufs, cuits durs et coupés en deux

### Vinaigrette
7 c. à soupe d'huile d'olive
3 c. à soupe de vinaigre de vin rouge
1 c. à café (1 c. à thé) de moutarde française
Sel et poivre du moulin, au goût

Laver et sécher la laitue et la mettre dans un grand saladier.

Faire bouillir les betteraves environ 6 à 7 min. Rincer à l'eau courante froide et égoutter. Après 5 min, les mettre dans le saladier. Ajouter les pommes et les oignons et remuer délicatement.

Mettre deux moitiés d'œuf dans chaque assiette de service.

Préparer et bien mélanger la vinaigrette. Verser sur la salade et bien remuer. Répartir la salade en portions égales dans les assiettes juste à côté des œufs. Servir à la température ambiante.

6 portions

# Fête de saint Nicolas

*Le jour de Saint-Nicolas De décembre est le moins froid Mais si Nicolas plume ses oies L'hiver est bien là.*

Dicton

Les jours raccourcissent, l'hiver s'installe, et la courte période de lumière qu'il nous reste pour nos tâches quotidiennes prend toute son importance. Tôt le matin, après les offices et le petit-déjeuner, je me hâte de nourrir les animaux de la ferme et de leur apporter de l'eau, puis je retourne en vitesse à la cuisine pour commencer ma journée de travail.

Aujourd'hui, jour de Saint-Nicolas, un ami cher et un saint dont je parle dans mes livres, je passerai de nombreuses heures à la cuisine pour préparer des pains pour Noël. Cuire le pain pour les fêtes est une ancienne coutume monastique. Habituellement, les moines font cuire du pain en quantité suffisante, non seulement pour combler les besoins du monastère et de ses invités, mais également pour donner en cadeau à leurs amis et bienfaiteurs. Le partage de pains chauds, tout juste sortis du four, à l'occasion de la naissance du Seigneur est toujours profondément réjouissant. Après tout, le pain est si intimement associé à la personne du Christ, qui nous laissa son corps sous forme de pain.

Au fur et à mesure que nous approchons de la fête de Noël, nous préparons et cuisons plusieurs variétés de pain dans la cuisine du monastère : pain brun aromatisé au miel ou à la mélasse, pain blanc ordinaire, et quelques pains festifs auxquels on ajoute des céréales, des noix et divers fruits séchés pour en améliorer la qualité. Une fois cuits, les pains sont enveloppés et mis au congélateur ou à la chambre froide jusqu'au jour de Noël, quand nous les donnons en cadeau à nos amis.

J'ai découvert depuis quelques années que cette ancienne tradition monastique s'est transmise au monde séculier. De plus en plus de gens aujourd'hui, surtout à la campagne, prennent plaisir à offrir des pains frais en cadeau, un cadeau infiniment plus personnel et plus significatif, à la fois celui qui le donne et pour celui qui le reçoit.

La recette ci-dessous tire son nom du saint d'aujourd'hui, saint Nicolas, que d'aucuns identifient à la légende du Père Noël (pauvre saint Nicolas, qu'est-ce qu'ils ont fait de toi ?).

# Pain de saint Nicolas

3 sachets de levure sèche
2 c. à soupe de cassonade (sucre roux)
250 ml (1 tasse) d'eau tiède
900 g (6 tasses) de farine de blé blanche
750 g (5 tasses) de farine blanche tout usage
6 c. à café (6 c. à thé) de sel
1,3 litre (5 tasses) de lait, chauffé puis tiédi
180 g (1 tasse) de raisins secs
8 c. à soupe de mélasse (ou de miel)
2 œufs, battus

Beurrer ou graisser 2 moules à pain de 30 x 8 cm (12 x 3 po) et réserver.

Dans un bol profond, dissoudre la levure et la cassonade dans l'eau tiède. Laisser reposer environ 6 à 8 min.

Dans un grand bol, bien mélanger la farine de blé et la farine blanche. Ajouter le sel, le lait, les raisins secs, la mélasse et la levure. Bien mélanger tous les ingrédients jusqu'à ce que tout le liquide soit absorbé par la farine. Lorsque la pâte est lisse et homogène, la mettre sur une surface de travail enfarinée.

Pétrir la pâte en la rabattant : étirer la pâte et la replonger au centre. La tourner et recommencer. Pétrir au moins 15 min, jusqu'à ce que la pâte forme une boule lisse et élastique. Saupoudrer de farine de temps en temps pour empêcher que la pâte colle.

Mettre la pâte dans une casserole ou un bol beurré de bonne taille. Couvrir avec un linge mouillé et laisser lever au moins 2 h, jusqu'au double du volume.

Dégonfler la pâte d'un un coup de poing au centre, couvrir de nouveau avec le linge humide et laisser lever de nouveau jusqu'au double du volume.

Mettre la pâte sur la surface de travail et l'aplatir. La diviser en deux parts égales. Rouler chaque pain en forme de tonneau et les mettre dans les deux moules bien graissés ou beurrés. Avec les doigts, rentrer les bouts légèrement au-dessous, puis étendre la pâte uniformément dans le moule, avec un léger renflement au centre. Avec un couteau, faire un signe de croix sur le dessus.

Badigeonner le dessus des deux pains avec les œufs battus, couvrir avec un linge mouillé, et laisser lever jusqu'au double du volume. Préchauffer le four à 190 °C (375 °F).

Badigeonner de nouveau le dessus des deux pains et les mettre au four. Cuire environ 45 min ou jusqu'à ce que le dessus soit brun foncé. Retirer du moule et laisser tiédir sur une grille.

Rendement : 2 pains

# Brownies de la Guadeloupe

> Peuple, regardez vers l'orient,
> L'heure du couronnement de l'année est proche.
> Embellissez votre maison comme vous pouvez,
> Préparez le feu et mettez la table.
> Peuple, regardez vers l'orient et chantez
> aujourd'hui,
> Christ le Seigneur est en chemin.
>
> Cantique de Noël

Ces jours de l'Avent me rappellent sans cesse la venue de Dieu parmi nous. Cette conscience de l'arrivée prochaine du Christ notre Seigneur et Sauveur est ce qui confère à l'Avent sa perspective et son caractère uniques.

Nous savons parfaitement bien que le Christ est déjà venu, il y a de cela plus de deux mille ans, mais la grâce particulière de l'Avent est de nous rappeler cette première venue du Seigneur dans notre monde et de susciter la conscience de sa présence parmi nous aujourd'hui. Durant cette période, nous revivons chaque année le grand mystère de l'Incarnation : ce moment où le Christ vint au monde en chair et en os et révéla son visage pour la première fois à nous tous ce premier matin glorieux de Noël.

Nos journées contemplatives et calmes ne sont tout de même pas dénuées d'une certaine agitation. Cela est apparent dans la cuisine du monastère, le point de rencontre de nombreuses activités et préparatifs pour la fête à venir.

À l'approche de Noël, la confection de cadeaux comestibles pour les Fêtes se poursuit de façon consciencieuse. Les cadeaux faits maison n'ont peut-être pas l'élégance et l'allure des cadeaux du commerce mais leur simplicité et leur gaieté ont une dimension humaine irremplaçable. Ils sont confectionnés par des mains amicales et offerts du fond du cœur. Ce sont souvent les cadeaux les plus appréciés à Noël, peut-être moins coûteux mais infiniment précieux.

Aujourd'hui, je suis profondément absorbé par la préparation de brownies et de biscuits qui, une fois mis en boîte et joliment emballés, deviendront des présents pour quelques-uns de nos amis. Une boîte de brownies moelleux est un régal en tout temps de l'année, et en particulier pendant les Fêtes. C'est devenu une tradition chez certains de nos amis qui anticipent déjà les brownies de l'année prochaine avec convoitise : « Pas si vite », je leur réponds, « Pas si vite ».

Puisque notre calendrier monastique célèbre aujourd'hui la fête de Notre-Dame de Guadeloupe, j'ai décidé de baptiser ma recette « Brownies de la Guadeloupe ». Les brownies d'aujourd'hui rendent donc hommage à la modeste jeune fille qui a été élue pour devenir la Mère de Dieu, et dont la présence est si puissante pendant notre pèlerinage de l'Avent. La recette originale m'a été donnée par un amateur de brownies et un authentique connaisseur de chocolat. Au fil des ans, j'ai modifié quelque peu la recette, surtout au chapitre des liqueurs. Voici ma version la plus récente.

# Brownies de la Guadeloupe

90 g (3 oz) de chocolat non sucré, coupé en petits morceaux

1 bâton de beurre doux, coupé en petits morceaux

2 gros œufs

220 g (1 tasse) de sucre brut (sucre de canne)

5 c. à soupe de Grand Marnier

150 g (1 tasse) de farine tout usage

1/4 c. à café (1/4 c. à thé) de levure chimique

Une pincée de sel, au goût

60 g (1/4 tasse) de pignons rôtis

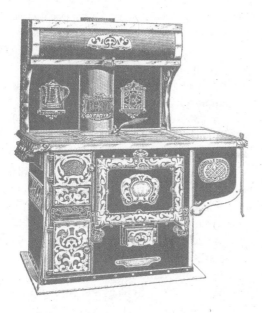

Préchauffer le four à 160 °C (325 °F). Beurrer et fariner généreusement un plat de cuisson carré de 20 cm (8 po) et jeter l'excès de farine.

Faire fondre le chocolat et le beurre au bain-marie. Remuer sans cesse jusqu'à ce que le mélange soit lisse et homogène. Retirer la partie supérieure et laisser tiédir.

Battre les œufs et le sucre dans un grand bol à l'aide d'un batteur à main jusqu'à épaississement. Ajouter le mélange au chocolat, le Grand Marnier et continuer de battre.

Tamiser la farine dans un autre bol. Ajouter la levure chimique et le sel et bien mélanger tous les ingrédients. Incorporer au mélange au chocolat et aux œufs et continuer de battre avec le batteur à main. Bien mélanger tous les ingrédients.

Étendre le mélange uniformément dans le plat de cuisson. Saupoudrer de pignons.

Mettre le plat au centre du four et cuire environ 35 à 40 min au plus. (Vérifier la cuisson vers la fin à l'aide d'un couteau. Si le couteau ressort propre, les brownies sont prêts.)

Laisser refroidir complètement avant de couper en 16 carrés égaux. Mettre les brownies en étages, séparés par des feuilles de papier ciré (paraffiné), dans des boîtes hermétiques et conserver les boîtes dans un endroit frais pour une meilleure conservation jusqu'à Noël. Les brownies se conserveront une semaine ou deux mais sont plus frais dans la semaine qui suit.

Rendement : 16 carrés

# Biscuits de Noël

*Sur cette montagne,*
*Un festin de mets succulents, un festin*
*de vins vieux,*
*De mets succulents, pleins de moelle,*
*de vins vieux, clarifiés.*
*Et, sur cette montagne, il anéantit*
*le voile qui voile tous les peuples,*
*La couverture qui couvre toutes*
*les nations ;*
*Il anéantit la mort pour toujours ;*
*Le Seigneur, l'Éternel, essuie*
*les larmes sur tous les visages,*
*Il fait disparaître de toute la terre l'opprobre*
*de son peuple ;*
*Car l'Éternel a parlé.*
*En ce jour l'on dira : Voici, c'est notre Dieu,*
*en qui nous avons confiance, Et c'est lui*
*qui nous sauve ;*
*C'est l'Éternel, en qui nous avons*
*confiance.*

ISAÏE (26,6-9)

C'est la mi-décembre et le milieu de l'Avent. Chaque matin, durant le temps accordé à notre *lectio divina*, la lecture des prophéties de l'Ancien Testament remplit nos cœurs d'anticipation. Car comme nous disent les prophètes : « L'heure de notre libération est proche ». Il y a une telle richesse poétique et majestueuse dans les paroles des prophètes. Je ne me lasse jamais de les entendre proclamées dans notre petite chapelle austère ou de les lire dans la solitude de ma cellule monastique. Les prophètes sont mes compagnons de route vers Bethléem. Leurs paroles nourrissent mes prières et soulagent mon esprit fatigué. Encore et encore, comme pour les Psaumes, j'ai recours à eux pour une consolation, une inspiration, une force et un espoir afin de continuer mon chemin.

Un des temps forts à la cuisine du monastère durant l'Avent est le jour où je commence à faire cuire les biscuits à offrir en cadeau pour Noël. Bien sûr, il y a toute une période d'agitation qui précède la cuisson. Il faut d'abord vider la cuisine de tout le superflu, puis rassembler les recettes et les ingrédients à utiliser. Aujourd'hui, malgré la magnifique journée lumineuse, nous subissons un de ces froids intenses de décembre ; ma première tâche de la journée est donc d'allumer le poêle à bois. La chaleur qui s'en dégage est à la fois réconfortante et inspirante. Cela m'aide énormément à faire le plein d'énergie pour les trois ou quatre heures de cuisson ininterrompue à venir. Le son des cantates de l'Avent de Bach remplit l'atmosphère et incite mon cœur à la prière.

La préparation de biscuits, comme la préparation du pain, a toujours fait partie des coutumes de nombreux monastères. Il y a des différences notables entre les biscuits européens et américains, surtout en regard de la quantité de beurre et de quelques autres ingrédients. Je bricole avec les deux méthodes pour aboutir à mi-chemin entre les deux. Peu importe le résultat final, les biscuits maison sont toujours fort appréciés en cadeau par les amis, la famille et les enfants. Lorsque les biscuits sont cuits, nous les trions selon la couleur et la taille, puis nous les plaçons soigneusement dans des boîtes de fer-blanc que nous avons conservées pendant l'année. Ensuite, nous les entreposons dans un coin sec du sous-sol. Quelques jours avant Noël, les boîtes sont emballées pour la circonstance : on les décore de ruban et on écrit sur un carton le nom de la personne à qui ils sont destinés.

Au fil des ans, j'ai éprouvé diverses recettes de biscuits dont certaines, anciennes, me viennent d'Europe, et d'autres que je tiens de mes amis. Voici quelques-unes de mes préférées. Elles portent toutes des noms en lien avec l'Avent et les saints associés à Noël, comme il se doit.

Voici une recette de biscuits de la Belgique qui porte le nom de « Saint Klauss », d'après saint Nicolas, dont la fête est célébrée le 6 décembre. Ils sont très populaires à Noël.

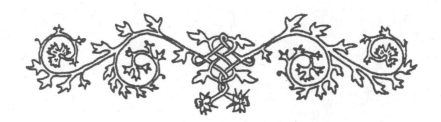

# Biscuits de saint Nicolas

160 g (²/₃ tasse) de beurre doux
80 g (¹/₂ tasse) de cassonade (sucre roux)
2 c. à soupe de lait
190 g (1 ¹/₄ tasse) de farine tout usage
1¹/₂ c. à café (1¹/₂ c. à thé) de cannelle moulue
¹/₄ c. à café (¹/₄ c. à thé) d'anis moulu
Une pincée de gingembre moulu
Une pincée de muscade moulue
¹/₄ c. à café (¹/₄ c. à thé) de levure chimique à
    double effet
Une pincée de sel, au goût
1 c. à soupe d'extrait de vanille
2 c. à soupe de lait
120 g (1 tasse) d'amandes, effilées

Battre le beurre et le sucre en crème jusqu'à ce que le mélange pâlisse. Incorporer le lait en battant et réserver.

Tamiser la farine, la cannelle, l'anis, le gingembre, la muscade, la levure chimique, le sel et la vanille, puis incorporer dans le mélange au beurre. Envelopper la pâte à biscuits dans un papier ciré (paraffiné) et mettre au réfrigérateur 1 h.

Préchauffer le four à 175 °C (350 °F). Abaisser la pâte à biscuits en un rectangle d'une épaisseur de 3 mm (¹/₈ po) et couper en rectangles de 4 cm x 6,5 cm (1¹/₂ x 2¹/₂ po). Transférer les biscuits sur une plaque légèrement beurrée, badigeonner de lait et y enfoncer délicatement les amandes.

Cuire au milieu du four 10 à 12 minutes ou jusqu'à ce que les biscuits soient fermes au toucher.

Rendement : 3 douzaines

# Biscuits au beurre de l'ange Gabriel

310 ml (1¹/₄ tasse) de farine tout usage non
    blanchie
¹/₂ c. à café (¹/₂ c. à thé) de levure chimique
¹/₈ c. à café (¹/₈ c. à thé) de sel
8 c. à soupe de beurre doux, ramolli
220 g (1 tasse) de sucre granulé ou 160 g
    (1 tasse) de cassonade (sucre roux)
1 gros œuf
¹/₂ c. à café (¹/₂ c. à thé) d'extrait de vanille

Combiner la farine, la levure chimique et le sel dans un bol moyen. Bien mélanger et réserver.

Battre le beurre à l'aide d'un batteur à main à vitesse moyenne. Ajouter doucement le sucre et battre jusqu'à ce que le mélange soit léger. Incorporer l'œuf et la vanille en battant, puis réduire la vitesse et ajouter le mélange à la farine; mélanger jusqu'à ce que le mélange soit tout juste homogène. Diviser la pâte en quatre parts égales et emballer dans une pellicule plastique. Réfrigérer environ 1 h jusqu'à fermeté.

Préchauffer le four à 160 °C (325 °F). Abaisser une portion de pâte sur une surface enfarinée, découper les biscuits avec l'emporte-pièce de votre choix, les disposer sur des plaques anti-adhésives beurrées en les espaçant de 2,5 cm (1 po) et les décorer selon votre inspiration.

Cuire au four environ 5 min. Permuter les plaques à pâtisserie, puis continuer la cuisson environ 5 min de plus jusqu'à ce que les biscuits soient dorés. Les transférer sur une grille et les laisser refroidir. Répéter pour les autres portions de pâte. Terminer la décoration et servir.

Rendement : 3 douzaines

# Biscuits de saint Joseph

*Les biscuits de saint Joseph ont leur origine dans les monastères allemands, où ils sont très populaires auprès des moines et des nonnes. Ils sont souvent mis dans de jolies boîtes et vendus dans les boutiques des monastères juste avant Noël.*

2 c. à soupe de beurre, ramolli
375 g (2 1/2 tasses) + 2 c. à soupe de farine tout usage
3/4 c. à café (3/4 c. à thé) de levure chimique
1/2 c. à café (1/2 c. à thé) de clou de girofle moulu
1 c. à café (1 c. à thé) de cannelle moulue
1/4 c. à café (1/4 c. à thé) de muscade moulue
120 g (1 tasse) d'amandes non blanchies, moulues
2 c. à soupe de cédrat confit, haché finement
2 c. à soupe de citron confit, haché finement
2 c. à soupe d'orange confite, hachée finement
2 œufs
110 g (1/2 tasse) de sucre granulé
130 g (1/2 tasse) de miel
125 ml (1/2 tasse) de lait

### Glaçages proposés pour les biscuits

Le glaçage dit « dorure à l'œuf » est en général utilisé pour lustrer le dessus des biscuits et décorer. Le glaçage au sucre, en l'occurrence du sucre glace, est appliqué après la cuisson.

### Dorure à l'œuf

Bien mélanger 1 blanc d'œuf et 1/2 c. à soupe d'eau dans un bol. Badigeonner le dessus des biscuits avec ce mélange avant la cuisson.

### Glaçage au sucre

Mettre 100 g (1 tasse) de sucre glace dans un bol. Ajouter environ 6 c. à soupe de lait et bien mélanger. Badigeonner les biscuits avec ce mélange quelques minutes après la cuisson.

Beurrer un moule à gâteau roulé de 45 x 30 cm (17 1/2 x 11 1/2 po) avec le beurre ramolli. Saupoudrer 2 c. à soupe de farine et faire basculer le moule d'un côté et de l'autre pour l'enfariner.

Préchauffer le four à 200 °C (400 °F). Tamiser 375 g (2 1/2 tasses) de farine, la levure chimique, le clou de girofle, la cannelle et la muscade dans un grand bol. Ajouter les amandes et les fruits confits et réserver.

Battre les œufs avec le sucre jusqu'à ce que le mélange épaississe et pâlisse. Incorporer le miel, le lait et le mélange à la farine, et continuer de mélanger tous les ingrédients jusqu'à homogénéité. Étendre la pâte à biscuit uniformément dans le moule préparé. Cuire au centre du four 12 minutes ou jusqu'à ce que le gâteau soit ferme au toucher.

À l'aide de deux grandes spatules, retirer le gâteau du moule et placer sur une grille ; badigeonner de glaçage pendant qu'il est chaud (voir ci-dessous). Laisser le glaçage prendre 3 ou 4 min, puis transférer le gâteau sur une surface plane et découper des biscuits de 6,5 x 4 cm (2 1/2 x 1 1/2 po). Si vous désirez utiliser un emporte-pièce et appliquer le glaçage en motifs, laisser le gâteau tiédir sur la grille quelques minutes, puis le découper dans les formes de votre choix ; appliquer le glaçage à l'aide d'un pinceau.

Rendement : 3 douzaines

# Un menu pour Noël

*Un enfant nous est né !*
*Roi de toute la création,*
*Il vint au monde abandonné,*
*Le Seigneur de toutes les nations.*

*Bercé dans une étable fut-il*
*Auprès de vaches endormies et d'ânes ;*
*Mais même les bêtes voyaient*
*Que tous les hommes, il les surpassait.*

*Que le fils de Marie, qui vint*
*Il y a si longtemps nous offrir son amour,*
*Nous mène tous le cœur embrasé*
*Vers les joies de l'au-delà.*

Cantique de Noël du XVᵉ siècle

Notre célébration annuelle de Noël nous donne l'occasion d'honorer de nombreuses coutumes que nous observons depuis des temps immémoriaux. Chaque pays, chaque monastère, chaque foyer a ses propres traditions et ses façons particulières de célébrer la naissance du Sauveur. Dans les pays riches, les décorations sont fastueuses, les ornements élaborés, les repas somptueux et les boissons exotiques. Personnellement, je suis mal à l'aise avec cette façon de célébrer Noël ; il me semble qu'on s'éloigne un peu du message originel de cette fête : la naissance modeste du Christ dans une caverne de Bethléem, entouré non de luxe mais de simples bergers et d'animaux.

Quoi qu'il en soit, lorsque nous planifions nos célébrations de Noël au monastère, nous nous en tenons toujours à la simplicité monastique tout en demeurant « festifs ». Oui, nous honorons la naissance du Seigneur dans la joie et les réjouissances, avec un repas spécial. Et, bien que le menu comprenne quelques plats exquis et savoureux, nous sommes très soucieux de ne pas trop nous éloigner de la simplicité monastique fondamentale et de l'idée qu'il y a bien des gens pauvres de par le monde qui n'ont peut-être même pas ce qu'il faut pour un repas de Noël décent. Il nous revient en tant que chrétiens de toujours nous rappeler le sort des pauvres, des sans-abri, des gens qui ont faim, car c'est par eux que le Seigneur se manifeste à nous actuellement. Aussi, lorsque nous planifions notre menu de Noël, nous cherchons toujours à créer un repas appétissant qui soit un heureux mélange de réjouissances et de retenue.

Aujourd'hui, il me fait grandement plaisir de m'absorber dans les préparatifs du repas de Noël. Après tout, c'est la fête de l'Incarnation, la célébration de la naissance de celui qui, bien qu'étant « Dieu éternel », nous apparaît aujourd'hui comme un petit enfant, comme l'un des nôtres, avec les mêmes besoins humains de nourriture. L'Évangile nous apprend que le Fils de Dieu vint en mangeant et en buvant. Plus tard, vers la fin de sa vie, le Christ nous rappela de nouveau l'importance de boire et de manger, en transformant par sa propre volonté le pain et le vin en son corps et en son sang, afin de nous les laisser comme nourriture spirituelle. Dans les Évangiles, la nourriture apparaît toujours comme une marque d'affection du Christ pour chaque personne, pour chacune de ses créatures. L'Évangile nous apprend que Jésus attachait une importance particulière aux repas. Il appréciait ceux partagés avec ses disciples, ceux préparés à Béthanie par Marthe, cette merveilleuse disciple et hôtesse. Et il n'est pas trop présomptueux de soutenir qu'il aimait beaucoup les repas préparés par sa sainte mère à Nazareth, qu'il partageait avec elle et son père adoptif, le bon saint Joseph. Dans sa vie publique, il n'hésita pas à multiplier les pains et les poissons pour subvenir aux besoins des foules affamées. Dans tous ces épisodes des Évangiles où le rapport de Jésus à la nourriture est évoqué, nous constatons à quel point il était humain, lui qui était à la fois Dieu et homme. Il est impossible d'arriver à une conception chrétienne de la spiritualité en rapport avec l'alimentation sans d'abord saisir quelques-unes des implications du mystère de l'Incarnation. Notre repas de Noël est un modeste rappel de ces vérités. En tant que chrétiens, nous mangeons, nous buvons et nous nous réjouissons aujourd'hui car Jésus, en se faisant homme, est devenu l'un de nous. Il est venu pour enseigner comment vivre. Une partie de cet enseignement concerne la manière de manger, de boire et de partager la nourriture à la table fraternelle avec notre entourage, avec ceux qui sont plus ou moins démunis, et remercier ensuite notre Père au ciel pour sa générosité et ses bienfaits.

Le point de départ de notre menu de Noël, ici au monastère, est notre propre tradition qui nous offre maintes possibilités, privilégiant les recettes transmises d'une génération à l'autre. La tradition, surtout culinaire, établit un lien avec ceux qui nous ont précédés et avec ceux qui nous suivront. En cherchant une inspiration parmi nos recettes festives « traditionnelles », je tombe sur certaines auxquelles je suis particulièrement attaché et qui méritent d'être répétées encore et encore. Voici un échantillon d'un menu de Noël à notre monastère. De temps en temps, je remplace une recette par une autre ; en effet, bien que l'idée de la tradition en cuisine soit près de mon cœur, cela ne devrait jamais servir de prétexte pour ne pas essayer de nouvelles recettes ou ne pas prendre le risque de créer de nouveaux mélanges.

Le menu monastique commence toujours par une soupe ou un potage et cela vaut également pour le jour de Noël, même si ce soir elle est un peu plus raffinée, plus festive.

# Potage de Noël

4 litres (16 tasses) d'eau

1 gros chou-fleur, lavé et coupé en petits morceaux

3 poireaux, lavés et coupés en petits morceaux

4 pommes de terre, pelées et coupées en petits morceaux

Une pincée de sel, au goût

500 ml (2 tasses) de lait

2 œufs

Poivre blanc, au goût

2 c. à café (2 c. à thé) de beurre (facultatif)

10 g (¹/₃ tasse) de cerfeuil, haché finement

Porter l'eau à ébullition dans une grande casserole.

Ajouter les légumes et le sel. Couvrir et cuire à feu moyen environ 20 min. Réduire la chaleur à feu moyen-doux, couvrir et laisser mijoter 20 min de plus. Remuer de temps en temps.

Quand la soupe est prête, laisser tiédir, puis passer au mélangeur jusqu'à consistance homogène et crémeuse. Retourner la soupe à la casserole et réchauffer à feu moyen-doux.

Mettre le lait, les œufs et le poivre dans le mélangeur et mixer. Ajouter doucement ce mélange à la soupe et bien mélanger. Poursuivre la cuisson 5 min de plus ou jusqu'au moment de servir.

Juste avant de servir, ajouter 2 c. à café (2 c. à thé) de beurre et bien mélanger. Verser la soupe dans des bols chauds et saupoudrer de cerfeuil. Servir chaud.

6-8 portions

> *Dans le prochain service, j'utilise ma recette de crêpes préférée, mettant en valeur le caractère universel de la crêpe.*

# Crêpes aux épinards, purée de céleri-rave et de pommes de terre

### Crêpes aux épinards

Pour la recette de crêpes, voir le menu de Pâques, page 101, ou utilisez celle-ci :

4 œufs
2 c. à soupe d'huile végétale
190 g (1¼ tasse) de farine
Une pincée de sel
1 litre (4 tasses) de lait

### Garniture
Beurre
1 oignon, haché
480 g (1 lb) d'épinards frais, bouillis et hachés
4 œufs durs, hachés
140 g (1 tasse) de fromage, râpé
Sel et poivre au goût
250 ml (1 tasse) de crème épaisse

### Crêpes aux épinards
Dans un grand bol, battre les œufs, l'huile, la farine et le sel à l'aide d'un batteur à main, ajoutant 250 ml (1 tasse) de lait à la fois. La pâte doit avoir la consistance d'une crème épaisse et être exempte de grumeaux. Si la pâte est trop épaisse, ajouter 1 ou 2 c. à soupe d'eau froide et continuer de battre jusqu'à consistance légère et lisse. Réfrigérer la pâte 1 ou 2 h avant d'utiliser.

Faire chauffer une crêpière de 15 ou 20 cm (6 ou 8 po) à feu vif et graisser légèrement avec un peu d'huile ou de beurre fondu à l'aide d'un pinceau. Verser la pâte dans la crêpière à l'aide d'une petite louche. Basculer la poêle pour couvrir toute la surface et saisir la pâte. Cuire environ 1 min ou jusqu'aux premiers signes de brunissement sur les bords. Tourner rapidement à l'aide d'une spatule et cuire l'autre côté 1 min de plus. Lorsque la crêpe est cuite, la faire glisser doucement sur une assiette plate. Badigeonner de nouveau la crêpière d'huile ou de beurre et répéter jusqu'à épuisement de la pâte.

### Garniture
Dans une casserole qui n'est pas en aluminium, faire fondre le beurre et faire revenir les oignons doucement. Ajouter les épinards. Cuire 1 ou 2 min. Éteindre le feu. Ajouter les œufs durs, le fromage, le sel et le poivre au goût. Bien mélanger.

Beurrer généreusement un grand plat de cuisson. Remplir chaque crêpe de quelques cuillerées du mélange aux épinards, rouler et disposer côte à côte dans le plat. Lorsque toutes les crêpes sont dans le plat, couvrir de crème épaisse et cuire au four à 150 °C (300 °F) environ 15 ou 20 min. Servir chaudes.

6 portions

**Purée de céleri-rave et de pommes de terre**
Eau, autant qu'il en faut
2 gros céleris-raves, pelés et coupés en dés de
    5 mm (1/4 po)
9 grosses pommes de terre, pelées et coupées
    en deux
Une pincée de sel
2 c. à soupe d'huile d'olive vierge
5 c. à soupe de beurre non salé
250 ml (1 tasse) de lait ordinaire
Sel et poivre du moulin, au goût

Verser l'eau dans une grande casserole. Ajouter les dés de céleri-rave, les pommes de terre et le sel. Faire bouillir à feu moyen environ 30 min ou jusqu'à ce que les légumes soient cuits. Vérifier la cuisson à la pointe d'un couteau. Égoutter.

Verser l'huile dans une petite casserole, ajouter le beurre et le lait. Remuer à feu moyen-doux jusqu'à ce que le mélange soit chaud et homogène.

Écraser les légumes uniformément ou les mettre dans un moulin à légumes. Mettre la préparation dans une grande casserole, ajouter le mélange au beurre et au lait, saler et poivrer au goût. Remuer et bien mélanger. Servir chaud.

6-8 portions

*Troisième service :*

# Salade mélangée

1 pomme de laitue Boston
1 pomme de laitue Bibb ou autre laitue frisée
1 radicchio moyen (chicorée italienne)
4 endives moyennes
1 botte de roquette
1 botte de cresson
Vinaigrette (voir ci-dessous)
Sel et poivre, au goût
Ciboulette et cerfeuil, hachés (facultatif)

### Vinaigrette simple
1 c. à café (1 c. à thé) de sel
$1/2$ c. à café ($1/2$ c. à thé) de poivre du moulin
2 c. à soupe de vinaigre de vin
2 c. à soupe d'huile d'olive

Laver les légumes en feuilles à fond et séparer les feuilles. Ne pas couper ou fendre les feuilles, seulement les tiges. Bien égoutter, emballer dans du papier absorbant et réfrigérer jusqu'au moment de servir afin de conserver leur fraîcheur et leur croquant.

Au moment de servir, mettre les feuilles dans un grand bol et mélanger. Préparer la vinaigrette simple, la verser sur la salade et remuer délicatement. Parsemer de ciboulette et/ou de cerfeuil.

### Vinaigrette simple
Mettre le sel et le poivre dans une tasse ou un bol. Ajouter le vinaigre et mélanger à fond. Ajouter l'huile et mélanger de nouveau jusqu'à ce que tous les ingrédients soient bien mélangés.

6-8 portions

# Poires à la bourguignonne

1 kg (2,2 lb) de petites poires entières, pelées
330 g (1 ¹/₂ tasse) de sucre
1 c. à café (1 c. à thé) de cannelle
250 ml (1 tasse) d'eau
250 ml (1 tasse) de vin rouge de Bourgogne

Mettre les poires dans une casserole, ajouter le sucre, la cannelle et l'eau. Couvrir, porter à légère ébullition et cuire environ 10 min. Ajouter le vin et poursuivre la cuisson à légère ébullition 5 min de plus. Laisser mijoter ensuite 15 min à découvert.

Disposer les poires dans un plat de service peu profond. Porter le liquide de cuisson à ébullition et laisser réduire jusqu'à consistance d'un sirop léger. Ne pas trop faire bouillir. Verser le sirop sur les poires. Servir froid.

6 portions

# Index

# Table des matières

# Mes recettes préférées

# Recette

# Recette

# Recette

# Recette

# Recette

# Recette

---
---
---
---
---
---
---
---
---
---
---
---
---
---
---
---
---

# Recette

# Recette

# Recette

# Recette

---
---
---
---
---
---
---
---
---
---
---
---
---
---
---
---
---
---
---

# Recette

Achevé d'imprimer au Canada
sur les presses de Quebecor World Saint-Romuald